Inter-Disziplinieren

Herausgegeben vom
Wissenschaftszentrum Berlin für Sozialforschung

Beim Präsidenten

Martina Röbbecke
Dagmar Simon
Martin Lengwiler
Clemens Kraetsch

Inter-Disziplinieren

Erfolgsbedingungen von Forschungskooperationen

Bibliografische Informationen Der Deutschen Bibliothek

Die Deutsche Bibliothek verzeichnet diese
Publikation in der Deutschen Nationalbibliografie;
detaillierte bibliografische Daten sind im Internet
über http://dnb.ddb.de abrufbar.

ISBN 3-89404-238-9

Textverarbeitung: Blocksatz, Friederike Theilen-Kosch, Berlin.

Konzeption und Gestaltung: Rother + Raddatz, Berlin.

Druck: Rosch-Buch, Scheßlitz   Printed in Germany

Inhalt

Vorwort

Diese Studie wurde am Wissenschaftszentrum Berlin für Sozialforschung (WZB) durchgeführt und vom Bundesministerium für Bildung und Forschung (BMBF) finanziert. Für ihre Förderung gilt beiden Institutionen unser Dank.

Die Untersuchung basiert auf einer Vielzahl von leitfadenorientierten Interviews, die in insgesamt neun außeruniversitären, öffentlich finanzierten Forschungseinrichtungen geführt wurden. Wir bedanken uns bei allen Instituten für die freundliche Aufnahme und die großzügige Unterstützung. Unser besonderer Dank gilt allen Interviewten für die Offenheit, mit der sie uns begegnet sind, und die Geduld, mit der sie sich auf die bisweilen langen Gespräche eingelassen haben.

Verschiedene Kolleginnen und Kollegen haben uns mit ihrem Ratschlag bei der Auswertung und Interpretation der Ergebnisse beigestanden. Wir möchten uns insbesondere bedanken bei Christian Galonska, Michael Guggenheim, Bettina Heintz, Martina Merz, Regula Pfister und Helmut Weidner. Für das engagierte Lektorat danken wir Tanja Krumpeter, für die Unterstützung beim letzten Schliff am Text Udo Borchert.

Berlin, im August 2004   Die Autorinnen und Autoren

1 Einleitung

1.1 Anlass und Fragestellung der Studie

Seit einigen Jahren beschäftigen sich die wissenschaftspolitischen Debatten verstärkt mit den Strukturen des deutschen Wissenschaftssystems – vor allem mit der Frage, auf welchem Weg und mit welchen Mitteln optimale Voraussetzungen für innovative Forschungsleistungen geschaffen werden können. Als besondere Herausforderungen gelten dabei unter anderem die weitere Beschleunigung der Wissensproduktion, die steigende Bedeutung außerwissenschaftlicher Verwendungszusammenhänge und die starke internationale Konkurrenz auf ökonomisch verheißungsvollen Forschungsfeldern.

Zunächst konzentrierte sich die Wissenschaftspolitik in diesem Zusammenhang überwiegend auf die arbeitsteilige Struktur des deutschen Wissenschafts- und Forschungssystems, später beschäftigte sie sich darüber hinaus mit den Organisationsmerkmalen der einzelnen Einrichtungen. Derzeit wird in den verschiedenen Debatten nicht nur die mangelnde Leistungsfähigkeit der Hochschulstrukturen kritisiert, sondern zugleich die Frage aufgeworfen, ob die gewachsenen Strukturen der außeruniversitären, staatlich finanzierten Forschungseinrichtungen dazu geeignet sind, die zukünftigen Herausforderungen zu bewältigen. Die von Bund und Ländern veranlassten Systemevaluationen der außeruniversitären Forschung sind vor diesem Hintergrund zu sehen. Die Systemevaluationen zielten insbesondere auf eine kritische Bewertung der vier Organisationen des außeruniversitären Forschungssektors, die gemeinsam von Bund und Ländern finanziert werden: der Max-Planck-Gesellschaft (MPG), der Fraunhofer-Gesellschaft (FhG), der Helmholtz-Gemeinschaft Deutscher Forschungszentren (HGF) und der Wissenschaftsgemeinschaft Gottfried Wilhelm Leibniz (WGL). Die Fraunhofer-Gesellschaft wurde von einer mit hochrangigen Vertretern der Industrie besetzten Kommission (einschließlich eines Hochschullehrers) evaluiert, die Ergebnisse lagen 1998 vor. Eine internationale Kommission evaluierte die MPG und die Deutsche Forschungsgemeinschaft (DFG), der gemeinsame Evaluierungsbericht wurde 1999 vorgestellt. Der Wissenschaftsrat präsentierte Ende 2000 das Ergebnis der Systemevaluation der WGL, im Jahr 2001 folgte dasjenige der HGF (vgl. Internationale Kommission 1999; Wissenschaftsrat 2000, 2001a, 2001b, 2003). Die Ergebnisse dieser Evaluationen – die

sich ausschließlich auf die Begutachtung von Struktur- und Organisationsmerkmalen, nicht jedoch der Forschungsresultate richteten – haben zu vielfältigen Änderungs- und Verbesserungsvorschlägen geführt.

Zwei häufig vorgebrachte Empfehlungen zur Verbesserung des Wissenschaftssystems haben wir in der vorliegenden Studie genauer untersucht: die
Empfehlung zu vermehrter *interdisziplinärer Zusammenarbeit* und diejenige zu
verstärkten *institutionellen Kooperationen* zwischen außeruniversitären Einrichtungen und Hochschulen. Wie die Forschungseinrichtungen mit den interdisziplinären und institutionellen Kooperationsauflagen in der Praxis umgehen,
welche Erfolgsbedingungen und Problemlagen sie bei ihren Kooperationen ausmachen und welche Steuerungsinstrumente sie entwickeln – diese Fragen haben
wir anhand einer Auswahl von interdisziplinär arbeitenden Instituten empirisch
untersucht.

Im Zentrum dieser Studie stehen also Kooperationsformen, die aus zwei verschiedenen Perspektiven betrachtet werden: Die Untersuchung der *interdisziplinären Zusammenarbeit* konzentriert sich auf alle in den Forschungsarbeiten der
befragten Institute festgestellten Formen der interdisziplinären Kooperation.
Diese Projekte werden häufig in Zusammenarbeit mit externen Partnern organisiert, jedoch ist der Aspekt der organisationsübergreifenden Zusammenarbeit an
dieser Stelle von untergeordneter Bedeutung. Anders verhält es sich bei der Untersuchung von *institutionellen Kooperationen,* denn hier werden alle Formen
der organisationsübergreifenden Zusammenarbeit angesprochen. Dabei ist es
zweitrangig, ob die Forschungskooperation disziplinär oder interdisziplinär organisiert ist. Neben der Zusammenarbeit auf dem Gebiet der Forschung wird
auch die Kooperation auf den Gebieten der Lehre und Nachwuchsförderung betrachtet werden.

Die beiden Kooperationsempfehlungen sind inhaltlich keineswegs neu, sondern seit Jahren wichtige Topoi wissenschaftspolitischer Diskussionen. Auch
die Forschungspraxis blickt unterdessen auf mehrere Jahrzehnte interdisziplinärer und institutioneller Kooperationen zurück. Eine Großteil der außeruniversitären Einrichtungen hat formale Kooperationsabkommen mit Universitäten und
Fachhochschulen abgeschlossen. Ebenso gehört die interdisziplinäre Zusammenarbeit zum langjährigen Selbstverständnis und Aufgabenprofil vieler Forschungseinrichtungen. Gleichwohl scheint der Nachdruck, mit dem die Evaluie-
rungskommissionen hier Verbesserungen fordern, auf Schwächen und Probleme
hinzuweisen. Diese Studie verfolgt daher eine praxisorientierte Fragestellung:
Welche Schwierigkeiten ergeben sich konkret bei Kooperationsbeziehungen
und mit welchen Steuerungsinstrumenten können sie bewältigt werden? Dabei
interessiert vorrangig die Perspektive der außeruniversitären Forschungseinrich-

tungen. Die vorgestellten Ergebnisse basieren auf ausführlichen Interviews in Instituten, die zu den genannten Organisationen des staatlich finanzierten außeruniversitären Forschungssektors gehören (vgl. Kurzporträts im Anhang). Die Analyse dient zwei Zielen. Zum einen geht es darum, die Schwierigkeiten zu identifizieren, die erfolgreichen interdisziplinären und institutionellen Kooperationen zwischen außeruniversitären Forschungseinrichtungen und Universitäten entgegenstehen. Zum anderen soll die Studie Anhaltspunkte für die Entwicklung von Steuerungsinstrumenten liefern. Dafür wurden fünf Untersuchungsebenen anvisiert, die sich auch im Leitfaden für die Interviews spiegeln: (1) der Kooperations- und Interdisziplinaritätsbegriff der Befragten, (2) die alltäglichen Kooperationspraktiken, (3) die Relevanz, die die Interviewpartner/innen dem Kooperationsanliegen beimessen, (4) die Erfolgsfaktoren und Problemlagen von Kooperationen sowie (5) die Steuerungsmöglichkeiten von Kooperationen.

(1) Bereits bei der Erörterung des Begriffs „Interdisziplinarität" in den Interviews wurde deutlich, warum das bloße Einfordern von „mehr" Interdisziplinarität wenig bewirkt: Die Auffassungen von „Interdisziplinarität" sind außerordentlich verschieden, was es mit sich bringt, dass die einen „mehr Interdisziplinarität" für ein unerfüllbares Postulat halten, während die anderen davon überzeugt sind, dass sie diese Arbeitsweise längst ausreichend praktizieren.

(2) Die zweite Untersuchungsebene beinhaltet die konkreten Kooperationspraktiken. Im Rahmen einer Literatur- und Dokumentenauswertung haben wir uns zunächst über entsprechende Einschätzungen wissenschaftspolitischer Akteure informiert. Im Vordergrund stand jedoch die Frage, wie die in den Instituten tätigen Wissenschaftler/innen selbst ihre interdisziplinären Forschungszusammenhänge beurteilen. Zugleich interessierte uns, warum und in welcher Weise sie mit den Hochschulen zusammenarbeiten – nicht nur, um einen Eindruck von der vorhandenen Variationsbreite zu bekommen, sondern auch um zu ermitteln, an welche innerwissenschaftlichen Voraussetzungen (Interessenlagen, Ressourcenbedarf etc.) mögliche Steuerungsinstrumente sinnvoll anknüpfen können.

(3) Auf der dritten Untersuchungsebene wurde in den Interviews die Frage nach der Relevanz von Kooperationen erörtert. Wie wichtig ist es aus der Perspektive verschiedener Akteure, die Zusammenarbeit mit den Hochschulen zu verbessern und die interdisziplinäre, womöglich zugleich institutsübergreifende Kooperation zu intensivieren? Weshalb halten die Akteure die jeweils praktizierte interdisziplinäre Kommunikation und institutionelle Kooperation für relevant im Hinblick auf die wissenschaftlichen

Aufgaben und das Profil der betreffenden Forschungseinrichtung? Die Antworten auf diese Fragen sind, wie gezeigt werden soll, von erheblicher Bedeutung für die letzte Untersuchungsebene: die Entwicklung förderlicher Steuerungsinstrumente.

(4) Die vierte Untersuchungsebene zielt auf die Erfolgsfaktoren und Problemlagen von interdisziplinären und institutionellen Kooperationen. Die Erörterung dieser Aspekte nahm in den Interviews breiten Raum ein und bildete ebenfalls eine wichtige Voraussetzung für den letzten Untersuchungsbereich.

(5) Auch die Frage nach sinnvollen und erfolgreichen Steuerungsinstrumenten wurde – auf der fünften Untersuchungsebene – ausführlich in den Gesprächen behandelt, um Hinweise auf praxiserprobte, aber auch auf untaugliche Instrumente zu erhalten: Welche Strategien, Steuerungsinstrumente, Managementkonzepte und Verfahren der Qualitätssicherung werden in den Instituten eingesetzt, um den forschungsorganisatorischen Herausforderungen zu begegnen? Wie können die eingesetzten Instrumente optimiert werden?

Die Untersuchung schließt an eine Vorarbeit an, die sich bereits mit Struktur- und Steuerungsfragen außeruniversitärer Forschungseinrichtungen beschäftigt hat und die ebenfalls WZB entstanden ist (Röbbecke/Simon 2001). Darin wurden das Ausmaß und die Relevanz von Organisations- und Strukturfragen deutlich, mit denen viele Forschungsinstitute heute konfrontiert sind. Diese Organisations- und Strukturfragen stehen im Kontext eines allgemeinen Strukturwandels des Wissenschaftssystems. Die strukturellen Veränderungen bilden wiederum eine wichtige Einflussgröße für die hier untersuchten interdisziplinären und institutionellen Kooperationen. Die folgenden Abschnitte setzen sich mit den Rahmenbedingungen von Wissenschaftskooperationen auseinander und verstehen sich als Vorspann für die empirische Auswertung in den Hauptkapiteln unserer Untersuchung (Kapitel 2 und 3).

Bei dem Vorhaben war zu berücksichtigen, dass die organisations- und wissenschaftssoziologische Forschung über institutionelle Bedingungen des Forschungshandelns trotz einiger neuerer Arbeiten der letzten zehn Jahre (Hohn 1998; Gläser/Meske 1996; Laudel 1999) noch sehr überschaubar ist. Die konstruktivistische Wissenschaftsforschung hat zwar eingehend die eigentliche Wissensproduktion in Forschungsprozessen untersucht, doch nur wenig Interesse für Organisations- und Steuerungsfragen entwickelt (Heintz 1998; Knorr Cetina 1995). Auf EU-Ebene wird das „design and delivery of inter- and pluridisciplinary research" beispielsweise vorrangig unter forschungspolitischen Aspekten untersucht (The Danish Institute 2002). Auch die Forschungsstrukturen von Instituten, die sich Interdisziplinarität auf die Fahnen geschrieben haben, werden allenfalls im Zusammenhang mit der Innovationsfähigkeit etablierter Institutionen gewürdigt (vgl. Hollingsworth 2002).

Einbezogen in diese Arbeit wurden außerdem neuere geschlechtersoziologische Untersuchungen, die sich unter genderspezifischen Gesichtspunkten mit strukturellen Barrieren betriebsförmiger Forschungseinrichtungen für berufliche Karrieren von Wissenschaftlerinnen befassen (Wimbauer 1999; von Stebut 2002; Matthies et al. 2001, 2003; Heintz et al. 2004). Relevant waren schließlich Untersuchungen aus dem Bereich der Evaluationsforschung, insbesondere jene Studien, die sich mit den Maßstäben und Kriterien der Qualitätskontrolle und Qualitätsbeurteilung als einem an Bedeutung gewinnenden Steuerungsinstrument in der Wissenschaft beschäftigen. Solche Evaluationsfragen wurden in den letzten Jahren vor allem am Beispiel der inter- und transdiziplinär ausgerichteten Umweltforschung untersucht (Bergmann/Jahn 1999; Bergmann 2003; Balsiger et al. 1996).

1.2   Zur interdisziplinären Zusammenarbeit

In einer „Wissensgesellschaft" gebührt Bildung und Wissenschaft ein hoher Stellenwert. Tatsächlich hat die Bundesregierung – allerdings auf der Grundlage eines engen wirtschafts- und industrieorientierten Wissenschaftsverständnisses – in den letzten Jahren den Forschungsetat deutlich angehoben. Die Forschungsförderung verfolgt das Ziel, die Innovations- und Wettbewerbsfähigkeit der deutschen Wirtschaft zu steigern, damit sie sich auf zunehmend globalisierten, internationaler Konkurrenz ausgesetzten Märkten weiterhin behaupten kann. Wettbewerbsfähige Innovationen beruhen heute, wie häufig argumentiert wird, auf Spitzentechnologien und auf anwendungsorientierter, interdisziplinärer Forschung.

Wissenschaftsförderung ist Wirtschaftsförderung – so ließe sich diese Politik auf einen Nenner bringen. Dass diese Auffassung von den großen Wissenschaftsorganisationen der Bundesrepublik geteilt wird, wurde jüngst in einer Presseerklärung deutlich, die die Hochschulrektorenkonferenz (HRK) gemeinsam mit allen außeruniversitären Forschungseinrichtungen und dem Bundesverband der Deutschen Industrie herausgegeben hat. „Priorität für Forschung: Impuls für Wertschöpfung" heißt es in der Überschrift. „Innovationen", so die Stellungnahme weiter, „sind die Triebkraft der gesellschaftlichen Entwicklung und der Volkswirtschaft. Wirkungsvolle Innovationen entstehen insbesondere aus Erkenntnissen der Forschung einschließlich der Grundlagenforschung und deren erfolgreicher Umsetzung in Verbesserungen der Lebensbedingungen und marktfähige Produkte" (HRK 2003).

Die Förderung von Innovationen beziehungsweise die Beseitigung von Innovationshemmnissen werden demzufolge zu einer Hauptaufgabe der Forschungspolitik. Doch wie können Innovationen gefördert werden – von der Entstehung eines bestimmten wissenschaftlichen Wissens bis hin zur „Umsetzung" der Forschungsergebnisse in marktfähige Produkte?

Vor dem Hintergrund dieser innovationsorientierten Forschungspolitik erklärt sich das wachsende wissenschaftspolitische Interesse an Fragen der Kooperationsfähigkeit, mit denen sich bis vor wenigen Jahren nur eine kleine Scientific Community von Wissenschaftsforscherinnen und -forschern beschäftigt hat. Da die erfolgreiche Kooperation zwischen grundlagen- und anwendungsorientierter Forschung zunehmend als Voraussetzung für die Entstehung von Innovationen betrachtet wird, werden auch die Konsequenzen für das Förderhandeln und die Förderinstrumente verstärkt diskutiert. Bereits im Bundesbericht Forschung 1996 hat das BMBF die Überwindung bestehender Hindernisse zwischen Wissensgenerierung und Anwendung als eine der vorrangigen wissenschaftspolitischen Aufgaben bezeichnet. Das BMBF geht davon aus, dass die Entstehung neuen Wissens im Kontext der Anwendung die Bedeutung der Grundlagenforschung nicht schmälert, sondern ein fruchtbares Spannungsfeld schafft. Innovationen entstünden nicht in der linearen Abfolge von Forschung und Entwicklung, sondern in rekursiven, teilweise parallelen Abläufen (vgl. BMBF 1996: 28f.). In jüngster Zeit hat auch der Wissenschaftsrat nachdrücklich darauf hingewiesen, dass sich das „lineare Innovationsmodell" als falsch erwiesen habe und daraus Konsequenzen für das Förderhandeln gezogen werden müssten (vgl. Wissenschaftsrat 2003: 1-10). Die Kritik an der „Versäulung" des Forschungssektors sowie die verstärkten Anreize zur Kooperation zwischen außeruniversitären Einrichtungen und Hochschulen hängen unmittelbar mit den Forderungen nach einer innovationsorientierten Wissenschaftspolitik zusammen.

Als weiteres Kernelement einer innovationsorientierten Wissenschaftspolitik gilt die Förderung der interdisziplinären Forschung. Beispielhaft wird dies an der Debatte um die „neuen Formen der Wissensproduktion" deutlich. Die grundlegenden Thesen wurden ursprünglich von einem internationalen Team von Autorinnen und Autoren (Gibbons et al. 1994) veröffentlicht, deren Annahme eines neuen Modus der Wissensproduktion („Mode 2") sich zu einem „Verkaufsschlager der Wissenschaftsforschung" entwickelt hat (vgl. Weingart 1999). Gibbons et al. wollten in „The New Production of Knowledge" zeigen, dass sich die Formen der Wissensproduktion in der jüngeren Vergangenheit erheblich verändert haben. Die Wissensproduktion finde zunehmend außerhalb der etablierten Wissenschaftseinrichtungen statt; neues Wissen werde im Hinblick auf Anwendungsmöglichkeiten generiert; die Wissensproduktion löse sich aus dem disziplinären Rahmen, stattdessen gehe die Entwicklung hin zur transdisziplinären Bearbeitung von Forschungsprobleme; die Qualitätsstandards der Wissenschaft würden um soziale, politische und ökonomische Kriterien ergänzt und die Wissenschaft habe sich in wachsendem Umfang gesellschaftlich zu legitimieren. Dieser „Mode 2", so die Behauptung der Autorinnen und Autoren, sei nicht nur neben die traditionellen Formen der Wissensproduktion („Mode 1") getreten, er werde zukünftig sogar dominieren (vgl. Gibbons et al. 1994). Diese Überlegungen wurden jüngst von Helga Nowotny, Peter Scott und Michael Gibbons, die die „Mode 2"-These mitformuliert hatten, wieder aufgegriffen und weiterentwickelt (Nowotny et al. 2001). Sie gehen mit der Hypothese eines „Mode 2" nicht nur von einem Wandel des Wissenschaftssystems, sondern im Sinne einer Koevolution von Wissenschaft und Gesellschaft auch von einer gesellschaftlichen Transformation aus. Zum gesellschaftlichen Wandel gehöre, dass die Grenzen zwischen Wissenschaft und gesellschaftlicher Umwelt durchlässig und die gegenseitigen Koppelungen engmaschiger geworden seien. Der öffentliche Diskurs werde zunehmend von wissenschaftlichen Debatten bestimmt. Die Wissenschaft habe sich in der gesellschaftlichen *agora* zu bewähren, um in partizipativer und demokratischer Interaktion mit einer Vielzahl gesellschaftlicher Akteure zu „sozial robustem Wissen" zu werden (ebd.: 166-178, 201-214).

Sollte sich tatsächlich ein grundlegend neuer Modus der Wissensproduktion herausgebildet haben, hätte das Konsequenzen für die Wissenschaftsförderung. Das Förderhandeln könnte sich vorrangig auf den neuen Wissenstypus konzentrieren, der seinerseits gesellschaftlich und ökonomisch relevantes Wissen verspricht, also offen für Nützlichkeits- und Verwertungsinteressen ist. Schon heute haben Argumente, mit denen veränderte Formen der Forschungsförderung unter Hinweis auf neue Formen der Wissensproduktion legitimiert werden, Einzug in die Positionspapiere wichtiger forschungspolitischer Akteure, etwa des Wissenschaftsrats, gehalten (vgl. Wissenschaftsrat 2003). „Mode 2" ist zu einer Legitimationsformel für eine strategisch orientierte Wissenschaftspolitik geworden.

Zugleich regt sich gegen die Annahme des „Mode 2" deutlicher Widerspruch. Peter Weingart stimmt zwar einzelnen Thesen von Gibbons et al. zu, wendet aber ein, dass die diagnostizierten Phänomene weder völlig neu noch für das gesamte Wissenschaftssystem gültig seien. Außerdem kritisiert er, dass die These der neuen Form der Wissensproduktion mangels empirischer Untersuchungen bis heute kaum belegt ist (vgl. Weingart 1999). Auch Georg Krücken kann die Annahme eines grundlegend neuartigen Modus der Wissensproduktion nicht bestätigen, er lässt aber gelten, dass das Autorenteam einzelne „Trendentwicklungen" des Wissenschaftssystems identifiziert und in einen einheitlichen Deutungsrahmen gestellt hat (vgl. Krücken 2001).

Die postulierten neuen Formen der Wissensproduktion sind für unsere Fragestellung deshalb relevant, weil sie eng mit dem Transdisziplinaritätsbegriff verbunden sind. Nowotny, Scott und Gibbons behaupten, dass die Disziplinen durch die Transformation der Wissensproduktion ihre Orientierungsfunktion für die wissenschaftliche Entwicklung verloren haben. Die Forschungsfragen würden heute transdisziplinär generiert, also aus Problemen der Lebenswelt und im Kontext mit den Anwendern. Die Kommunikation mit den akademischen Fachgemeinschaften sei nur noch schwach ausgeprägt, die Forscher/innen orientierten sich an hybriden Forschungskontexten und nicht mehr an den Disziplinen. Die Publikation in Fachzeitschriften – also die Kontrolle der disziplinären Scientific Communities über die von ihnen definierten Qualitätsstandards – werde abgelöst von der Verbreitung des Wissens in der Kommunikation zwischen Forschern und Anwendern (Nowotny et al. 2001: 222f.).

Diese Thesen sind weitgehend durch Beobachtungen in spezifischen Forschungsfeldern geprägt. Zentrale Fallbeispiele sind für Gibbons et al. insbesondere die Umwelt- und die Klimaforschung (Gibbons et al. 1994: 15, 39, 137f.; Nowotny et al. 2001: 132f.). Dabei handelt es sich um Forschungsfelder, die in der Tat zu großen Teilen aufgrund der Nachfrage gesellschaftlicher Akteure entstanden sind, die von international vernetzten Forschergemeinschaften unterschiedlichster Disziplinen bearbeitet und deren Ergebnisse von politischen Akteuren nachgefragt werden beziehungsweise deren Resultate unmittelbar politikrelevant werden können. Im Kontext dieser Forschungsfelder ist zur Abgrenzung von der akademisch orientierten Forschung auf der einen und der staatlich gesteuerten Forschung auf der anderen Seite schon vor Jahren der Begriff der „transdisziplinären" Forschung geprägt worden. Bei dieser Begriffsschöpfung stehen die Orientierung an konkreten Problemen und der Bezug zu den Anwendern bei der Generierung, Bearbeitung und Vermittlung des neuen Wissens im Vordergrund (vgl. für einen Überblick Brand 2000). Die Reflexion über „transdisziplinäre" Ansätze ist in der Umwelt- und Klimaforschung zu einem eigenen Forschungsthema geworden.

So versuchen die Forscher zu zeigen, dass die Umwelt- und Klimaforschung nach anderen als disziplinären Qualitätskriterien beurteilt werden muss, und fordern die Durchsetzung „transdisziplinärer" Kriterien. In Deutschland haben sich fünf Institute des Forschungsverbunds „Ökoforum" zu einem „Evaluationsnetzwerk für transdisziplinäre Forschung – Evalunet" zusammengeschlossen. In diesem Netzwerk sollen „Indikatoren, Kriterien und Methoden für eine erfolgreiche transdisziplinäre Forschung und ihre Evaluation erarbeitet und Instrumente zur prozessorientierten Selbst-Evaluation" entwickelt werden (Bergmann 2003: 1f.). Unter anderem wird neben der kognitiven Integration wissenschaftlichen Wissens auch eine „praktische Integration lebensweltlichen Wissens" erwartet (ebd.). Als weiteres Beispiel ließe sich die Evaluation des „Schwerpunktprogramms Umwelt" anführen, das vom Schweizerischen Nationalfonds zur Förderung der wissenschaftlichen Forschung finanziert wurde und die Transdisziplinaritätsdebatte über die Schweiz hinaus wesentlich prägte (Klein et al. 2001). Nach dem Vorschlag von Rico Defila und Antonietta Di Giulio (1999) soll die Einbeziehung von Anwendern und externen Beteiligten in alle Phasen der Forschungsprojekte ein wichtiges Evaluationskriterium transdisziplinärer Forschung darstellen.

In der Wissenschaftsforschung gelten solche transdisziplinären Trends bisher überwiegend als Sonderentwicklungen. Die Aussage, dass die Disziplinen generell ihre Orientierungsfunktion verloren hätten, wird zumeist überwiegend abgelehnt. Für diese These fehlen zum einen ausreichende empirische Belege, zum anderen ist unklar, was an die Stelle der Disziplinen getreten ist oder – vorausgesetzt, die beobachteten Trends entwickeln sich weiter – treten könnte (vgl. Shinn 2002; Weingart 2003). Nach wie vor misst die Wissenschaftsforschung den Disziplinen eine entscheidende Bedeutung für die dynamische Entwicklung und Leistungsfähigkeit des Wissenschaftssystems bei. Rudolf Stichweh hat in seinen Arbeiten aufgezeigt, wie sich das moderne Wissenschaftssystem mit der Entstehung der Disziplinen ausdifferenziert hat. Neues Wissen entstand in einem Prozess der Spezialisierung und Binnendifferenzierung, zugleich haben die Disziplinen den Auf- und Ausbau des Universitätssystems befördert (vgl. Stichweh 1984). Seit dem 18. Jahrhundert nehmen sie entscheidenden Einfluss auf die Zertifizierung von neuem Wissen als wissenschaftliches Wissen und sind zugleich ein „Sozialsystem spezialisierter wissenschaftlicher Forschung und Kommunikation" (Stichweh 1994: 279f.). Diese historische Rolle füllen die Disziplinen bis heute aus, nicht zuletzt als Wissensbasis und Ausgangspunkt der transdisziplinären Forschung. Es ist derzeit nur schwer vorstellbar, dass es im Wissenschaftssystem eine transdisziplinäre Arbeitsweise jenseits der Disziplinen geben und wie sie aussehen könnte (für das Fallbeispiel der Umweltforschung vgl. Guggenheim 2004).

Ob der Bezug auf ein außerwissenschaftlich generiertes Problem für jede interdisziplinäre Arbeitsweise konstitutiv sein muss, ist in der Forschung umstritten. Nicht jeder interdisziplinäre Ansatz muss zugleich transdisziplinär und damit problemgeneriert sein. Bei interdisziplinären Forschungsgegenständen kann es sich sowohl um „Probleme der wirklichen Welt" (Nowotny 1997) handeln als auch um komplexe Forschungsfragen, die eine Kommunikation und Kooperation zwischen den Disziplinen erforderlich machen. Interdisziplinarität bedeutet demnach nicht, ohne Bezug zu den Disziplinen zu forschen, sondern über disziplinäre Grenzen hinweg – was sie im Hinblick auf ihren ökonomischen und/oder gesellschaftlichen Nutzen nicht weniger interessant macht als transdisziplinäre Forschung.

Aus der Perspektive der Wissenschaftsforschung sind interdisziplinäre „Grenzüberschreitungen" für den Erkenntnisfortschritt der Wissenschaft nicht nur förderlich, sondern geradezu notwendig. Das hängt mit den zwei Seiten der wissenschaftlichen Disziplinen zusammen. In der Wissenschaftssoziologie hat – wie erwähnt – vor allem Stichweh die Bedeutung der Disziplinen als „primäre Einheit interner Differenzierung der Wissenschaft" und die damit verbundenen Leistungen und Defizite herausgearbeitet. Eine Disziplin charakterisiert er als einen homogenen Kommunikationszusammenhang, einen akzeptierten Korpus wissenschaftlichen Wissens und als Set von Fragestellungen, Forschungsmethoden sowie paradigmatischen Problemlösungen. Nicht zuletzt gibt es „eine disziplinenspezifische Karrierestruktur und institutionalisierte Sozialisationsprozesse, die der Selektion und ‚Indoktrination' des wissenschaftlichen Nachwuchses dienen" (Stichweh 1994: 17). Stichweh weist auf den historischen Erfolg der Verbindung von kognitiver Differenzierung und Reorganisation der Universität hin. Als Nachteile der Innendifferenzierung und Bildung von Spezialgebieten entstünden jedoch wachsende Kommunikationsprobleme zwischen den Subdisziplinen: Mit ihrem Zerfall in Partialperspektiven werde die Wissenschaft unfähig, auf komplexe außerwissenschaftliche Probleme zu reagieren. Insofern bedürfe die Wissenschaft integrativer Mechanismen – und als einen solchen betrachtet Stichweh die Interdisziplinarität (ebd.: 28f.).

Ganz ähnlich hält auch Jürgen Mittelstraß (1987: 155) die Interdisziplinarität für eine „Reparaturinitiative" und ist sich darin weitgehend einig mit Peter Weingart (1987) und Lorenz Krüger (1987). Sie alle weisen auf die Schwierigkeiten hin, die durch die Differenzierung der Wissenschaft entstehen können: Begriffs- und Kommunikationsprobleme zwischen Forschenden verschiedener Disziplinen, Beschränkung auf Spezialprobleme, Rückzug von oder Versagen vor außerwissenschaftlichen Problemfeldern etc. Die Autoren sind sich also darin einig, dass Interdisziplinarität diese Grenzen – um bei der Metapher zu bleiben – überwinden kann, haben jedoch unterschiedliche Erwartungen an das Resultat dieses Grenzspaziergangs. Die Unterschiede werden an den gänzlich verschiedenen Auffassungen von Jürgen Mittelstraß und Heinz Heckhausen deutlich. Nach Mittelstraß gibt es in der Interdisziplinarität keine additiven Lösungen: „Interdisziplinarität als wissenschaftstheoretisches Konzept bedeutet mehr als eine bloße Zusammenstellung disziplinärer Partikularitäten" (Mittelstraß 1987: 155). Heckhausen sieht ganz im Gegenteil so große Unterschiede im „theoretischen Integrationsniveau" der verschiedenen Disziplinen, dass Interdisziplinarität für ihn nur als Addition von Partialperspektiven vorstellbar ist. Interdisziplinarität „vermag einen Gegenstand gemeinsamen Interesses (...) unter den fachwissenschaftlichen Aspekten der einen und der anderen Disziplinarität zu beleuchten und in Beziehung zu setzen. Sie vermag nicht, die verschiedenen Perspektiven ineinanderzuführen oder zu vereinigen. Insofern sind die Grenzen der Disziplinarität, d.h. der theoretischen Integrationsniveaus bei der Rekonstruktion nicht zu überwinden" (Heckhausen 1987: 137).

Heckhausen weist zugleich darauf hin, dass mit „Interdisziplinarität" häufig nichts anderes als eine „intradisziplinäre" Zusammenarbeit gemeint ist, da es eine nur begrenzte Anzahl von Disziplinen gebe, die jedoch wiederum eine weitaus größere Zahl von Fächern umfassen. Mittlerweile sei die subdisziplinäre Differenzierung so weit fortgeschritten, dass schon die Kooperation über Fächergrenzen hinweg ein innovatives Unterfangen darstelle.

Mittelstraß dagegen hält Interdisziplinarität als kognitive Integration von Disziplinen für möglich. Wir werden in Anlehnung an Mittelstraß im Folgenden dann von Interdisziplinarität sprechen, wenn die Kooperation von Wissenschaftlerinnen und Wissenschaftlern über disziplinäre Theorien, Methoden und Ziele hinaus zu neuen Wissensstrukturen führt. Im Unterschied dazu werden wir – ganz im Sinne Heckhausens – den Begriff Multidisziplinarität verwenden, wenn wir eine additive Perspektive verschiedener Disziplinen auf einen Forschungsgegenstand beobachten (vgl. Abschnitt 2.1).

Aber noch einmal zurück zur Bedeutung grenzüberschreitender Forschungsarbeiten als „Integrationsmechanismus" oder als „Reparaturbetrieb" der Wissenschaft. Wäre diese Annahme richtig, müssten neue Forschungsfelder von zeitlich begrenzter Dauer sein, bevor sie entweder in die Disziplinen als neue Subdisziplin reintegriert werden oder aber selber zu einer neuen Disziplin werden. In der Tat finden sich in der Literatur für beide Vermutungen Belege. So meint Lorenz Krüger, interdisziplinäre Forschung sei die Arbeit an Problemen, die ihre Disziplin noch nicht gefunden hätten (vgl. Krüger 1987: 118). Und Hans Joos nennt als Beispiel für eine Kombination zweier Disziplinen zu einer neuen innovativen Verbindung die Verschmelzung von Physik und Biologie zur Molekularbiologie (vgl. Joos 1987: 149).

Was bedeuten diese Befunde für die hier ausgewählten außeruniversitären Forschungseinrichtungen? Unsere Fallbeispiele eignen sich, um einerseits das Verhältnis von disziplinärem und interdisziplinärem Wissen, andererseits die

Bedeutung des Anwendungskontextes für die Wissensproduktion zu untersuchen. Damit können zentrale Hypothesen des Interdisziplinaritäts- beziehungsweise des Transdisziplinaritätskonzepts empirisch überprüft werden. Lassen sich beispielsweise in den außeruniversitären Instituten, die ihrem eigenen Anspruch nach hoch spezialisierte und interdisziplinäre Forschungsfragen bearbeiten, Strategien des Managements erkennen, mit dieser Situation umzugehen? Unter welchen Bedingungen orientieren sich die Wissenschaftler/innen an ihren „Heimatdisziplinen", wann versuchen sie, ihr Forschungsgebiet als neues Fach oder neue Disziplin zu institutionalisieren? Anzunehmen ist, dass die sozialen Strukturen der Disziplinen einen größeren Einfluss auf das Handeln und die Orientierung der Wissenschaftler/innen haben als die Institute, denn für die Karriereperspektiven des wissenschaftlichen Nachwuchses sind Anerkennung innerhalb des Fachs und Reputationsgewinn ausschlaggebende Faktoren.

Die Beantwortung dieser Fragen ist bedeutsam, weil sie über die Steuerungspraxis und die strategische Entwicklung der untersuchten Forschungseinrichtungen Aufschluss gibt. Diese Studie untersucht mit anderen Worten, welchen Stellenwert die Interdisziplinarität in den verschiedenen Einrichtungen hat, welche institutionellen Voraussetzungen für eine erfolgreiche Generierung und Bearbeitung interdisziplinärer Forschungsfelder erforderlich sind, welche Probleme sich dabei ergeben und welche Handlungsmöglichkeiten das Forschungsmanagement besitzt.

Zu Fragen der Interdisziplinarität liegt zwar eine umfangreiche theoretische Literatur vor, entsprechende empirische Untersuchungen finden sich dagegen bislang kaum. Die Wissenschaftssoziologie, deren Gegenstand die Wissenschaft als eine besondere Wissensform und als ausdifferenziertes Teilsystem der Gesellschaft ist, beschäftigt sich erst seit wenigen Jahren mit den Struktur- und Organisationsproblemen außeruniversitärer Forschungseinrichtungen. Grundlegend sind noch immer die Überlegungen von Renate Mayntz zum Forschungsmanagement (1985), deren empirische Basis heterogene Institute der öffentlich finanzierten hochschulfreien Forschung sind. Mayntz weist vor allem darauf hin, dass es kein für alle Einrichtungen gleichermaßen „optimales" Organisationsmodell gibt, sondern die Organisationsstruktur stets der jeweiligen Aufgabe, der Größe, der Rechtsform und dem Finanzierungsmodus angemessen sein muss. Ferner geht sie auf Probleme der Aufbau- und Leitungsorganisation ein; an diese Erörterungen kann die vorliegende Studie – beispielsweise bei der Betrachtung des Organisationsgrads und der Binnengliederung von Forschungsinstituten – direkt anknüpfen.

Eine weitere wichtige Arbeit stammt von Hans-Willy Hohn (1998), der einen Zusammenhang zwischen kognitiven Strukturen der Disziplinen und Steuerungsproblemen der Forschung feststellt. Hohn knüpft darin an eine ältere Untersuchung an, in der er zusammen mit Uwe Schimank die Entwicklung des staatlich finanzierten außeruniversitären Forschungssystems analysiert hat (Hohn/Schimank 1990), und verdeutlicht am Beispiel der Kernphysik, unter welchen Voraussetzungen das Modell der staatlich geplanten Großforschung erfolgreich ist. Als Vergleichsfall untersucht er die Informatik und zeigt, dass die Großforschung den kognitiven Strukturen der Informatik und der rasanten Entwicklungsdynamik der Informationstechnik nur schlecht angepasst ist. Hohns Absicht, im Hinblick auf verschiedene Disziplinen geeignete institutionelle Forschungsbedingungen und angemessene staatliche Forschungsstrategien zu identifizieren, ähnelt dem Ziel unserer Untersuchung. Wie schon Hohn stützen auch wir uns in der vorliegenden Studie auf die Arbeiten von Richard Whitley (1984). Whitley hat ein Analyseschema entwickelt, das es erlaubt, die Disziplinenentwicklung als das Ergebnis eines Zusammenspiels zwischen kognitiven und organisationalen Merkmalen eines Forschungsgebiets zu betrachten (vgl. Abschnitt 2.1).

Schließlich ist eine Studie von Grit Laudel zu erwähnen, die sich mit Fragen der interdisziplinären Forschungskooperation auseinander gesetzt hat. Zuzustimmen ist ihrem Befund, dass es „bislang keine systematischen Analysen der organisatorischen Rahmenbedingungen interdisziplinärer Forschung" gibt (vgl. Laudel 1999: 17). Eine Ausnahme stellt ihre eigene Arbeit dar, in der sie die Erfolgsbedingungen interdisziplinärer Kooperation in Sonderforschungsbereichen untersucht hat. Laudel differenziert zwischen verschiedenen Kooperationstypen: zwischen arbeitsteiliger Kooperation, Servicekooperation, Weitergabe von Know-how, Gerätebereitstellung und wechselseitiger Anregung (vgl. ebd.: 225ff.). Hilfreich ist auch ihre analytische Unterscheidung zwischen verschiedenen Handlungsbedingungen (funktionelle, ökonomische, soziale, institutionelle und kulturell-ethische Bedingungen) für interdisziplinäre Kooperationen. Laudels Untersuchung konzentriert sich allerdings auf Sonderforschungsbereiche in der naturwissenschaftlichen Grundlagenforschung, also auf den universitären Kontext, während in dieser Studie heterogene Forschungsfelder von außeruniversitären Forschungsinstituten, also von deutlich größeren organisatorischen Einheiten, in den Blick genommen werden.

1.3 Zur Kooperation zwischen außeruniversitären Forschungseinrichtungen und Hochschulen

Bei den Forderungen nach verstärkten institutionellen Kooperationen geht es wissenschaftspolitisch zunächst um das Problem, wie eine bessere Verbindung von anwendungs- und grundlagenorientierten Forschungsansätzen erreicht werden kann. Die derzeitigen Vorschläge rücken vor allem die Bildung „vernetzter" Strukturen in den Mittelpunkt, worunter die Entwicklung von einrichtungsübergreifenden Formen der Wissenserzeugung und -vermittlung verstanden wird. Diesen Empfehlungen liegt die Überlegung zugrunde, dass die arbeitsteilige Differenzierung des deutschen Forschungssystems – Stichwort „Versäulung" – problematisch geworden ist. Die Max-Planck-Institute beispielsweise bearbeiten überwiegend grundlagenorientierte, die Fraunhofer-Institute dagegen anwendungsorientierte Fragestellungen. Da es aber zunehmend schwieriger wird, Grundlagenforschung und Anwendungsforschung zu unterscheiden, und innovative Produkte und Verfahren häufig in Wechselwirkung zwischen Forschung und Anwendung entstehen, ist es nur folgerichtig, nach Möglichkeiten einer verstärkten Zusammenarbeit verschiedener Organisationen Ausschau zu halten. Durch engere institutionelle Kooperationsbeziehungen soll versucht werden, der „Versäulung" des deutschen Wissenschaftssystems entgegenzuwirken.

Große Aufmerksamkeit erfährt in diesem Zusammenhang insbesondere die Kooperation der außeruniversitären Forschungseinrichtungen mit den Universitäten und Fachhochschulen. Das BMBF fördert beispielsweise so genannte „Kompetenzzentren", mit deren Hilfe die Zusammenarbeit von Universitäten und außerhochschulischen Einrichtungen auf der regionalen Ebene verstärkt werden soll. Auch der Wissenschaftsrat plädiert für eine Intensivierung der Verbundforschung von Hochschulen, außeruniversitären Forschungseinrichtungen und Unternehmen, außerdem erwartet er eine stärkere Beteiligung außeruniversitärer Wissenschaftler/innen an den Lehraufgaben der Hochschulen. Die Kooperation zwischen den verschiedenen Organisationen wird somit zu einem wichtigen Instrument, das Schwächen des arbeitsteiligen Forschungssystems ausgleichen und dessen Leistungsfähigkeit erhöhen soll.

Im Rahmen der eingangs erwähnten Systemevaluationen, mit denen die strukturelle und organisatorische Leistungsfähigkeit der öffentlich finanzierten außeruniversitären Forschungseinrichtungen und ihre Funktionalität im Wissenschafts- und Forschungssystem begutachtet wurden, war die Kooperation mit den Hochschulen ein Evaluationskriterium von herausragender Bedeutung. In den jüngst vorgelegten Empfehlungen zur „strategischen Forschungsförderung", die der Wissenschaftsrat als Bilanz der Systemevaluationen betrachtet, geht es neben der Effizienz des gesamten Forschungssektors insbesondere um die Leistungsfähigkeit der Hochschulen. Ihre Rolle als „Organisationszentren der Wissenschaft" sieht der Wissenschaftsrat dadurch gefährdet, dass sie „nach wie vor weder ausreichende Ressourcen noch geeignete Instrumente haben", um diese Aufgabe in wünschenswerter Weise wahrzunehmen (Wissenschaftsrat 2003: VII). Zur Unterstützung der Hochschulen sind in den Systemevaluationen alle außeruniversitären Einrichtungen aufgefordert worden, sich den Universitäten noch stärker als bisher zu öffnen.

Zum Teil lassen sich diese Probleme historisch erklären. Vor allem die Expansion des außeruniversitären Forschungssektors in den 1950er und 1960er Jahren sowie die Ressourcenknappheit der Universitäten seit Mitte der 1970er Jahre haben zu erheblichen Spannungen in den Beziehungen zwischen den außeruniversitären Forschungseinrichtungen und den Hochschulen geführt (Hohn/ Schimank 1990: 50-53). Mit der deutschen Einheit verschärfte sich die bestehende Konkurrenz, denn die Befürchtung der Universitäten, dass der Ausbau der staatlich finanzierten Forschungseinrichtungen zu einer weiteren „Auswanderung der Forschung" beitragen werde, erhielt durch die Gründung zahlreicher außeruniversitärer Einrichtungen neuen Auftrieb. Zwar hatte der Wissenschaftsrat eine „Rückverlagerung" der Forschung an die Hochschulen favorisiert. In vielen Fällen gelang dies jedoch nicht. Mittlerweile klagen sowohl die Universitäten in den neuen als auch in den alten Bundesländern über erhebliche Defizite. Dazu zählen die Finanz- und Stellenknappheit, eine überwiegend nach Lehrstühlen und Instituten gegliederte Binnenorganisation, die die Aufnahme oder Gründung interdisziplinärer Forschungsgruppen erschwert, und eine häufig unzureichende Ausstattung mit technischen Geräten und Anlagen. Überdies zeichnet sich eine Angleichung der Hochschulen in den neuen und alten Ländern im Hinblick auf die Dominanz der Lehraufgaben ab. Die Folge ist, dass die Hochschulforschung zunehmend „im Schatten der Lehre" (Schimank 1995) betrieben werden muss. Die Universitäten haben jedoch nicht nur Probleme mit ihrer fehlenden oder mangelhaften finanziellen, personellen oder Sachausstattung, sondern sie befinden sich derzeit auch in einer Umbruchphase, an deren Ende wohl eine Neubestimmung ihrer zukünftigen Funktionen – zwischen wissenschaftlich orientierter Berufsausbildung, Forschung auf hohem Niveau und Förderung des wissenschaftlichen Nachwuchses – stehen wird.

Die Hochschulen haben also gute Gründe, die außeruniversitären Forschungseinrichtungen als Konkurrenten zu betrachten. Zugleich besitzen sie einflussreiche Fürsprecher auf der politischen Ebene. Die verantwortlichen wissenschaftspolitischen Akteure haben in der Vergangenheit immer die Bedeutung der Hochschulforschung hervorgehoben und versucht, die Position der

Hochschulen im Wissenschaftssystem zu stärken. So hat der Wissenschaftsrat unmissverständlich festgehalten, dass die Hochschulen mit ihrer Leitidee der Einheit von Forschung und Lehre „die wichtigsten Orte einer selbstbestimmten Grundlagenforschung in ihrer ganzen Breite" sind (Wissenschaftsrat 1997: 36). Der Kooperationsappell an die außeruniversitären Forschungseinrichtungen bezweckt in erster Linie, die universitären Defizite auszugleichen oder sogar Synergieeffekte zu erreichen. Insofern geht es den wissenschaftspolitischen Akteuren bei ihrer Forderung nach intensiverer Kooperation nicht nur um die Überwindung der „Versäulung" des Wissenschaftssystems, sondern auch um eine Stärkung der Hochschulen.

Erstaunlicherweise gibt es trotz der häufig postulierten Notwendigkeit zur Kooperation keine empirischen Untersuchungen darüber, in welcher Weise, mit welchen Zielen und mit welchen Ergebnissen die außeruniversitären Forschungseinrichtungen mit den Hochschulen kooperieren. Insofern hat unsere Studie explorativen Charakter. Sie konzentriert sich auf die Fragen, welcher Art die Erfolgsbedingungen und die Hemmnisse für Kooperationen mit den Hochschulen sind und wie die Zusammenarbeit auf den Gebieten der Forschung, der Lehre und der Nachwuchsförderung unterstützt werden kann. Bei den Forschungskooperationen interessierte uns, welche Wirkungen Instrumente wie gemeinsame Berufungen oder Forschungsverbünde zeigen. Außerdem haben wir danach gefragt, welche Faktoren für erfolgreiche, für problematische oder für fehlende Kooperationen mit Universitäten verantwortlich sind. Welche Bedeutung haben etwa spezifische Qualifikationen der Professorinnen und Professoren, welche die Kompetenzen der Studierenden? Welche Rolle spielt die räumliche Nähe einer Universität zum Kooperationspartner? Die Untersuchung geht davon aus, dass gemeinsame Forschungsprojekte bisher überwiegend auf der Initiative einzelner Hochschulprofessorinnen und -professoren beziehungsweise einzelner Wissenschaftler/innen des mittleren Managements basieren. Diese Kooperationen sind von begrenzter Dauer und an individuelle Präferenzen und Aktivitäten gebunden. Eine längerfristige und stabile Zusammenarbeit müsste durch Steuerungsinstrumente – wie zum Beispiel gezielte Anreize und besondere Ressourcen – angeregt werden.

Die engste Zusammenarbeit zwischen außeruniversitären Forschungseinrichtungen und Hochschulen findet vermutlich in der Lehre und bei der Nachwuchsförderung statt. An den außeruniversitären Einrichtungen ist eine große Zahl von Studierenden und Promovierenden tätig, die auf diese Weise frühzeitig in die laufenden Forschungsarbeiten eingebunden werden. Deshalb fragt diese Studie ähnlich wie bei den Forschungskooperationen auch im Bereich der Lehre und Nachwuchsförderung danach, was die Motive für eine Zusammenarbeit

26

sind, welche Probleme gesehen und wie die bekannten Förderinstrumente beurteilt werden.

In den wissenschaftspolitischen Debatten wird häufig davon ausgegangen, dass beide Kooperationskandidaten – die Hochschulen wie die außeruniversitären Forschungseinrichtungen – ein Interesse an Kooperationen haben müssten. In dieser Weise argumentiert auch der Wissenschaftsrat, wenn er ausführt: „Hochschulforscher können so von der Infrastruktur außeruniversitärer Einrichtungen profitieren. Im Gegenzug behalten deren Forscher den Kontakt zur Lehre und können Nachwuchswissenschaftler für ihre Institute gewinnen." (Wissenschaftsrat 2003: 19) Dieses Argument impliziert, dass es sich bei den kooperierenden Organisationen um Verhandlungspartner handelt, die sich in einem Tauschverhältnis zueinander befinden, von dem beide nur profitieren können. Diese Hypothese, die für die Leistungsfähigkeit des Wissenschaftssystems von zentraler Bedeutung ist, haben wir in unserer Studie ebenfalls empirisch überprüft. Dafür bietet sich der Ansatz des akteurzentrierten Institutionalismus an (Scharpf 2000). Die Übertragung dieses Ansatzes auf die beiden „Verhandlungspartner" soll es erlauben, die Rahmenbedingungen der Verhandlungen zu ermitteln. So haben wir beispielsweise gefragt, ob die Partner in den Kooperationsbeziehungen wirklich gleichberechtigt sind oder ob es einen Akteur gibt, der seine Interessen auch gegen den Widerstand des anderen durchsetzen kann. Interessanterweise haben sich noch im Befragungszeitraum die Machtverhältnisse zwischen den institutionellen Bereichen erheblich verändert. Durch die Einführung der Juniorprofessur ist ein neuer „Königsweg" zur Professur entstanden, der ausschließlich über die Hochschulen führt. Damit wird das Qualifizierungsmonopol der Universitäten, das vor allem den Diplom- und Promotionsbereich betrifft, weiter verstärkt, was erhebliche Auswirkungen auf die Rekrutierung qualifizierter Wissenschaftler/innen haben wird. Eine andere Frage ist, ob bei dem angenommenen Tauschverhältnis nicht zusätzliche Faktoren wie ein begrenzter Verhandlungszeitraum und persönliche Kenntnis der Verhandlungspartner zum Tragen kommen – und ob das Fehlen dieser Faktoren scheiternde „Verhandlungen" erklären kann.

1.4 Die Suche nach Steuerungsinstrumenten

Seit mehreren Jahren findet eine intensive wissenschaftspolitische Debatte über die Eignung verschiedener Steuerungsmodelle für den Wissenschaftsbereich statt. Im Mittelpunkt steht dabei das so genannte „Management-Modell", das auf den Grundsätzen des New Public Management basiert und als Reformmodell auch für die deutsche Hochschullandschaft gilt. Die staatliche Steuerung ist nach diesem Modell dadurch gekennzeichnet, dass der Staat einerseits seine Regulierungstätigkeit einschränkt, andererseits jedoch seinen Einfluss auf die Globalziele der Hochschulen erhöht. Dieses Steuerungskonzept beinhaltet etwa, dass die Hochschulen die kameralistische Haushaltsführung aufgeben können und ihnen stattdessen ein Globalhaushalt zugewiesen wird, der ihnen wesentlich mehr Spielraum bei der Verwendung der Ressourcen lässt. Zugleich haben sich die Hochschulen an den staatlich vorgegebenen strategischen Zielen zu orientieren: „Die Politik wird sich in Zukunft das Recht vorbehalten, globale qualitative und quantitative Zielvorgaben in Bezug auf die Forschungs- und Lehrangebote, die Kapazitäten und das Budget zu setzen sowie die allgemeinen gesetzlichen und finanziellen Rahmenbedingungen der Hochschulen sicherstellen" (Braun 2001: 254). Soweit die Hochschulen innerhalb dieser Zielvorgaben handeln, wird ihnen bei ihrer operativen Tätigkeit mehr Freiheit als zuvor versprochen.

Ob es berechtigt ist, eine neue „operative Autonomie für Lehre und Forschung" (Brinckmann 1998) zu feiern, oder ob der Preis dafür nicht zu hoch ist, sei dahingestellt. Absehbar ist, dass das operative Geschäft in den wissenschaftlichen Einrichtungen unter den veränderten Bedingungen professionalisiert werden muss. Damit ist oft ein Umbau der Entscheidungsstrukturen verbunden, etwa wenn die Rolle der Rektoren und Dekane gestärkt wird. Zudem müssen neue Managementinstrumente eingeführt werden, mit denen die von den Hochschulen und außeruniversitären Forschungseinrichtungen zu erbringenden Leistungen unterstützt, dokumentiert und dem Staat gegenüber nachgewiesen werden können.

In den vergangenen Jahren wurde in der Bundesrepublik von Seiten des Staates eine ganze Reihe wissenschaftspolitischer Steuerungsinstrumente implementiert. Dazu gehören beispielsweise die leistungsorientierte Mittelvergabe (die allerdings an den außeruniversitären Forschungseinrichtungen bisher kaum bekannt ist), die Umstellung der kameralistischen Haushaltsführung auf eine Kosten-Leistungs-Rechnung sowie die Einführung von Globalhaushalten und der Programmsteuerung. Es ist davon auszugehen, dass die Veränderung bestehender und die Einführung neuer staatlicher Regelungen einen unmittelbaren Druck auf die wissenschaftlichen Einrichtungen ausüben werden, ihre bisher nur schwach ausgebildeten internen Steuerungsinstrumente weiterzuentwickeln. Schon heute lässt sich belegen, dass die Umstellung von der staatlichen Globalsteuerung auf eine Programmsteuerung in den Großforschungseinrichtungen nicht nur direkte Auswirkungen auf die Einführung von Planungsinstrumenten gehabt hat, sondern auch im Zusammenhang mit der neuen Vereinsstruktur der Großforschungszentren steht, die derart zentralisierte Entscheidungen erst ermöglicht hat. Supranationale Steuerungsinstrumente wie etwa die Forschungs-programme der Europäischen Union können, wie noch zu zeigen sein wird, ebenfalls erhebliche Konsequenzen für die operationalen und strategischen Entscheidungen der Forschungseinrichtungen haben.

Diese Management- oder Steuerungsinstrumente sind es, die hier interessieren. Es geht nicht um die staatliche Lenkung des Forschungssektors, also die makropolitische Ebene, sondern um die in den Einrichtungen eingesetzten Steuerungsinstrumente, also die mikropolitische Ebene. In den folgenden Kapiteln untersuchen wir die Frage, welche Steuerungsinstrumente auf der Mikroebene mit welchen Resultaten genutzt werden und unter welchen Bedingungen sie erfolgreich sind.

Neben diesen Instrumenten, die auf die jüngsten Steuerungsversuche der politisch-administrativen Akteure zurückzuführen sind, interessieren in dieser Studie hauptsächlich die endogen entwickelten Steuerungsmechanismen. Darunter verstehen wir diejenigen Steuerungs- und Planungsinstrumente, die ein Ergebnis der Selbstorganisation des Forschungssektors sind und die mit spezifischen Problemen der Wissensproduktion zusammenhängen. Im Einzelnen unterscheiden wir insbesondere zwischen rechtlichen Regulierungen, sanktionierten Verhaltensgeboten und -verboten, Verfahrens- und Organisationsregeln, materiellen Anreizen sowie Informations- und Überzeugungsstrategien (vgl. Mayntz/Scharpf 1995a). Bei den rechtlichen Regulierungen ist vor allem an Kooperationsverträge zwischen Hochschulen und außeruniversitären Einrichtungen zu denken, als Beispiel für Verfahrens- und Organisationsregeln lassen sich gemeinsame Berufungen anführen.

1.5 Methodisches Vorgehen

Da in dieser Studie vor allem die Binnenperspektiven der Akteure in den Forschungseinrichtungen – das heißt die Erfahrungen, Beobachtungen und Einschätzungen der Wissenschaftler/innen in ihrer Alltagspraxis – im Mittelpunkt stehen, stützt sie sich im Wesentlichen auf leitfadenorientierte Interviews.

Bei der Auswahl der Forschungsinstitute gingen wir zunächst davon aus, dass die unterschiedliche Forschungsorientierung einen erheblichen Einfluss auf die interdisziplinäre Zusammenarbeit und auf die Kooperation mit den Hochschulen hat. Daher haben wir Forschungsinstitute ausgesucht, die das gesamte Spektrum der staatlich finanzierten außeruniversitären Forschungsorganisationen repräsentieren. Insgesamt umfasst das Sample drei Institute der Max-Planck-Gesellschaft (MPG), zwei Institute der Fraunhofer-Gesellschaft (FhG), drei Institute der Wissenschaftsgemeinschaft Gottfried Wilhelm Leibniz (WGL) und eine Großforschungseinrichtung, die zur Helmholtz-Gemeinschaft Deutscher Forschungszentren gehört (HGF; für Kurzporträts vgl. Anhang). Jedoch ließ sich der vermutete hohe Einfluss von grundlagen- oder anwendungsorientierten Forschungen auf die Aussagen der Beteiligten nicht bestätigen; für die Bildung der im Folgenden vorgestellten Typen sind daher andere Variablen von Bedeutung (vgl. Kapitel 2).

Bei der Vorauswahl der Institute, die anhand ihrer Selbstpräsentation im Internet und einer Durchsicht der öffentlich erhältlichen Jahresberichte erfolgte, haben wir nur solche Einrichtungen berücksichtigt, deren Selbstverständnis eine interdisziplinäre Arbeitsweise einschloss und die nachweislich mit Hochschulen kooperierten.

Außerdem wurde bei der Auswahl der Institute die unterschiedliche Forschungspraxis in den Geistes- und Sozialwissenschaften auf der einen Seite und den Natur- und Ingenieurwissenschaften auf der anderen Seite beachtet. Daher haben wir aus jeder der vier Forschungsorganisationen ein eher sozialwissenschaftlich arbeitendes sowie ein eher naturwissenschaftlich ausgerichtetes Institut ausgewählt. Darüber hinaus gelang es uns, mehrere naturwissenschaftliche Institute für die Beteiligung an der Befragung zu gewinnen, die auf den Feldern der Umwelt- und der Klimaforschung tätig sind. Die Klima- und Umweltforschung, die in der Interdisziplinaritätsdebatte viel zitierte Fallbeispiele darstellen, sind also auch für diese Untersuchung von besonderem Gewicht.

Im Vorfeld der Interviews wurden Dokumente zu den forschungspolitischen Rahmenbedingungen sowie Selbstdarstellungen, Strukturdaten und Statusberichte der Institute ausgewertet, gegebenenfalls auch die Empfehlungen externer Evaluationen zum Beispiel durch den Wissenschaftsrat.

Bei den Gesprächen in den Instituten haben wir in der Regel ein Interview sowohl mit dem Wissenschaftlichen Leiter als auch mit dem Administrativen Leiter (bzw. dem „Geschäftsführenden Direktor") der Einrichtung geführt. Die Auswahl der anderen Gesprächspartner/innen hing jeweils auch von der Organisationsstruktur der Einrichtung ab. So wurden Interviews mit (mindestens) zwei leitenden Wissenschaftlern oder Wissenschaftlerinnen geführt, bei denen es sich um Abteilungsleiter/innen, aber auch um Leiter/innen anderer Organisationseinheiten handeln konnte. Um weitere Gespräche wurden jeweils zwei wissenschaftliche Mitarbeiter/innen der Abteilungen (oder äquivalenter Organisationseinheiten) und eine Doktorandin oder ein Doktorand gebeten. In jedem Institut wurden also rund neun Personen befragt. Insgesamt sind 82 Interviews geführt und auf Band mitgeschnitten worden; 59 dieser Aufzeichnungen wurden vollständig transkribiert, der Rest wurde in Form von Gesprächsprotokollen schriftlich festgehalten. Da wir die Interviews zwischen Oktober 2001 und November 2002 durchgeführt haben, beziehen sich die Aussagen, wenn nicht anders vermerkt, auf die Jahre 2001 und 2002.

1.6 Gliederung und Autorschaft

Die vorliegende Untersuchung ist in vier Kapitel gegliedert. Im Anschluss an diese Einleitung befasst sich Kapitel 2 mit Fragen interdisziplinärer Kooperationen, danach werden in Kapitel 3 die institutionellen Kooperationen beleuchtet. Beide Kapitel sind analog aufgebaut. Zunächst werden die Fragestellung, die erkenntnisleitenden Hypothesen sowie die Operationalisierung skizziert, gefolgt von einer ausführlichen Darstellung der Untersuchungsergebnisse, die dann in einem letzten Schritt diskutiert und bilanziert werden. Das vierte, abschließende Kapitel beleuchtet die Optionen und Grenzen wissenschaftlicher Kooperationen und ihrer Steuerung. Der Anhang beinhaltet die Kurzporträts der untersuchten Institute, deren Namen wir zur Wahrung ihrer Anonymität mit griechischen Buchstaben verschlüsselt haben.

Diese Studie ist selbst das Produkt einer interdisziplinären Kooperation. Sie wurde von zwei Politologinnen, Martina Röbbecke und Dagmar Simon, konzipiert. Für die Interviews stieß ein Soziologe, Clemens Kraetsch, hinzu. In der Auswertungsphase schließlich wurde zusätzlich ein Historiker, Martin Lengwiler, verpflichtet. Die Autorschaft wechselt je nach Kapitel. Für die Einleitung zeichnet Martina Röbbecke verantwortlich, das zweite Kapitel stammt von Martin Lengwiler, das dritte Kapitel von Clemens Kraetsch und Martin Lengwiler. Das Schlusswort wurde von Dagmar Simon verfasst.

2 Inter-Disziplinieren zwischen Methode, Charisma und Heuristik

Weshalb sprechen wir in der Kapitelüberschrift und im Buchtitel von „Inter-Disziplinieren"? Im Laufe unserer Untersuchung stellte sich heraus, dass es den befragten Wissenschaftlern und Wissenschaftlerinnen oft schwer fällt, über die eigenen interdisziplinären Forschungspraktiken zu reflektieren. Interdisziplinarität ist zwar als Begriff bekannt, wird aber meist auf einer praxisfernen, pauschalen oder abstrakten Ebene als wissenschaftliches Konzept beschrieben. Der abstrakte Begriff wurde kaum in Beziehung gesetzt zur konkreten interdisziplinären Forschung an den untersuchten Instituten. Die Kenntnisse der Befragten über Interdisziplinarität sind also weitgehend implizit – ein fundiertes, reflektiertes Verständnis interdisziplinären Arbeitens fehlt.

Dahinter scheint sich ein allgemeines Phänomen zu verbergen, darauf deutet zumindest die interdisziplinäre Semantik hin. Der Begriff „Interdisziplinarität" wird zwar als Substantiv verwendet, auch ein Adjektiv lässt sich davon ableiten, nicht aber ein Verb. Das Anliegen dieser Studie ist dagegen, interdisziplinäre und institutionelle Kooperationen nicht einfach als Namen und damit abstrakte Größen, sondern als Tätigkeiten zu verstehen, die voraussetzungsvoll, steuerbar und damit auch organisier- und vermittelbar sind – deshalb auch die Wortschöpfung. Durch seine praxis- und handlungsorientierten Schlussfolgerungen soll dieses Kapitel dazu beitragen, aus dem bekannten Substantiv ein neues Verb abzuleiten: „inter-disziplinieren".

Im Zentrum der folgenden Ausführungen steht die Frage, wie und unter welchen Bedingungen in den untersuchten Instituten interdisziplinär kooperiert wird. Dies schließt die institutsspezifischen Probleme interdisziplinärer Kooperationen sowie die Steuerungspraktiken und -möglichkeiten mit ein. Im einleitenden Abschnitt werden zunächst Fragestellung und Untersuchungshypothesen vorgestellt (2.1.1), darauf folgt eine ausführliche Diskussion des Forschungsstands der Interdisziplinaritätsdebatte. Im Anschluss daran schlagen wir eine neue Begrifflichkeit für interdisziplinäre Kooperationen vor, die unserer praxisorientierten Fragestellung entspricht (2.1.2). Außerdem wird die Operationalisierung skizziert, mittels derer die untersuchten Institute und ihre spezifischen Interdisziplinaritätspraktiken analysiert werden. Im Zentrum der Auswertung steht eine Typologie, die die neun Institute in vier Gruppen mit je spezifischen „Interdisziplinaritätsstilen" unterteilt (2.1.3). Im Hauptteil des Kapitels werden die vier Interdisziplinaritätsstile ausführlich vorgestellt und diskutiert (2.2 bis 2.5) sowie die Auswirkungen interdisziplinärer Projekterfahrungen auf Publikationsmöglichkeiten und Karrierechancen untersucht (2.6). Das Kapitel endet mit einer vergleichenden Zusammenfassung der Ergebnisse (2.7).

2.1 Begrifflichkeit und Typologie

2.1.1 Fragestellung und Hypothesen

Ausgangspunkt unserer Analyse ist eine konstruktivistische Grundannahme. Gestützt auf sozialkonstruktivistische Ansätze der Wissenschaftsforschung gehen wir davon aus, dass interdisziplinäre Kooperationspraktiken kontextabhängig sind und je nach Institut unterschiedlich ausfallen. In Anlehnung an Ludwik Flecks Begriff der kontextabhängigen „Denkstile" werden wir deshalb von unterschiedlichen *Interdisziplinaritätsstilen* sprechen, die sich je nach ihren Rahmenbedingungen spezifisch manifestieren und stabilisieren (Fleck 1999 [1935]).

Während Fleck sich vor allem für die sozialen Bedingungen der Wissenschaft, das heißt für die Wechselwirkungen zwischen Denkstilen und Denkkollektiven, interessierte, werden wir den Einfluss organisationaler und kognitiver Voraussetzungen auf die jeweiligen Interdisziplinaritätsstile analysieren. Die Entscheidung, kognitive und organisationale Kontextbedingungen zu untersuchen, stützt sich auf ein von Hohn (1998) vorgeschlagenes Modell. In seiner Untersuchung über die Steuerungsprobleme in den Forschungsprozessen der Kernphysik und der Informatik verbindet Hohn Ansätze der Organisationssoziologie, die auf die Abhängigkeit der institutionellen Forschungsorganisation von den kognitiven Eigenschaften des Forschungsfelds hinweisen (etwa Whitley 1984, im Anschluss an Perrow 1970), mit Ansätzen der konstruktivistischen Wissenschaftsforschung, die umgekehrt die Abhängigkeit kognitiver Forschungsresultate von deren institutionellem und sozialem Produktionskontext betonen (beispielhaft: Heintz 2000).

Nach Hohns Ansatz ist das Zusammenspiel kognitiver und organisationaler Rahmenbedingungen bestimmend für die Ausprägung wissenschaftlicher Forschungspraktiken (Hohn 1998: 26, 52-62). Die Organisationsstrukturen wissenschaftlicher Forschung passen sich den kognitiven Eigenheiten des Forschungsfelds an und die kognitiven Elemente der Forschung (wie Methoden und Theorien) sind umgekehrt geprägt von den sozialen und organisationalen Bedingungen, unter denen praktisch gearbeitet wird. Darin liegt die Kernaussage des Modells von Hohn: dass sich kognitive und organisationale Faktoren wechselseitig beeinflussen und sich somit zu bestimmten Konfigurationen verdichten. Hohn spricht vom Phänomen der „wechselseitigen Stabilisierung" kognitiver und organisationaler Faktoren. Von diesen stabilisierten Konfigurationen ausgehend manifestieren sich je spezifische Forschungsstile. Dieses Modell der wechselseitigen Stabilisierung stützt sich unter anderem auf interaktionistische Ansätze der Wissenschaftsforschung, etwa auf die Arbeiten von Joan Fujimura und Susan Leigh Star (Fujimura 1992; Star/Griesemer 1989; Hohn 1998: 50f.). Hohns eigenes Fallbeispiel ist ein schlüssiger Beleg für den Erklärungswert seines Modells. Anhand des Vergleichs zwischen der neueren Geschichte der Kernphysik und der Informatik vermag er aufzuzeigen, wie sich in beiden Fächern je eigene Forschungsorganisationen für die unterschiedlichen Forschungsfelder herausgebildet und stabilisiert haben. Während die kognitiv-organisationale Stabilisierung in der Kernphysik zur Institution der Großforschung führte, ist es in der Informatik bei einer heterogenen, dezentralen und anwendungsnahen Forschungsorganisation geblieben, trotz der Versuche, die Informatik ebenfalls als Großforschung zu organisieren (Hohn 1998: 309-322).

Die Thesen der wechselseitigen Stabilisierung kognitiver und organisationaler Faktoren sind für unsere Argumentation von zentraler Bedeutung, weil auf ihnen die Hypothese beruht, dass sich innerhalb der interdisziplinären Forschungspraktiken eigenständige, kontextabhängige Interdisziplinaritätsstile beschreiben lassen. Welche konkreten kognitiven und organisationalen Faktoren in unserer Fallanalyse zu beachten sind, werden wir in Abschnitt 2.1.3 anhand der vorgeschlagenen Typologie erläutern. An dieser Stelle ist als Ausgangshypothese festzuhalten, dass sich die neun untersuchten Institute nach ihren organisationalen und kognitiven Rahmenbedingungen zu Institutsgruppen zusammenfassen lassen, denen ein je spezifischer Interdisziplinaritätsstil entspricht.

2.1.2 Gründe für eine neue Begrifflichkeit

Die in der Literatur verbreitete Differenzierung zwischen Inter-, Multi- und Transdisziplinarität, die in der Einleitung (Abschnitt 1.2) vorgestellt wurde, dient uns zwar als begrifflicher Orientierungsrahmen. Aus Gründen, die im Folgenden darzulegen sind, werden wir jedoch über diese Kategorisierung hinausgehen und eine eigene, empirisch besser verankerte Begrifflichkeit vorschlagen. Nicht die Unterscheidung zwischen inter-, multi- oder transdisziplinären

Kooperationen steht im Vordergrund, sondern diejenige zwischen *methodischen, charismatischen, heuristischen und forschungspraktischen Interdisziplinaritätsstilen.*

Wie legitimiert sich diese neue Begrifflichkeit? Der Grund, sich von der verbreiteten Terminologie zu distanzieren, hat mit den Mängeln der bisherigen Interdisziplinaritätsforschung, insbesondere mit ihrer Praxisferne zu tun. Diese wiederum ist eine Folge der historischen Entwicklung der Interdisziplinaritätsforschung. Interdisziplinäre Forschungspraktiken haben eine Geschichte, die bis in die Zeit vor dem Zweiten Weltkrieg zurückreicht. Julie Thompson Klein hat darauf hingewiesen, dass das Anliegen, disziplinäre Wissenschaftstraditionen zu überwinden, in den 1920er Jahren aus sozialwissenschaftlichen Methodendebatten hervorging und eng mit einer Reform des Bildungssystems in den USA verbunden war, die auf die Überwindung der wissenschaftlichen Spezialisierung und die Entwicklung interdisziplinärer Curricula zielte. Theoretisch wurden Fragen der Interdisziplinarität vor allem im sozialwissenschaftlichen Kreis der Chicagoer Schule um Dewey, Mead, Veblen und Boas diskutiert. Auf wissenschaftspraktischer Ebene führte die Bewegung unter anderem zur Bildung neuer hybrider sozialwissenschaftlicher Disziplinen wie der Sozialpsychologie, der politischen Soziologie, der physiologischen Psychologie oder der Sozialanthropologie. Diese epistemologischen Diskussionen wurden in den 1930er und 1940er Jahren vom Wiener Kreis aufgenommen und spielten etwa für die Debatte um die Einheit der Wissenschaft eine wichtige Rolle. Eine weitere sozialwissenschaftliche Quelle des Interdisziplinaritätsdiskurses bildet die Entstehung der amerikanischen „Area Studies" in den 1930er Jahren, in denen interdisziplinär zusammengesetzte sozialwissenschaftliche Teams zu sozialgeografischen Fragen forschten (Klein 1990: 24f.). Dieser frühe Interdisziplinaritätsdiskurs übte allerdings nur einen geringen Einfluss auf die nachfolgenden theoretischen Debatten aus, weil er meist punktueller Art war und der Interdisziplinaritätsbegriff selten explizit und – wenn überhaupt – ohne begriffliche Reflexion verwendet wurde.

Der heute bestimmende Interdisziplinaritätsdiskurs geht vielmehr von der naturwissenschaftlichen Forschung nach dem Zweiten Weltkrieg aus. Vor allem in der Großforschung – in Deutschland in den außeruniversitären Forschungszentren – fanden interdisziplinäre Ansätze in den 1950er und 1960er Jahren eine zunehmende Verbreitung und wurden längerfristig institutionalisiert. Von dieser naturwissenschaftlichen Forschung ausgehend begann um 1970 die Organisation for Economic Co-operation and Development (OECD), interdisziplinäre Ansätze als ein Merkmal innovativer Forschung zu untersuchen und zu propagieren (Klein 1990: 27ff.; OECD 1972). Die starke natur- und ingenieurwissenschaftliche Ausrichtung der interdisziplinären Forschung nach dem Zweiten Weltkrieg hatte zur Folge, dass die sozial- und geisteswissenschaftliche Forschung bis heute von einer weitgehend disziplinär strukturierten Forschungstradition geprägt ist und umfangreiche interdisziplinäre Forschungsprogramme noch immer vergleichsweise selten sind. Paradoxerweise sind es aber gerade die Sozial- und Geisteswissenschaften, die die methodische und theoretische Forschung *über* Interdisziplinarität vorantreiben, während in den Naturwissenschaften bis vor wenigen Jahren kaum über interdisziplinäre Forschungspraktiken reflektiert wurde (Klein 2000: 3-7; Weingart/Stehr 2000: XII-XIV; Klein et al. 2001; Klein 1990). Der Interdisziplinaritätsbegriff ist deshalb in den Natur- und Ingenieurwissenschaften wenig verbreitet, obwohl praktische Erfahrungen mit interdisziplinären Projekten vielfach vorhanden sind. Man spricht hier lieber von „problemorientierter" Forschung und überlässt die theoretischen Exkurse den Sozialwissenschaften (Klein 2000: 13-16; Mittelstraß 1998: 29f.).

Die sozial- und geisteswissenschaftliche Interdisziplinaritätsforschung befasst sich mit ihrem Untersuchungsgegenstand bis heute vor allem unter epistemologischen Gesichtspunkten. Im Mittelpunkt steht die Frage nach den epistemischen Eigenheiten interdisziplinären Wissens. In den 1980er und 1990er Jahren wurde eine Vielzahl von Begriffsvorschlägen für interdisziplinäre Kooperationsweisen angeboten, zu denen neben „Interdisziplinarität" auch „Trans-, Multi-, Pluri-, Intra-" oder gar die „Chimären-Disziplinarität" gehören (Klein 2001; Heckhausen 1987). Das Unterscheidungsmerkmal ist in der Regel die methodisch-theoretische Integration des interdisziplinär produzierten Wissens. In den letzten Jahren hat sich die Debatte zunehmend auf das Konzept der Transdisziplinarität konzentriert. Darunter wird eine Zusammenarbeit verschiedener Disziplinen verstanden, deren Ergebnisse entscheidend vom Anwendungs- oder Praxiskontext bestimmt sind. Teilweise wird auch normativ argumentiert, dass die transdisziplinäre Forschung eine besonders praxisnahe und demokratische Form der Wissenschaft sei (Häberli 2001; Klein 2001; Gibbons/Nowotny 2001).

Weil jedoch keine Einigkeit über die Begriffsdefinitionen herrscht, leidet die Forschung unter einer gewissen terminologischen Konfusion. Ein besonderes Problem liegt in der Doppeldeutigkeit des Interdisziplinaritätsbegriffs. „Interdisziplinarität" wird in der Literatur zugleich als Sammelbegriff *und* als Spezialbegriff, meist in Abgrenzung zur „Multi- oder Transdisziplinarität", verwendet. Teilweise oszilliert derselbe Text zwischen beiden Bedeutungen, etwa die Thesen von Mittelstraß (1998) zur Frage „Interdisziplinarität oder Transdisziplinarität?". In dem betreffenden Artikel benutzt Mittelstraß den Interdisziplinaritätsbegriff in der Regel als Sammelbegriff und deutet Interdisziplinarität als

Versuch, die aufgrund der Spezialisierung und Atomisierung der Wissenschaft verloren gegangene Disziplinarität durch verstärkte Zusammenarbeit wiederzugewinnen. Von diesem breit angelegten Interdisziplinaritätsbegriff unterscheidet er eine „wirkliche Interdisziplinarität", die sich von disziplinären Wissenschaftstraditionen gelöst hat und Forschungsfragen disziplinenunabhängig bearbeitet – diese Interdisziplinarität im engeren Sinne bezeichnet Mittelstraß als Transdisziplinarität (Mittelstraß 1998: 42-44).

Da die bisherige sozial- und geisteswissenschaftliche Interdisziplinaritätsforschung weitgehend epistemologische Fragen untersuchte oder gar ein normatives Anliegen, etwa transdisziplinäre Ansätze als besonders innovativ und zukunftsträchtig zu beschreiben, verfolgte, sind ihre Begriffsdefinitionen überwiegend deduktiv oder idealtypisch formuliert. Peter Weingart geht sogar so weit, Interdisziplinarität als vornehmlich symbolisches Konzept zu verstehen, das Innovationskraft, Reformfähigkeit oder Modernisierung der wissenschaftlichen Forschung signalisiere (Weingart 1997: 522ff.). Empirische Studien zu interdisziplinären Forschungspraktiken wie der von Weingart und Stehr herausgegebene Sammelband „Practicing Interdisciplinarity" (2000) sind dagegen selten (Laudel 1999: 225; Guggenheim 2004). Die Beiträge sind zwar aufschlussreich, doch stark von den untersuchten Einzelfällen geprägt und lassen sich nur schwer auf einen gemeinsamen Nenner bringen. Außerdem wird vor allem die institutionelle und organisatorische Dimension interdisziplinärer Forschungskollektive beleuchtet, während die inhaltliche Ebene der Kooperationsformen eine Nebenrolle spielt. Einzig Sabine Maasen hat sich am Beispiel einer interdisziplinären Forschungsgruppe mit dem Potenzial inhaltlich orientierter Kooperationen auseinander gesetzt. Sie betont vor allem die Schwierigkeit der interdisziplinären Verständigung. „There are no techniques to be learned or manuals to be compiled", hält sie als Schlussfolgerung fest (Maasen 2000: 190).

Auch die wenigen empirischen Studien der deutschsprachigen Forschung behandeln primär Einzelfälle. Blaschke (1976) und Laudel (1999) beispielsweise untersuchten einzelne interdisziplinäre Sonderforschungsbereiche, Blaschke einen ethnografischen, Laudel zwei naturwissenschaftliche, die ein gemeinsames Forschungsgebiet bearbeiteten (ebd.: 62). Die Einzelergebnisse dieser empirisch angelegten Untersuchungen sind nur begrenzt verallgemeinerbar. Die „soziologische" oder „pragmatische" Wende (im Sinne von Andrew Pickering: „from science as knowledge to science as practice"; Pickering 1992), die die Wissenschaftsforschung seit den 1980er Jahren prägt, hat in der Interdisziplinaritätsforschung noch kaum eingesetzt. Eine bemerkenswerte Ausnahme ist die Studie von Michael Guggenheim (2004) über die Forschungsbedingungen transdisziplinär ausgerichteter Umweltbüros. Auch wenn sich Guggenheim mit privatwirtschaftlich organisierter Forschung beschäftigt, während wir uns öffentlichen Forschungseinrichtungen zuwenden, sind die Ergebnisse beider Analysen doch vergleichbar, unter anderem weil die interdisziplinären Forschungsfelder teilweise identisch sind. Seine Untersuchung bildet in den folgenden Abschnitten deshalb einen wichtigen Vergleichshorizont.

Im Unterschied zur weitgehend abstrakt-deduktiven Interdisziplinaritätsforschung schlagen wir einen empirisch-induktiven Weg ein. Während die Begriffe Inter-, Multi- und Transdisziplinarität vor allem den methodisch-theoretischen Integrationsgrad des generierten Wissens bezeichnen und damit einen einzelnen kognitiv-formalen Aspekt hervorheben, haben wir eine umfassendere Untersuchungsperspektive gewählt, die neben kognitiven Aspekten auch die *sozialen und organisationalen Kooperationsbedingungen* sowie die *Steuerungspraxis* interdisziplinärer Forschung einbezieht.

Für diesen praxisorientierten Ansatz eignet sich die Begrifflichkeit der bisherigen Forschung allerdings schlecht. Die interdisziplinären Kooperationspraktiken, die wir in unseren Fallbeispielen angetroffen haben, lassen sich mit der Differenzierung zwischen Inter-, Multi- oder Transdisziplinarität nur ungenügend verstehen. Wir haben in den untersuchten Instituten beispielsweise keine reinen Formen interdisziplinärer Zusammenarbeit vorgefunden, wie sie in der bisherigen Begriffsdebatte diskutiert werden, sondern in der Regel ein Mischungsverhältnis zwischen inter- und multidisziplinären Forschungspraktiken. Auch die Reichweite der bestehenden Begrifflichkeit hat sich als beschränkt herausgestellt. Ein zentraler Fokus unserer Untersuchung liegt auf den Steuerungspraktiken und organisatorischen Erfolgsbedingungen interdisziplinärer Forschung. Die Steuerungsdimension lässt sich jedoch mit der Unterscheidung zwischen Inter-, Multi- oder Transdisziplinarität nicht erfassen.

Wir haben deshalb eine eigene Begrifflichkeit interdisziplinärer Kooperationsformen entwickelt, die sich auf die konkreten Kooperations- und Steuerungspraktiken in interdisziplinären Projekten bezieht und die sozialen und organisationalen Forschungsbedingungen stärker mitreflektiert, als dies in bisherigen Untersuchungen der Fall ist. Ausgehend von der erwähnten Typologie der Forschungsinstitute, die nach den kognitiven und organisationalen Bedingungen der Institutsforschung unterscheidet, haben wir die neun untersuchten Einrichtungen in vier Gruppen unterteilt. Je nach diesen Institutstypen werden wir in den folgenden Abschnitten einen *methodischen,* einen *charismatischen,* einen *heuristischen* und einen *forschungspraktischen Interdisziplinaritätsstil* beschreiben und diese Stile vergleichend analysieren. Entsprechend werden wir den Interdisziplinaritätsbegriff zwar weiterhin verwenden, jedoch nicht – wie die bisherige Forschung – zur Abgrenzung von Multi- oder Transdisziplinarität.

Interdisziplinarität wird hier vielmehr als Sammelbegriff benutzt, um jene wissenschaftlichen Forschungskooperationen zu bezeichnen, an denen mehrere Disziplinen beteiligt sind. Zur Verdeutlichung unserer Terminologie werden wir jeweils auch darlegen, wie sich unsere Interdisziplinaritätsstile zu den herkömmlichen Konzepten der Inter-, Multi- oder Transdisziplinarität verhalten.

2.1.3 Typologie der Interdisziplinaritätsstile

Unsere Unterscheidung verschiedener Interdisziplinaritätsstile beruht wie erwähnt auf einer Typologie der untersuchten Forschungsinstitute. Die Typenbildung wiederum basiert auf kognitiven, sozialen und organisationalen Kontextfaktoren, die einen prägenden Einfluss auf die interdisziplinären Kooperationen hatten. Ziel dieser Typologie ist, typenspezifische Interdisziplinaritätsstile zu erfassen und sie auf ihre Konstitutionsfaktoren und Steuerungsmöglichkeiten hin vergleichend zu untersuchen.

Nach welchen Gesichtspunkten haben wir die untersuchten Institute gegliedert? Eine Gruppierung nach der Trägerschaft, das heißt nach MPG, WGL, FhG und HGF, wäre theoretisch denkbar gewesen, kam aber aus praktischen Gründen nicht in Betracht. Für die MPG, die FhG und die HGF ist der Zusammenhang zwischen Forschungstyp und Trägerschaft zwar offensichtlich, da die Institute der MPG in der Regel grundlagenorientiert, diejenigen der FhG anwendungsorientiert und diejenigen der HGF der Großforschung verpflichtet sind. Für die WGL trifft dieser Zusammenhang dagegen nicht zu. Sie ist sehr heterogen zusammengesetzt; die Institute haben einzig den Finanzierungsschlüssel gemeinsam. Die Bund-Länder-Finanzierung, die in der Regel zu je 50 Prozent erfolgt, wird mit der überregionalen Bedeutung und dem gesamtstaatlichen wissenschaftspolitischen Interesse an den WGL-Instituten legitimiert. In der WGL finden sich deshalb sowohl anwendungs- als auch grundlagenorientierte Forschungseinrichtungen.

Gegen eine Unterteilung nach Trägerschaft spricht außerdem, dass einzelne untersuchte Institute wenig typisch für ihre Trägerorganisation sind und damit unser Sample nur eine beschränkte Aussagekraft für die Trägerschaften besitzt. Es scheint überhaupt ein genereller Trend in der außeruniversitären Forschungslandschaft zu sein, dass die Ausrichtung der vier Säulen auf einen je spezifischen Forschungstyp in einzelnen Bereichen durchlässiger wird – eine These, auf die noch zurückzukommen ist (siehe Kapitel 4). Dies hat zur Folge, dass in unserem Sample Einrichtungen unterschiedlicher Träger sich teilweise näher stehen als solche innerhalb derselben Trägerschaft. Die Trägerschaft erlangt also keine unmittelbare Bedeutung für die Form interdisziplinärer Kooperationen, eine entsprechende Typologie wäre analytisch nutzlos gewesen. Die Gruppierung der Institute folgt vielmehr wissenschafts- und organisationssoziologischen Ansätzen. Die Typologie bezieht sich einerseits auf ein kognitives, epistemisches Element, nämlich die *kognitive Kopplung* der am Institut vertretenen Disziplinen, andererseits auf die organisationale Strukturierung der Forschung, insbesondere den *Organisationsgrad* der Institute und der interdisziplinären Forschungsprojekte. Beide Variablen gelten in der Wissenschaftsforschung als Faktoren mit hohem Einfluss auf die wissenschaftliche Erkenntnisproduktion im Allgemeinen und die interdisziplinären Kooperationen im Speziellen (Hohn 1998; Heintz 1998).

Wie werden die beiden Dimensionen unserer Typologie, kognitive Kopplung und Organisationsgrad, konkret bestimmt und damit operationalisierbar gemacht?

Der Begriff der *kognitiven Kopplung* stützt sich auf Richard Whitleys Typologie wissenschaftlicher Forschungspraktiken. Whitley unterscheidet zwei bestimmende Dimensionen: die wechselseitige Abhängigkeit („mutual dependence") zwischen Disziplinen eines Forschungsfelds und die Aufgabenunsicherheit („task uncertainty") der Wissenschaften (Whitley 1984: 154-159). Der von uns verwendete Begriff der kognitiven Kopplung lehnt sich an Whitleys Konzept der „mutual dependence" an. Unter dieser wechselseitigen Abhängigkeit versteht er sowohl die Interdependenz der Forschungsaktivitäten als auch die Integration von theoretischen Ansätzen, Methoden und Forschungsergebnissen (ebd.: 158-164). In einem lose gekoppelten Wissenschaftstyp, das heißt bei geringer wechselseitiger Abhängigkeit, ist das Forschungsfeld ständig in Bewegung und entwickelt sich ohne nennenswerte Steuerung, angetrieben durch permanente wissenschaftliche Revolutionen, jedoch ohne kumulativen Erkenntnisfortschritt. Ein stabiler Konsens zwischen den Disziplinen über die Forschungsprioritäten fehlt ebenso wie ein einheitliches Paradigma (Hohn 1998: 57f.). Whitley bezeichnet diesen Typ als „fragmented adhocracy" und führt eine eklektische Liste von Beispielen an: die Betriebswirtschaftslehre, die britische Soziologie, die Politikwissenschaften oder die Literaturwissenschaften (Whitley 1984: 158). Eine enge Kopplung dagegen zeichnet sich durch eine hohe kognitive Aggregation und Integration des Forschungsfelds aus. Es liegen koordinierte Forschungsstrategien vor, die Wissensentwicklung verläuft kumulativ, der Forschungsprozess produziert im Idealfall laufend intellektuelle Innovationen mit fortschreitenden theoretischen und methodischen Standards (Hohn 1998: 57). Whitley spricht auch von „polyzentrischen Oligarchien" – als solche identifiziert er die deutsche Psychologie vor 1933, die britische Sozialanthropologie und die deutsche Philosophie – oder von „polyzentrischen Professionen", zu denen er die experimentelle Physiologie und die kontinentaleuropäische Mathematik zählt (Whitley 1984: 158).

Die zweite Dimension der Typologie Whitleys, diejenige der Aufgabenunsicherheit, ist für unsere Unterteilung belanglos. Unter „task uncertainty" versteht Whitley die mangelnde Vorhersehbarkeit und Routinisierbarkeit des Forschungsprozesses. Eine geringe Aufgabenunsicherheit liegt ihm zufolge beispielsweise in der Industrieforschung vor, in der Grundlagenforschung dagegen sei sie hoch: „Each result is unique and different from all others in at least one important respect so that work procedures (in scientific research; A.d.V.) cannot be fully pre-planned and routinized." (ebd.: 119) Nach Whitleys Schema weisen alle unsere Fallbeispiele eine mittlere bis hohe, auf keinen Fall eine geringe Aufgabenunsicherheit auf. Dieses Kriterium hat deshalb für unser Differenzierungsanliegen keine Bedeutung.

In den untersuchten Instituten misst sich die kognitive Kopplung einerseits an der Spannbreite der institutsintern vertretenen Disziplinen und spiegelt folglich die Charakteristika des betrachteten Forschungsfelds. Während manche Institute ausschließlich naturwissenschaftlich oder nur geistes- beziehungsweise sozialwissenschaftlich orientiert sind, umfassen andere Einrichtungen intern sowohl natur- als auch geistes- und sozialwissenschaftliche Disziplinen. Andererseits ist das Ausmaß der kognitiven Kopplung zwischen den Disziplinen durch den institutsintern geltenden methodischen und theoretischen Integrationsanspruch gekennzeichnet. Einzelne Institute pflegen eine Laisser-faire-Politik, bei der die verschiedenen Ansätze wenig koordiniert nebeneinander stehen. Andere Einrichtungen verfolgen einen hohen kognitiven Integrationsanspruch, beispielsweise durch die Verpflichtung auf eine gemeinsame Methode wie die Modellierung in der Umwelt- und Klimaforschung. Auch die Homogenität des Forschungsfelds kann die Integrationswirkung auf kognitiver Ebene steigern. Ein letztes Indiz für den Grad der kognitiven Kopplung ist die internationale Vernetzung des Instituts, sofern sie auf wissenschaftlicher Ebene stattfindet. Die institutsinterne Verständigung auf ein gemeinsames kognitives Paradigma muss keinesfalls konfliktfrei ablaufen. Wichtig ist, dass ein Integrations*anspruch* erkennbar ist.

Die Definition des *Organisationsgrads* einer Forschungseinrichtung berücksichtigt vor allem die organisationale Strukturiertheit der Forschung. Zur Bestimmung des Organisationsgrads lehnen wir uns an organisationssoziologische Überlegungen von Renate Mayntz an. Mayntz misst den Organisationsgrad an vier Dimensionen: Zentralisierung oder Dezentralisierung, Formalisierung, Hierarchisierung sowie Form der institutsinternen Arbeitsteilung (Mayntz 1985:

36f.). Unser Verständnis des Organisationsgrads berücksichtigt im Unterschied dazu neben der Aufbau- auch Elemente der Ablauforganisation wie die Projektorganisation und die Steuerungspraktiken. Konkret haben wir den Organisationsgrad eines Instituts an der Formalisierung der Forschung und der sozialen und organisationalen Differenzierung gemessen. Dazu zwei erläuternde Hinweise:

– *Formalisierung der Forschung:* Gemeint ist das Ausmaß formalisierter Regelungen von interdisziplinären Kooperationen sowohl auf Instituts- als auch auf Projektebene. Der Formalisierungsgrad lässt sich etwa am Einfluss von Drittmittelgebern ablesen, deren Finanzierungsauflagen häufig mit Strukturierungsaufgaben für das Projektmanagement verbunden sind. Auch die Instituts- beziehungsweise Projektgröße dient als Indikator für den Formalisierungsgrad, weil große Institute und Projekte in der Regel stärker formalisierte Organisationsstrukturen aufweisen. Auskunft über den Formalisierungsgrad geben darüber hinaus institutsinterne Befristungsregelungen, die beispielsweise Entfristungen von Stellen pauschal verhindern.

– *Organisationale und soziale Differenzierung:* Darunter verstehen wir die vertikale Differenzierung des Instituts, das heißt die Anzahl hierarchischer Ebenen in Form von Abteilungen, Arbeitsgruppen oder anderen Organisationseinheiten, die zwischen Institutsleitung und den einzelnen Institutsangehörigen stehen. Die organisationale Differenzierung drückt sich ferner durch abteilungsübergreifende Querschnittselemente der Matrix-Struktur aus. Wichtig ist zudem die Kompetenzverteilung – besonders in finanzieller Hinsicht – zwischen den verschiedenen Organisationsebenen, namentlich zwischen den Abteilungsgremien und den Querschnittsgruppen. Schließlich gehört auch der Zentralisierungsgrad zu den Elementen organisationaler Differenzierung. Zentralisierung meint hier das Ausmaß an zentralen Entscheidungsbefugnissen über interdisziplinäre Kooperationen. Dieses lässt sich empirisch vor allem über die Anzahl und Wirkungsmacht zentraler Steuerungsmöglichkeiten auf Instituts- und Projektebene ermitteln.

Ausgehend vom Modell der wechselseitigen Stabilisierung kognitiver und organisationaler Faktoren lautet unsere Hauptthese, die im Weiteren empirisch ausgeführt wird, dass sich je nach kognitiver Kopplung und Organisationsgrad in den untersuchten Institute jeweils spezifische Interdisziplinaritätsstile manifestieren. Wir unterscheiden vier Institutstypen mit entsprechenden Interdisziplinaritätsstilen (siehe Übersicht 1). Der erste Institutstyp umfasst jene Einrichtungen, die auf kognitiver Ebene von einer engen Kopplung und auf organisationaler Ebene von einem hohem Organisationsgrad geprägt sind (Fallbeispiele Gamma, Delta, Epsilon, Rho). Hier dominiert ein *methodischer* Interdisziplinaritätsstil. Im zweiten Institutstyp besteht ebenfalls eine enge kognitive Kopplung, während der Organisationsgrad niedrig ist (Alpha, Omega). Hier lässt sich ein *charismatischer* Interdisziplinaritätsstil beobachten.

Übersicht 1: Typologie der Interdisziplinaritätsstile nach kognitiven und organisationalen Kontextfaktoren

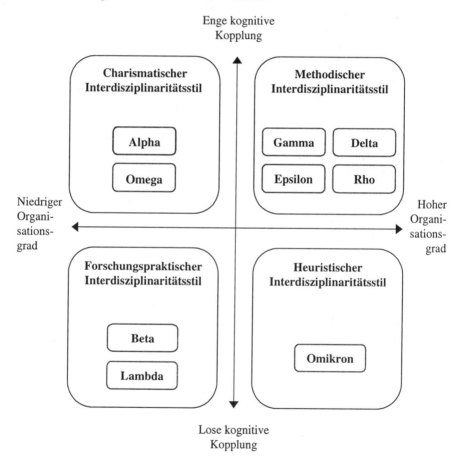

Der dritte Institutstyp zeichnet sich durch eine lose kognitive Kopplung bei hohem Organisationsgrad aus (Omikron). Die Forschung folgt hier einem *heuristischen* Interdisziplinaritätsstil. Der vierte Institutstyp schließlich weist sowohl eine lose kognitive Kopplung als auch einen niedrigen Organisationsgrad auf (Beta, Lambda). Wir sprechen hier von einem *forschungspraktischen* Interdisziplinaritätsstil.

Die vier Interdisziplinaritätsstile werden in den folgenden Abschnitten jeweils auf drei Ebenen analysiert: auf der Ebene der *Forschungspraktiken,* der *Problemlagen* sowie der *Steuerungsinstrumente.*

Die *Forschungspraktiken* beschreiben den konkreten Alltag interdisziplinärer Zusammenarbeit. Sie werden sowohl auf Instituts- als auch auf Projektebene untersucht. Auf Institutsebene wird etwa nach der personellen und wissenschaftlichen Zusammensetzung des Instituts, nach der strategischen Positionierung gegenüber interdisziplinären Forschungsfeldern oder nach institutionalisierten Gremien für interdisziplinäre Kooperationen gefragt. Zur Projektebene gehören die Projektorganisation, die Personalauswahl und die konkrete Ablauforganisation interdisziplinärer Forschungsprojekte. Sie ist für unsere Auswertung von besonderer Bedeutung, weil sie am unmittelbarsten die Innenperspektive interdisziplinärer Kooperationen widerspiegelt und so eine mikropolitische Analyse erlaubt.

Die Ebene der *Kooperationsprobleme* schließt an diejenige der Kooperationspraktiken an. Hier geht es darum, die Kooperationspraktiken auf Schwachstellen und Defizite hin zu untersuchen. Unsere Problematisierung stützt sich auf die kritischen Aussagen der Befragten. Daneben lassen sich aus dem Vergleich der unterschiedlichen Interdisziplinaritätsstile kritische Schlussfolgerungen ableiten.

Eingehend haben wir schließlich die *Steuerungspraktiken* und die damit verbundenen *Steuerungsinstrumente* untersucht. Dafür wurden die Interviewten nach den aktuellen Praktiken der Steuerung interdisziplinärer Projekte an ihrem Institut befragt. Die Analyse beruht auf der Unterscheidung zwischen institutsexternen und -internen Steuerungspraktiken. Externe Steuerungspraktiken gründen sich etwa auf Evaluationsempfehlungen oder Auflagen der Forschungsförderung. Für unsere mikropolitische Fragestellung waren die internen Steuerungspraktiken von besonderem Interesse. Dazu gehören beispielsweise Regelungen von Entscheidungsbefugnissen in interdisziplinären Projekten, die Rekrutierungspolitik und die Regeln der Leistungsbeurteilung, Befristungs- und Entfristungsregelungen (Befristung von Stellen, Projekten und Verantwortlichkeiten), Beteiligungsrechte und Beteiligungsinhalte (etwa in Form von partizipativen Entscheidungsprozessen), der Grad der Hierarchisierung, die Drittmit-

telpolitik, Fragen der Projektleitung, der Projektkoordination und des Projektcontrollings sowie weitere Anreiz- und Sanktionssysteme für interdisziplinäre
Projekte. Die Steuerungspraktiken wurden außerdem hinsichtlich ihrer problematischen Effekte hinterfragt, um die *Steuerungsmöglichkeiten* interdisziplinärer Kooperationen aufzeigen zu können.

2.2 Methodischer Interdisziplinaritätsstil: Erfolgsfaktor organisationale Steuerung

2.2.1 Klimaforschung als Fallbeispiel

Der erste Institutstyp zeichnet sich durch einen hohen Organisationsgrad bei
enger kognitiver Kopplung der Disziplinen aus. Zu diesem Typ zählen vier der
neun untersuchten Einrichtungen: die drei Klimaforschungsinstitute Rho, Gamma und Delta sowie das Umweltforschungsinstitut Epsilon. Abgesehen vom Institut Alpha (das wegen seines niedrigen Organisationsgrads zum zweiten Institutstyp gehört) finden sich alle untersuchten Klimaforschungsinstitute in dieser
Gruppe. Dies ist kein Zufall. In der Klimaforschung hat die Methode der Modellierung einen zentralen Stellenwert; dasselbe gilt für das Umweltforschungsinstitut Epsilon, das ebenfalls zu diesem Institutstyp zählt.[1] Der Modellierungsansatz ist unmittelbar für die enge kognitive Kopplung der disziplinären Wissensbestände verantwortlich und kann deshalb als beispielhafte Methode für die
interdisziplinären Kooperationen im ersten Institutstyp gelten. Die Bedeutung
methodisch-theoretischer Faktoren wie der Modellierung für diesen For-
schungsstil spiegelt sich auch in unserer Terminologie. Wir bezeichnen diesen
Forschungstyp als *methodischen Interdisziplinaritätsstil.*
Die Klimaforschung soll hier als repräsentatives Fallbeispiel für den methodischen Interdisziplinaritätsstil untersucht werden. Die neuere Klimaforschung
hat sich historisch aus der Meteorologie herausgeformt. Die ersten rechnerge-

---

1   Der Modellierungsansatz ist jedoch nicht repräsentativ für die Umweltforschung, deren
    Forschungspraktiken außerordentlich heterogen sind und von grundlagenorientierten
    Ansätzen, die etwa im Epsilon-Institut stark vertreten sind, bis hin zu radikal anwen-
    dungsbezogenen Ansätzen reichen, wie sie zum Beispiel im Politikberatungssektor der
    Umweltforschung verbreitet sind. Hinzu kommt, dass der Anwendungskontext für die
    Umweltforschung eine konstitutive Bedeutung besitzt, was sich etwa darin widerspie-
    gelt, dass die Transdisziplinaritätsdebatte eng mit der Methodenreflexion innerhalb der
    Umweltforschung verknüpft ist. Weiterführend zur methodisch-theoretischen Verortung
    der Umweltforschung siehe Guggenheim (2004).

stützten Wetter- und Klimavorhersagen wurden während des Zweiten Weltkriegs entwickelt. Ein weiterer wichtiger Ansatzpunkt für die Klimaforschung ist die wissenschaftliche und politische Kontroverse um die CO_2-Konzentration in der Luft und um die menschliche Klimabeeinflussung, insbesondere die Erwärmung der Erdatmosphäre, die in den 1950er Jahren ihren Ausgang nahm. Die ersten internationalen Forschungsprogramme zur Klimaveränderung stammen aus den 1970er Jahren und wurden mit ausgelöst durch die damals einsetzende Ökologiedebatte. Seither hat sich die Klimaforschung zunehmend von der Meteorologie getrennt und stellt heute einen eigenen Forschungsbereich dar (Schröder 2002: 9-12).

Verschiedene internationale Organisationen haben in den letzten 30 Jahren die Entwicklung der Klimaforschung geprägt. Seit den 1970er Jahren engagieren sich die Vereinten Nationen gegen die drohende Klimaerwärmung, unter anderem mit ihrer Agentur der World Meteorological Organization (WMO, Genf) und dem 1972 gegründeten United Nations Environment Program (UNEP, Genf). WMO und UNEP organisierten 1979 die erste Weltklimakonferenz, auf der das Weltklimaprogramm beschlossen wurde. Das Programm war in den 1980er Jahren für viele Länder der Anlass, eigene nationale Klimaprogramme einzurichten. In Deutschland geschah dies 1984. Vier internationale Forschungsprogramme bestimmen seit den 1970er Jahren die Entwicklung der Klimaforschung: das International Geosphere Biosphere Program (IGBP), das World Climate Research Program (WCRP), das International Human Dimensions Program (IHDP) sowie das DIVERSITAS-Programm, das sich auf Fragen der Biodiversität konzentriert. Die Forschungsvorhaben sind in der Regel als internationale Verbundprojekte organisiert, wobei den Programmen selbst nur wenig eigene Mittel zur Verfügung stehen und die Forschungsgelder zum größten Teil von den nationalen Verbundpartnern aufgebracht werden. Die meisten Institute, die an internationalen Programmen teilnehmen, bekommen ihre Auslagen von nationalen Förderinstitutionen erstattet. Die Klimaforschung ist hoch technisiert und deshalb außerordentlich kapitalintensiv. In Deutschland hat sich insbesondere das BMBF in der Förderung der Klimaforschung profiliert (ebd.: 11-20).

Die Klimaforschung gilt als stark anwendungsorientiertes Forschungsfeld. Dies rührt unter anderem von ihrer Politiknähe her, die sich in spezifischen Gremien zur Vermittlung zwischen Wissenschaft und Politik manifestiert. Dazu gehört etwa das 1988 gegründete Intergovernmental Panel on Climate Change (IPCC), dessen Mitglieder durch Vertreter der UNO-Staaten und der WMO ernannt werden und das die Aufgabe hat, die Ergebnisse der Klimaforschung politikgerecht aufzubereiten und zu vermitteln. Das IPCC wiederum steht der etablierten Klimaforschung nahe. Mit diesem internationalen, politiknahen Netzwerk war die Klimaforschung in den 1980er und 1990er Jahren in der Mittelakquisition außerordentlich erfolgreich (Guston 2001). Die Verschränkung von politischen und wissenschaftlichen Gremien wurde in den letzten Jahren in einer zunehmend polemischen Debatte heftig kritisiert. Der Klimaforschung wurde vorgeworfen, nicht die notwendige Unabhängigkeit zur wissenschaftlichen Beurteilung der Klimaprozesse zu besitzen, weil der Forschungsbefund einer Klimaerwärmung von Gremien wie dem IPCC zugleich als Argument für die Forschungsförderung genutzt wird (Boehmer-Christiansen 2003; Lomborg 2001: 258-324). Diese anhaltende Auseinandersetzung ist für unsere Fragestellung jedoch nicht weiter von Belang.

Die vier Klimaforschungsinstitute unseres Samples wirken alle an einem oder mehreren der internationalen Forschungsprogramme mit. Wichtig für das Verständnis der deutschen Klimaforschung ist deren arbeitsteilige Gliederung. Die Institute haben sich auf je besondere Forschungsbereiche spezialisiert. Einzelne Einrichtungen beschäftigen sich schwerpunktmäßig mit Modellierungen, andere arbeiten über die Wechselwirkungen zwischen Biosphäre und Atmosphäre und führen dazu Messkampagnen durch, wiederum andere konzentrieren sich auf sozial- und wirtschaftswissenschaftliche Aspekte (die „human dimension"), weitere haben sich schließlich auf dem Gebiet der regionalen Klimamodellierung einen Namen gemacht. Vergleichbare Arbeitsteilungen finden sich auch auf internationaler Ebene. Dabei spielt die deutsche Klimaforschung neben der US-amerikanischen eine international führende Rolle.

Die Institute des ersten Typs verbindet nicht nur ihr Forschungsgegenstand beziehungsweise ihr methodischer Ansatz. Eine weitere Gemeinsamkeit der Einrichtungen dieser Gruppe liegt in der *Institutsgröße*. Alle Institute beschäftigen deutlich über 100 Mitarbeiter/innen und gehören damit zu den mittelgroßen bis großen Organisationen (Gamma: 145; Delta: 156; Rho: 246; Epsilon: 628). Die Institutsgröße ist deshalb bedeutsam, weil sie in direktem Zusammenhang mit dem Organisationsgrad steht. Je größer das Institut, desto höher der Steuerungs- und Organisationsbedarf. Dieser Zusammenhang zeigt sich auch darin, dass jene fünf Institute, die nach unserer Einschätzung einen hohen Organisationsgrad aufweisen, gleichzeitig die fünf größten Einrichtungen unseres Samples darstellen, während die vier kleineren Institute durch einen niedrigen Organisationsgrad gekennzeichnet sind.

Die vier Einrichtungen des ersten Instituts typs lassen sich sowohl in kognitiver als auch in organisationaler Hinsicht in zwei Untergruppen aufteilen. Das Rho- und das Gamma-Institut bilden die eine, das Delta- und das Epsilon-Institut die zweite Gruppe. Während in den Instituten der ersten Gruppe ausschließlich naturwissenschaftliche und technische Disziplinen vertreten sind, besteht die zweite Gruppe aus hybriden Einrichtungen mit einer Mischung aus natur- und sozialwissenschaftlichen Disziplinen. Außerdem verfügen die Institute Rho und Gamma über eine *traditionelle Abteilungsstruktur*, die Institute Delta und Epsilon dagegen über eine *Matrix-Struktur*. Welche Bedeutung diese Unterschiede für die interdisziplinären Kooperationen haben, soll in den nächsten Abschnitten erörtert werden.

2.2.2 Forschungspraxis des methodischen Interdisziplinaritätsstils

Differenz zwischen Diskurs und Praxis

Unsere Auswertung zeigt zunächst, dass die Aussagen der Institutsangehörigen über ihre interdisziplinäre Arbeitsweise stark voneinander abweichen, obwohl sich die Forschungspraxis in den Klimaforschungsinstituten in vergleichbarer Weise vollzieht. Dieser Widerspruch mahnt dazu, die Differenz zwischen Interdisziplinaritäts*diskurs* und Forschungs*praxis*, insbesondere die Eigendynamik der diskursiven und rhetorischen Ebene, im Auge zu behalten. Alle Interviewpartner/innen wurden danach gefragt, was sie unter Interdisziplinarität verstehen beziehungsweise ob sie ihre Forschung als interdisziplinär charakterisieren würden. Die Antworten der Befragten deuten darauf hin, dass es innerhalb der untersuchten Institute zweierlei Interdisziplinaritätsdiskurse gibt. Es besteht ein grundlegender Unterschied zwischen dem Interdisziplinaritätsverständnis der hybriden Institute (mit einem großen Anteil an sozialwissenschaftlichen Mitarbeiterinnen und Mitarbeitern) und jenem der nichthybriden Einrichtungen, in denen nur wenig oder gar keine sozialwissenschaftliche Kompetenz vorhanden ist. Die Interviews unterstreichen, dass sich in einem hybriden Institutsklima, also in den beiden Instituten Delta und Epsilon, ein expliziter Interdisziplinaritätsdiskurs entwickelt, der von den sozial- wie naturwissenschaftlichen Beschäftigten getragen wird, während in den homogenen naturwissenschaftlichen Instituten Rho und Gamma der Anstoß für einen solchen Diskurs fehlt und vielmehr ein pragmatisches und theoretisch wenig differenziertes Interdisziplinaritätsverständnis vorherrscht (vgl. auch Mittelstraß 1998: 29f.).

In den naturwissenschaftlich geprägten Instituten reagierten deshalb viele unserer Gesprächspartner/innen auf die Frage „Was verstehen Sie unter Interdisziplinarität?" mit pragmatischen oder improvisierten Definitionsversuchen.

> „Das habe ich mich auch gefragt, nachdem ich Ihr Papier gelesen habe. Ich denke mal, das Arbeiten an einem Problem, das irgendwo zwischen den klassischen Disziplinen

liegt, wo man dann entweder selber was Neues lernen muss oder mit Leuten zusammenarbeiten muss, die von der anderen Seite etwas verstehen." (Rho/Alfred B.)

„Ja, Interdisziplinarität ist zum Beispiel, wenn der Herr K. mit dem Herrn U. ein Klima- und ein Ökonomie-Modell koppelt." (Gamma/Bernd A.)

„Ähm, das ist vielleicht Wissen, das von (...) mehreren Disziplinen herkommt." (Gamma/Berthold G.)

Ebenfalls häufig sind ausweichende Antworten, in denen der Interdisziplinaritätsbegriff nicht weiter ausgeführt, sondern ein verwandtes Phänomen erläutert wird, etwa mit Exkursen über Modellierungsfragen oder über die Zusammenarbeit zwischen Modellierern und Experimentierern. Weit verbreitet ist auch das Argument, dass Interdisziplinarität gar kein relevantes Kriterium für qualitativ hochwertige Forschung sei. Ein Interviewpartner meint, die Frage nach der Interdisziplinarität führe in die falsche Richtung. Interdisziplinarität sei ein überbewertetes Schlagwort; es fehle nicht an interdisziplinärer, sondern an qualitativ guter Forschung. Die theoretische Debatte über den Interdisziplinaritätsbegriff wird in den betreffenden Instituten als weitgehend sozialwissenschaftliches Phänomen wahrgenommen und weckt auch Abwehrreaktionen. Ein befragter Naturwissenschafter bezeichnet die Differenzierung zwischen Inter- und Transdisziplinarität pauschalisierend als zu „abgehoben" (Delta/Eduard M.).

Dieser begriffliche Pragmatismus hängt zum einen damit zusammen, dass die Zusammenarbeit zwischen naturwissenschaftlichen Disziplinen, beispielsweise zwischen der Physik, der Chemie, der Mineralogie und der Geologie, von den Beteiligten oft gar nicht als interdisziplinär wahrgenommen wird. Ein Mitarbeiter des Instituts Rho meint, dass man solche Kooperationen zwar als interdisziplinär bezeichnen könne: „Nur ist für mich das so das tägliche Brot, dass ich das als solches eigentlich gar nicht mehr empfinde." (Rho/Alfred B.) Schon eher als interdisziplinär gelten Kooperationen zwischen mathematisch und qualitativ orientierten Disziplinen innerhalb der Naturwissenschaften, etwa zwischen der stark mathematisierten Physik und der Biologie, oder zwischen den Naturwissenschaften und der Medizin. Als genuin interdisziplinär werden von allen Befragten die Kooperationen zwischen Naturwissenschaften und Geistes- oder Sozialwissenschaften angesehen.

Zum anderen rührt das pragmatische Interdisziplinaritätsverständnis daher, dass innerhalb der Naturwissenschaften der Begriff der „problemorientierten Forschung" wesentlich verbreiteter ist als der Interdisziplinaritätsbegriff. Viele befragte Naturwissenschaftler/innen übersetzen „Interdisziplinarität" mit „problemorientiertem Arbeiten" oder „problemorientierter Forschung" (z.B. Alpha/ Johann G.).

Im Unterschied zu den rein naturwissenschaftlichen Instituten Rho und Gamma überwiegt in den hybriden Einrichtungen Delta und Epsilon ein differenziertes Verständnis von Interdisziplinarität. In beiden Instituten wird explizit über methodische und theoretische Fragen interdisziplinärer Forschungskontexte diskutiert. Dies äußert sich besonders deutlich im Institut Delta, wo sich die sozialwissenschaftliche Abteilung eingehend mit dem Begriff der Interdisziplinarität auseinander gesetzt hat. Eine der institutsinternen Querschnittsgruppen beschäftigt sich speziell mit den Auswirkungen einer hybriden Institutskultur etwa auf die interdisziplinäre Forschungspraxis. Einzelne Mitarbeiter/innen des Instituts haben auch im Bereich der Inter- und Transdisziplinaritätsforschung publiziert.

Obwohl sich die Forschungspraxis in den naturwissenschaftlichen von derjenigen in den hybriden Instituten nicht grundlegend unterscheidet, wird also in letzteren sehr viel expliziter über „Interdisziplinarität" reflektiert. Hybride Einrichtungen profitieren davon, dass sie durch ihre Institutsstruktur organisational zu einem interdisziplinären Diskurs gezwungen werden. Im Epsilon-Institut zum Beispiel sind nicht nur sozialwissenschaftliche, sondern auch naturwissenschaftliche Mitarbeiter/innen mit den Subtilitäten der Interdisziplinaritätsforschung vertraut. Zu den differenziertesten Antworten auf die Frage nach dem Interdisziplinaritätsbegriff gehören die Bemerkungen zweier Naturwissenschaftlerinnen aus dem Epsilon-Institut. Beide beziehen sich eingehend auf die begriffliche Differenzierung zwischen Inter-, Multi- und Transdisziplinarität und demonstrieren damit ein Reflexionsniveau, das selbst in den Antworten befragter Sozialwissenschaftler/innen selten erreicht wird.

Das unterschiedliche Interdisziplinaritätsverständnis zwischen rein naturwissenschaftlichen und hybriden Instituten zeigt zweierlei. Es verdeutlicht einerseits den Einfluss der Wissenschaftskulturen auf den institutsinternen Interdisziplinaritätsdiskurs. Das Aufeinandertreffen von Sozial- und Naturwissenschaften scheint eine besonders förderliche Ausgangssituation für eine reflektierte Auseinandersetzung mit Interdisziplinarität zu bieten. Andererseits ist klar zu trennen zwischen Diskurs und Forschungspraxis. Man darf sich von dem wenig differenzierten Diskurs über Interdisziplinarität, der in den Naturwissenschaften vorherrscht, nicht täuschen lassen. Interdisziplinäre Ansätze haben hier schon eine längere Geschichte, die mit der Systemanalyse und der Biochemie bis in die Zeit des Zweiten Weltkriegs zurückreicht (Klein 2000: 3f.; Weingart/ Stehr 2000: XII). Die naturwissenschaftliche Tradition interdisziplinärer Kooperationen spiegelt sich auch in der Klimaforschung, wo die Zusammenarbeit zwischen naturwissenschaftlichen Disziplinen bereits seit den 1980er Jahren institutionalisiert ist, während etwa die Wirtschafts- und Sozialwissenschaften erst in den 1990er Jahren eingebunden wurden. Um interdisziplinäre Kooperationen auch innerhalb der naturwissenschaftlichen Disziplinen zu erfassen, muss man von der diskursiven auf die Ebene der alltäglichen Forschungspraktiken wechseln.

Modellierung als kognitives Integrationsinstrument

Für das Verständnis der Arbeitsweise der methodischen Interdisziplinarität ist es unumgänglich, den Ansatz der Modellierung näher zu erläutern. Modelle gelten in der Wissenschaftsforschung als Instrument zur Vermittlung zwischen Theorie und Empirie und haben eine lange wissenschaftshistorische Tradition, unter anderem in der Mathematik und in der Physik (Morrison/Morgan 1999). Der Begriff der Modellierung bezieht sich hier auf die Konstruktion und Entwicklung von numerischen oder Computermodellen, wie sie etwa in der Klimaforschung oder der Teilchenphysik seit den 1960er Jahren zum Einsatz kommen (Sismondo 1999). Ihr Zweck ist die Simulation und Vorhersage komplexer Prozesse. Die numerischen Modelle zählen zur Gruppe der mathematischen Modelle und werden heute ausschließlich mittels rechnergestützter Verfahren erstellt (Merz 1999; Gramelsberger 2002).

Der Zusammenhang zwischen Modellierung und Computersimulation ist speziell in der Klimaforschung besonders eng. Als prognostische Wissenschaft ist die Klimaforschung geradezu von Modellierungs- und Simulationsverfahren abhängig. Auch wegen der hohen Komplexität der Klimaprozesse beruht die Klimaforschung heute weitgehend auf dem Einsatz von Großrechneranlagen und Computermodellen. Weil das Klimasystem letztlich im globalen Rahmen untersucht wird, spielt die weltweite Vernetzung der Modelle eine wichtige Rolle. Seit einigen Jahren beschäftigt sich die internationale Forschung deshalb intensiv mit der Entwicklung eines umfassenden und äußerst komplexen „Erdsystemmodells". Ein Befragter bezeichnet dieses auch als „heiligen Gral" der Klimaforschung (Rho/Alfons P.). Insbesondere die deutschen Klimaforschungsinstitute haben sich mit Nachdruck diesem Ziel verschrieben. Durch eine verstärkte innerdeutsche Zusammenarbeit hoffen sie, einen entscheidenden Beitrag zur Entwicklung des Erdsystemmodells leisten zu können. Würde dies gelingen, wäre nach Ansicht der Beteiligten die deutsche Klimaforschung „weltweit gesehen eine ziemlich unschlagbare Truppe" (Gamma/Bernd A.).

Modellierung und Interdisziplinarität gehen in der Klimaforschung Hand in Hand. Ein interdisziplinärer Ansatz wird von den Befragten als unabdingbar für ihr Forschungsanliegen erachtet. Die Wechselwirkungen zwischen Atmosphäre, Ozeanen, Landoberfläche sowie die Einwirkungen der Biosphäre, durch die sich

52

das Klimasystem konstituiert, könnten von einer Disziplin allein gar nicht adäquat untersucht werden. Das Spektrum der Klimaforschung reicht deshalb von der Physik über die Disziplinen der Meteorologie, Ozeanografie, Hydrologie, Chemie, Biologie, Geografie bis zur Ökonomie und zu sozialwissenschaftlichen Disziplinen. Diese interdisziplinäre Arbeitsweise wird durch den globalen Analyserahmen weiter verstärkt. Die Zusammenarbeit zwischen verschiedenen Instituten und Disziplinen sei in der heutigen Klimaforschung zwingend notwendig, um das Erdsystemmodell zu entwickeln, meint ein Befragter. Für ein Institut alleine sei die Aufgabe zu komplex.

Konkret besteht die Aufgabe der Modellierung darin, die verschiedenen disziplinären Wissensbestände zu einem integrierten Modell zusammenzufügen. Im forschungspraktischen Alltag gliedert sich dieser Prozess in zwei Phasen. Im Mittelpunkt der ersten Phase steht die Konstruktion des neuen Modells, in der zweiten Phase erfolgt dessen Anwendung und Weiterentwicklung. Die Anwendungsphase, die in den untersuchten Instituten vorherrscht, zerfällt wiederum in zwei Teilprozesse: in einen *Experimentierprozess*, in dem Messungen durchgeführt werden, und einen *Modellentwicklungsprozess*, in dem das Modell mit den Messergebnissen gespeist und entsprechend den Daten überarbeitet wird. Experimentier- und Modellentwicklungsprozesse verlaufen in der Regel parallel und in gegenseitiger Wechselwirkung.

Eine wichtige Aufgabe des Modellentwicklungsprozesses ist es, die Programmstruktur der Software für die Kalkulation der Modelle zu verbessern und den aktuellen technischen Möglichkeiten anzupassen. Außerdem werden neue theoretische Erkenntnisse, etwa in Form von neu erarbeiteten Teilmodellen, in das Gesamtmodell eingebaut. Während der Modellentwicklungsphase, die in unseren Fallbeispielen rund drei Jahre dauert, treffen sich die beteiligten Modellierer in regelmäßigen Abständen zum Austausch – in einem Fall sogar wöchentlich. Sobald das Modell fertig ist, wird es nach erfolgreicher Prüfung veröffentlicht und an die interessierte Forschungsgemeinschaft weitergegeben. Mit Hilfe neuer Messdaten oder verbesserter Computerleistungen werden die Modelle regelmäßig überarbeitet. Dadurch entstehen mehrere Modell-Generationen, ein Prozess, der sich über Jahre oder Jahrzehnte hinzieht.

„Momentan sind wir gerade in einer Modellentwicklungsphase, das heißt, wir haben zu einem bestimmten Zeitpunkt ein Modell bekommen (von der Institution A) und sagen, das ist unsere nullte Version (...). Das war vor 15 Jahren ungefähr. (...) Mittlerweile arbeiten wir an der fünften Generation. Alle drei, vier Jahre wird praktisch ein neues Modellsystem entwickelt (...)." (Gamma/Henning S.)

Der langwierige Modellierungsprozess in der Klimaforschung ist kein Sonderfall – auch physikalische Modelle wachsen über einen Zeitraum von zehn bis 20 Jahren (Merz 1999).

Die Experimentierphase besteht in der Klimaforschung meist aus so genannten Messkampagnen. Dabei werden an einem oder mehreren ausgewählten Orten Messsysteme aufgebaut und während einer festgelegten Zeitspanne betrieben. Messkampagnen werden teilweise am Boden, häufig auch in der Luft – unter Einsatz von Flugzeugen oder Satelliten – durchgeführt. Für die Klimaforschung ist es außerdem wichtig, Messdaten über einen weiten geografischen Raum zu gewinnen. Messkampagnen sind deshalb oft sehr kostspielig, sowohl was den Reiseaufwand der Beteiligten als auch den technischen Aufwand der Messsysteme betrifft. Aus finanziellen Gründen kommen bisweilen unkonventionelle, weil kostengünstige Messinstrumente zum Einsatz, etwa wenn für die Messung von Spurenstoffen die Transsibirische Eisenbahn zur mobilen Messstation umfunktioniert oder astronomische Observatorien tagsüber zur Messung von Umweltparametern genutzt werden. Die Messkampagnen sind wie der Modellierungsprozess arbeitsteilig organisiert und stützen sich auf die disziplinären Qualifikationen der Beteiligten.

> „Okay, wir fliegen mit dem Flugzeug da und da hin (...), um meinetwegen polare Stratosphären-Wolken zu erreichen (...), da sind die Meteorologen ganz stark gefragt. Dann brauchen wir die Ingenieurerei, von der Luft- und Raumfahrttechnik angefangen bis hin zur Elektrotechnik (...). Dann gibt's Physiker, die das Messprinzip sich ausdenken und Methoden sich ausdenken (...). Und wenn man (...) die chemische Zusammensetzung von Wolken und Aerosol-Teilchen misst, kommen die Chemiker naturgegebenermaßen mit rein (...)." (Rho/Holger N.)

Der Einbau verschiedener disziplinärer Teilmodelle in ein Gesamtmodell wird als „Kopplung" bezeichnet und ist ein Schlüsselprozess innerhalb der Modellentwicklung. Es ist diese Kopplung von spezialisierten Teilmodellen, die eine Komplexitätssteigerung ermöglicht. Die klassischen Klimamodelle waren ursprünglich aus zwei physikalischen Teilmodellen zusammengesetzt, einem Atmosphären- und einem Ozeanmodell. In den vergangenen Jahren kamen solche für die Biosphäre und für die Chemie der Atmosphäre hinzu. Diese weitgehend physikalischen Klimamodelle wurden schließlich mit bio-geochemischen Modellen, die die Wechselwirkung zwischen Bio-, Hydro- und Atmosphäre abbilden, zu einem Modell auf globaler Ebene zusammengeführt. In Zukunft sollen auch vermehrt sozioökonomische Prozesse berechnet und von darauf spezialisierten Klimaforschungsinstituten in das bestehende Modell integriert werden.

Für die Verantwortlichen bedeutet die Kopplungsaufgabe, mit einer Vielzahl von spezialisierten Institutionen oder Einzelpersonen zusammenzuarbeiten und deren Einzelerkenntnisse miteinander zu verknüpfen, was oft mit einem hohen Arbeitsaufwand verbunden ist. Im Rahmen der Teilmodelle werden die Messergebnisse zunächst mathematisiert und in Algorithmen und Differenzialgleichungen formalisiert. Diese Algorithmen werden von Einzelpersonen teilweise über mehrere Jahre hinweg entwickelt und dienen der Beschreibung spezifischer klimarelevanter Prozesse. Das Gamma-Institut arbeitet beispielsweise mit einem externen „Feuer-Ökologen" zusammen, der die Inputdaten zu den Emissionen berechnet, die in der Vergangenheit durch Waldbrände in die Atmosphäre gelangt sind. Ein anderer externer Mitarbeiter ist für einen spezifischen mikrophysikalischen Prozess zuständig, den ein Aerosol unter bestimmten Bedingungen durchläuft und der eine bestimmte Emissionsform zu erklären hilft. Die einzelnen Datenreihen und Teilmodelle werden schließlich an vorher definierten Schnittstellen ins Gesamtmodell eingebaut. Der hohe Spezialisierungsgrad der Klimaforschung spiegelt sich in dieser arbeitsteiligen Forschungspraxis wider.

Die Kopplung spielt sich meist auf der Ebene der Daten ab. Manchmal betrifft sie auch die Programmiersprachen, weil die verschiedenen beteiligten Disziplinen mit ihrer je spezifischen Software rechnen. In einem der untersuchten Institute ist ein Mitarbeiter der Datenverarbeitungsabteilung eigens für die Kopplung der verschiedenen Programmiersprachen verantwortlich.

Ein Kernproblem der Verkopplung besteht darin, dass sich die Beteiligten über den Komplexitäts- beziehungsweise Differenzierungsgrad ihrer Daten verständigen und einen einheitlichen Maßstab für die Modellintegration wählen müssen. In der Fachsprache der Modellierung wird diese Aufgabe als Skalierung bezeichnet. Das Skalieren gleicht einer Übersetzungsarbeit mit dem Ziel, einen vergleichbaren Auflösungsgrad der Messdaten zu bestimmen. Die Skalierung bezieht sich auf die Dimension der Messfelder. Bei Modellierungsverfahren verwenden die beteiligten Disziplinen meist ihr je eigenes Messraster, das den Genauigkeitsgrad vorgibt, indem es die individuellen Messwerte einem Messfeld von bestimmter Größe zuordnet. Da die Messfelder in Form eines Gitternetzes angeordnet sind, wird der Skalierungsgrad in so genannten Gitterabständen ausgedrückt.

Das Skalierungsverfahren ist ein Abbild der interdisziplinären Übersetzungsprobleme zwischen den verschiedenen Bereichen der Klimaforschung. Der Grund dafür liegt in den starken Unterschieden zwischen den jeweiligen Messrastern. Während die global orientierte Klimaforschung mit Gitterabständen von 100 bis 500 Kilometern rechnet, operiert die stärker regional ausgerichtete Meteorologie mit sehr viel differenzierteren Messwerten und mit Gitterabständen von zehn bis 50 Kilometern. Die regionale Klimaforschung steht vor ähnlichen Schwierigkeiten. Die Bodenkunde beispielsweise untersucht boden-abhängige Klimaprozesse in Gitterabständen von höchstens einem Kilometer, die Hydrologie setzt dagegen erst bei Abständen von zehn Kilometern an – die jeweiligen Gitterflächen differieren also beträchtlich.

Entsprechend hoch ist bei solch unterschiedlichen Skalierungen der Anpas-sungs- und Integrationsaufwand im Modellierungsalltag. Daten mit einem sehr feinen Raster, die in ein Modell mit zu grobem Raster eingepasst werden, wer-den dadurch geglättet und verlieren einen Teil ihrer Aussagekraft. Eine mangel-hafte Adaption der unterschiedlichen Skalierungen kann schließlich zu einem inkonsistenten Modell führen. Die Beteiligten erleben die Skalierungsaufgabe als fachliche und soziale Herausforderung, weil die Befürchtung im Raum steht, dass die verschiedenen Projektpartner aufgrund der großen Skalierungsunter-schiede oder der unzureichenden Präzisierung der Daten die Integration der Da-tensätze nicht zustande bringen. Ein Mitarbeiter des Instituts Epsilon spricht von der Gefahr, dass durch unpräzises Modellieren schließlich nichts als ein „Datenfriedhof" entstehe (Epsilon/Martin G.).

Die Physik verfügt in der Modellierungspraxis über den Status einer Leit-disziplin. Dies hat zunächst methodische Gründe. Die Berechnung der Modelle erfolgt formal, wie erwähnt, über die Lösung mathematischer Differenzialglei-chungen. Wegen ihrer mathematischen Grundlagen wird die Physik daher von den Befragten oft als Kerndisziplin der Klimaforschung bezeichnet.

> „Ich glaube, fundamental (für die Klimaforschung) ist die physikalische Art, die Dinge zu lösen. (...) Man schaut sich das so an, man hat ein Problem und dazu gibt es eine Dif-ferenzialgleichung. (...) Und das haben die Physiker bis zur Brillanz entwickelt (...), wir Meteorologen, Klimatologen inzwischen auch alle, auch die Ozeanografen, alle orientie-ren sich danach." (Gamma/Bernd A.)

Für die Leitfunktion der Physik gibt es auch inhaltliche Gründe. Ursprünglich war die Meteorologie die Herkunfts- und zugleich die Leitdisziplin der Klima-forschung. Viele der untersuchten Klimaphänomene sind jedoch physikalische Erscheinungen, von der Verdunstung über die Meeresströmung bis zur Klima-erwärmung. Physikalische Erklärungsmuster dominierten deshalb zunehmend die Modelle der Klimaforschung. Diese Physikalisierung und Mathematisierung erfasste zuerst die Meteorologie selbst, später auch die Ozeanografie, die Mine-ralogie und die Geologie. Einzig die Geografie und teilweise die Biologie ste-hen nach Einschätzung der Befragten bis heute kaum unter dem Einfluss ma-thematischer und physikalischer Methoden. Anders als in den Naturwissen-schaften insgesamt, wo die Physik in den letzten Jahrzehnten den Rang der Kö-nigsdisziplin an die Biologie abtreten musste, ist sie in der Klimaforschung wei-terhin tonangebend.

Modellierung und Sozialwissenschaften

Seit den 1980er Jahren werden auch die Sozial- und Wirtschaftswissenschaften zunehmend in die Klimaforschung integriert. Diese Entwicklung setzte sich in den 1990er Jahren als internationaler Trend durch. Dahinter stehen die Erkenntnis, dass Menschen eine zentrale Rolle für die Klimaveränderungen spielen, und das Anliegen, diese anthropogenen Faktoren zu untersuchen. Vor allem die Sozialwissenschaften profitieren von der Politisierung der Klimaforschung, die Fragen nach den politischen Konsequenzen aus den Forschungserkenntnissen sowie nach deren politischer Realisierbarkeit aufwirft. Die Berücksichtigung der „human dimension" bedeutet heute für die sozialwissenschaftlich orientierten Klimaforschungsinstitute einen Wettbewerbsvorteil bei der Ressourcenverteilung gegenüber rein naturwissenschaftlichen Einrichtungen. Beteiligt sind unter anderem die Psychologie (Risikowahrnehmung und Risikoverhalten), die Soziologie (soziale Konflikte um Klimafragen), die Politikwissenschaft (klimapolitische Agenda) und die Ökonomie (Folgen des Wirtschaftswachstums für die Klimaentwicklung, Steuerung der Klimaveränderung durch Marktmechanismen) (GSF 1993; Bechmann 1996: 9-17, 23-71).

In der Forschungspraxis geschieht die Integration sozialwissenschaftlicher Disziplinen einerseits über genuin sozialwissenschaftliche Themenfelder wie etwa die Klimafolgenforschung. Auch in der Syndromforschung, die in den 1990er Jahren als ein modellierungsferner Teilbereich der Klimaforschung entstand, werden sozial-, wirtschafts- und naturwissenschaftliche Ansätze miteinander verknüpft (Petschel-Held/Reusswig 2000). Andererseits wird versucht, die Sozialwissenschaften in die Modellierungsverfahren mit einzubeziehen, was allerdings noch mit fundamentalen methodischen Problemen verbunden ist. Die größte Hürde stellt die oft schwierige Mess- und Mathematisierbarkeit vieler sozialwissenschaftlicher Forschungsergebnisse dar, ohne die eine Einbindung in das Klimamodell nicht möglich ist. Häufig wird deshalb konstatiert, dass der Mathematisierungszwang des Modellierungsansatzes eine kaum zu überbrückende Kluft zwischen den Natur- und den Sozialwissenschaften verursache. Ist dagegen die Mathematisierung sozial- und wirtschaftswissenschaftlicher Daten praktizierbar, stellt die Modellierung einen ausgesprochen tragfähigen Integrationsmechanismus dar. Besonders anschaulich zeigt sich dies im Institut Delta, das auch sozial- und wirtschaftswissenschaftliche Klimaforschung betreibt. Nach Ansicht eines am Delta-Instituts beschäftigten Soziologen bietet die Modellierung eine „sehr gute Gelegenheit", natur- und sozialwissenschaftliche Disziplinen auf einer gemeinsamen abstrakten Ebene zusammenzuführen (Delta/ Bodo Q.). Darüber hinaus, so der Befragte weiter, erweise sich das Modellierungsverfahren gerade für die Sozialwissenschaften als methodisch anregend. Als neue Methode bringe die Modellierung einen Verfremdungs- und damit einen Lerneffekt mit sich, der dazu anrege, die eigenen sozialwissenschaftlichen Vorannahmen und Interpretationsmodelle zu überprüfen.

> „Man kann das (die eigenen Vorannahmen) als Modell beschreiben, wie ich mir denke, also Sie haben ein Modell von dem, wie ich bin, oder wie das funktioniert, das könnte man aufschreiben, formalisieren, und dann ist es im Grunde ein Vergleich zweier Modelle, ein kognitives Modell versus eines, was wir im Computer geschrieben haben (...)." (Delta/Bodo Q.)

Die konkrete Verbindung von sozialwissenschaftlichen und naturwissenschaftlichen Daten steht in der Klimamodellierung allerdings noch am Anfang. Bisher werden primär ökonomische Daten in Klimamodelle eingebaut, weil die Wirtschaftswissenschaften in der Regel mit stärker formalisierten und mathematisierten Ansätzen arbeiten als sozialwissenschaftliche Disziplinen. Die ökonomische Klimaforschung entwickelt beispielsweise Modelle zu den Allokations- und Verteilungswirkungen spezifischer Klimapolitiken, zu Optimierungsmodellen für die Bestimmung langfristig optimaler Emissionspfade oder zur Monetarisierung von Klimaschäden. Die ökonomischen Daten betreffen außerdem die Entwicklung umweltrelevanter Märkte wie den Automarkt, die ökonomische Anfälligkeit bestimmter Regionen für die Folgen der Klimaveränderung oder die Veränderung von Energieverbrauchsmustern in einer Gesellschaft. Dabei kommt auch eine Reihe statistischer Verfahren zur Anwendung, von der Faktorenanalyse über Cluster-Verfahren bis zu bildanalytischen Methoden (Schröder 2002: 16f.).

Sozialwissenschaftliche Qualifikationen spielen in den untersuchten Instituten nur sehr vereinzelt eine Rolle, beispielsweise in der sozialwissenschaftlichen Abteilung des Instituts Delta. Hier arbeiten Sozialwissenschaftler/innen sowohl zu modellorientierten als auch zu theorieorientierten Forschungsbereichen. Dies reicht bis zu kulturwissenschaftlichen oder sozialpsychologischen Themen wie der gesellschaftlichen Transformation von Ideen und Wertvorstellungen, bei denen die Modellierung entweder am Anfang steht oder noch nicht als relevante Methode gilt. Zu diesen sozialwissenschaftlichen Fachgebieten, die losgelöst vom Modellierungsprozess bearbeitet werden, gehört insbesondere die Lebensstilforschung. Die sozialwissenschaftlichen Forschungsbereiche haben es außerhalb des Delta-Instituts jedoch schwer, sich gegenüber der naturwissenschaftlichen Klimaforschung zu legitimieren. Von den Naturwissenschaftler/innen anderer Klimaforschungsinstitute werden sie kaum zur Kenntnis genommen oder pauschal als „sozioökonomischer" Ansatz bezeichnet, unabhängig davon, ob es sich um ökonomische, soziologische, politikwissenschaftliche oder sozialpsychologische Ansätze handelt (z.B. Rho/Alfons P.; Gamma/ Jürgen F.).

Grenzen der Transdisziplinarität: multidisziplinäre Praxis des methodischen Interdisziplinaritätsstils

Die Klima- und die Umweltforschung gelten häufig als Paradebeispiele einer genuin transdisziplinären Forschungspraxis (Gibbons et al. 1994: 35f.; Jaeger/ Scheringer 1998: 17; Klein et al. 2001: 147-166; Schröder 2002: 303-315). Wie verhält sich unser Konzept des methodischen Interdisziplinaritätsstils, das ebenfalls eng mit der Klima- und Umweltforschung in Verbindung steht, zu dieser Transdisziplinaritätsthese? Mit anderen Worten: Lässt sich das Verfahren der Modellierung, auf dem die methodische Interdisziplinarität beruht, wirklich als transdisziplinäre, das heißt disziplinär unabhängige und vom Anwendungskontext bestimmte Zusammenarbeit begreifen?

Auf der Ebene der Forschungsprogramme und Forschungsinstitutionen lässt sich die Klimaforschung durchaus als transdisziplinär verstehen, weil sie stark vom Anwendungs- und Problemkontext, insbesondere von der Gefahr der Klimaerwärmung und den davon ausgehenden politischen Maßnahmen, beeinflusst wird. Auf der Ebene der alltäglichen Forschungspraxis dagegen kann von Transdisziplinarität im eigentlichen Sinne keine Rede sein. Transdisziplinarität meint die Integration oder gar die Synthese unterschiedlicher disziplinärer Wissensbestände im Anwendungskontext, losgelöst von unmittelbaren disziplinären Korrespondenzen. Das Modellierungsverfahren hingegen steht für eine additive Kopplung disziplinärer Wissenselemente, die in enger Beziehung zu den disziplinären Forschungtraditionen stehen. Diese unmittelbare Rückbindung der Forschungszusammenarbeit an die disziplinären Beiträge passt schlecht zur Transdisziplinaritätsthese, der zufolge die Forschung jenseits disziplinärer Erkenntnisprozesse verlaufen sollte (Klein 2001: 35). Die anwendungsbezogene und disziplinenunabhängige Wissensgenerierung als zentrales Kennzeichen der transdisziplinären Forschung fehlt bei der Modellierung.

Auch der Begriff der Interdisziplinarität trifft nur im allgemeinen, nicht aber im strengen Sinn auf die Klimaforschung zu. Im engeren Sinn bedeutet Interdisziplinarität nicht nur eine Kooperation verschiedener Disziplinen, sondern zeichnet sich auch durch eine methodisch-theoretische Wechselwirkung zwischen interdisziplinär generierten Erkenntnissen und disziplinären Traditionen aus. Solche Transferprozesse sind jedoch bei der Klimaforschung die Ausnahme. Bei der Modellierung beispielsweise sind Rückkopplungsprozesse in die beteiligten Disziplinen selten. Auch wenn die meisten Befragten die Klimaforschung als interdisziplinär bezeichnen, entspricht ihre alltägliche Arbeitsweise eher einer additiven Forschungspraxis, vor allem was die Zusammenarbeit unter den Experimentierern und deren Kooperation mit den Modellierern betrifft. Die Experimentierer erheben ihre Daten in disziplinärer Form und arbeiten teilweise nicht einmal in Kollektivprojekten. Bei der Übergabe der Messdaten an die Modellierer werden zwar die Schnittstellen zwischen den Disziplinen beachtet, es kommt aber nicht zu Rückkopplungsprozessen, die die Disziplinen im Kern verändern:

> „Man definiert die überlappenden Schnittstellen und jeder bringt aufgrund seines Wissens und seiner Erfahrung den Teil zu dem anderen Bereich, den er für notwendig hält. Das heißt also, interdisziplinär ist so, jede Disziplin forscht weiter vor sich hin in die Tiefe (...).“ (Gamma/Bertha K.)

Die disziplinären Wissenselemente werden also bei der Modellierung zu einer neuen Aussage kombiniert, doch es findet keine nennenswerte Rückwirkung der Klimaforschung auf die am Modellierungsprozess beteiligten Disziplinen statt (Weingart 1999: 51f.; Klein 2001: 35). Für die meisten Forscher/innen, deren Beitrag sich auf die Zulieferung der disziplinären Daten beschränkt, bleibt die Arbeit also monodisziplinär.

> „Wir haben also hier diese Arbeitsteilung (...). Da gibt es die Spezialisten für die Atmosphäre, dann haben wir die Spezialisten für den Ozean, für das Eis, für die Vegetation, Luftchemie und dergleichen. Ich glaube, es würde nicht sinnvoll sein, wenn jetzt die Atmosphären-, also die physikalischen Modellierer sagen würden, wir kümmern uns jetzt um die Chemie der Atmosphäre.“ (Gamma/Henning S.)

Nur wenige Gesprächspartner/innen sind der Auffassung, dass die interdisziplinären Projekte Lerneffekte für die eigene Disziplin nach sich ziehen, darunter ein Meteorologe im Institut Delta, der auf den veränderten Wahrscheinlichkeits- und Prognosebegriff der Meteorologie verweist. Besonders schwach sind Rückwirkungseffekte auf sozialwissenschaftliche Disziplinen, weil die hoch mathematisierten Modellierungsprozesse der Klimaforschung nur wenig Beachtung in den traditionellen Sozialwissenschaften finden. Selbst das Syndrommodell, das weitgehend auf die sozialwissenschaftliche Klimaforschung zurückgeht, wird in der disziplinären sozialwissenschaftlichen Forschung kaum wahrgenommen.

Manche Mitarbeiter/innen äußern sich sogar ausgesprochen kritisch über die postulierte inter- oder transdisziplinäre Praxis der Klimaforschung. Ein Befragter betont, die Klimaforschung lebe nicht von interdisziplinären Qualifikationen, sondern von „einem exzellenten Physiker, einem exzellenten Chemiker, einem exzellenten Biologen, einem exzellenten Geografen“. Entscheidend sei, dass die Leute ihre Disziplin/en aus dem Effeff kennen, sonst kämen nur „ganz verkorkste Projekte" zustande (Gamma/Bernd A.). Ohne disziplinäre Grundlage gilt die Klimaforschung gar als unproduktiv. Ein leitender Mitarbeiter des Delta-Instituts weist darauf hin, dass er nur Leute anstelle, „die gezeigt haben, dass sie in einem monochromatischen Betrieb gut genug sind", und meint zudem, dass „die Feld-, Wald- und Wiesen-Interdisziplinären das Gefährlichste (sind), was es gibt in diesem Gewerbe" (Delta/Werner S.).

Letztlich gründet also die Interdisziplinarität der Klimaforschung – zumindest auf der forschungspraktischen Ebene der Datenerhebung und -modellierung – auf einer multidisziplinären Kombination disziplinärer Kompetenzen. Die Klimaforschung illustriert damit einen Befund, auf den schon Weingart und Klein hingewiesen haben: Disziplinarität und Interdisziplinarität (im allgemeinen Sinn) bilden keinen Gegensatz, sondern können sich in gegenseitiger Wechselwirkung sogar verstärken (Weingart 2000; Klein 2000: 7f.).

Steuerung durch Institutsorganisation: Abteilungs- versus Matrix-Struktur

Die vier Institute, die der methodischen Interdisziplinarität zugeordnet sind, weisen zwar alle einen vergleichsweise hohen Organisationsgrad auf. In ihrer formalen Organisation differieren sie aber deutlich voneinander. Zwei Aufbauorganisationen lassen sich unterscheiden: Die Institute Rho und Gamma besitzen eine traditionelle Abteilungsstruktur, die Institute Delta und Epsilon eine ausdifferenzierte Matrix-Struktur. Dieser Unterschied hat wichtige Auswirkungen auf die Praxis der Steuerung interdisziplinärer Kooperationen. In den erstgenannten Instituten überwiegen informelle Steuerungspraktiken, während das Delta- und vor allem das Epsilon-Institut mit stärker formalisierten Instrumenten arbeiten.

Die Abteilungsstruktur der Institute Rho und Gamma wird, wenn überhaupt, nur von wenigen Querschnittselementen durchbrochen. Im Institut Gamma wurden in der jüngeren Vergangenheit zwei abteilungsübergreifende Organisationsformen eingeführt. Dabei handelt es sich zum einen um Arbeitsgruppen, deren inhaltliche Ausrichtung von den Mitarbeiterinnen und Mitarbeitern definiert wurde und die unter anderem themenbezogene Seminare veranstalten. Die Arbeitsgruppen sind unterschiedlich erfolgreich und nicht auf Dauer angelegt. Vier der zehn ursprünglich eingesetzten Gruppen waren zur Zeit der Befragung, das heißt nur zwei Jahre nach ihrer Gründung, wieder abgeschafft. In einer Abteilung, deren Leitungsposition zum Befragungszeitpunkt vakant war, wurden die bestehenden Gruppen zudem neu zusammengesetzt, ganz nach den Kooperationsanforderungen der Modellierungsprojekte. Die formal festgelegte Gruppenstruktur gilt als faktisch aufgelöst, „und wenn der neue Direktor kommt, dann muss man das nochmals neu überlegen, wie das Ganze funktionieren soll" (Gamma/Henning S.).

Das zweite Querschnittselement im Gamma-Institut ist das so genannte „Management-Komitee", ein Leitungsausschuss, in dem alle Beschäftigtengruppen vertreten sind, vom Servicepersonal über die Sekretariate bis zu den Direktoren. Diskutiert werden organisatorische und institutspolitische Fragen, für die Forschungsinhalte ist das Management-Komitee nicht zuständig. Hintergrund für die Einrichtung des Komitees ist eine laufende Reorganisation des Instituts; unter Anleitung einer externen Moderatorin werden Konflikte und Unsicherheiten, die im Reorganisationsprozess auftreten, diskutiert.

Noch weniger Querschnittselemente sind im Institut Rho vorhanden. Zwar gibt es formell ein Institutsseminar, dieses „schlief" jedoch trotz verschiedener Wiederbelebungsversuche „wiederholt ein". Auch einzelne Abteilungsseminare, die für Diskussionen zwischen abteilungsinternen Forschungsgruppen gegründet wurden, litten unter geringer Beachtung und mangelnder Teilnahme (Rho/ Werner H., Alfred B.).

Letztlich ist die formale Dominanz der Abteilungsstruktur eine Folge des Harnack-Prinzips – nach dem die Institutsorganisation primär von den Abteilungsdirektoren festgelegt wird – der Max-Planck-Gesellschaft, der beide Institute angehören. Das Gewicht der Abteilungsstruktur bedeutet aber nicht, dass die Abteilungsgrenzen im Institutsalltag entscheidend ins Gewicht fallen, ganz im Gegenteil. In beiden Instituten ist bemerkenswert, dass abteilungsübergreifende Kontakte über informelle Kanäle gepflegt werden und in dieser Form durchaus zahlreich und intensiv sind. Ein Abteilungsleiter im Institut Rho bezeichnet die informellen abteilungsübergreifenden Kontakte als „kleinen Dienstweg". Der große Dienstweg steht für die formalisierten, hierarchisierten Kommunikationswege, während der kleine bedeutet, dass „nicht die Häuptlinge miteinander kommunizieren, sondern die Indianer untereinander irgendwas mal schnell machen" (Rho/Holger N.).

Der „kleine Dienstweg" entspricht auch der persönlichen Präferenz vieler Rho-Mitarbeiter/innen. So äußert ein Abteilungsleiter grundsätzliche Bedenken gegenüber einer zu weitgehenden Formalisierung, wie sie beispielsweise mit einer Institutionalisierung von Querschnittselementen einhergehen würde. Er spricht sich dagegen aus, interdisziplinäre Kooperationen strukturell zu formalisieren, weil die Zusammenarbeit „dann etwas Zwanghaftes bekommt" (Rho/ Holger N.). Ein anderer Befragter schätzt formale Strukturen ebenfalls als zu starr für interdisziplinäre Kooperationen ein.

„Also, ich halte mehr im Grunde genommen von solchen nichtformalen Zusammenkünften, Gruppen, die an einem gemeinsamen Projekt arbeiten, die ein Interesse auch
wirklich daran haben, dass es vorankommt." (Gamma/Henning S.)

Die informellen abteilungsübergreifenden Kommunikationspraktiken in den
sonst abteilungsdominierten Instituten Rho und Gamma lassen sich auch als *informelle Matrix-Organisation* bezeichnen. Die informelle Kommunikation ist
allerdings abhängig vom gemeinsamen Forschungsinteresse und funktioniert
deshalb nicht zwischen allen Abteilungen. Die fünf Abteilungen des Rho-Insti-
tuts gliedern sich in zwei Gruppen, eine Zweier- und eine Dreiergruppe, die sich
durch ihr Forschungsfeld nahe stehen und untereinander eng zusammenarbeiten.
Im Gamma-Institut kooperieren zwei der drei Abteilungen eng miteinander,
während die dritte etwas abseits steht. Diese Kooperationsdifferenzen beruhen
weitgehend auf unterschiedlichen methodischen Ansätzen oder Forschungsgegenständen.

Die beiden anderen Institute, Delta und Epsilon, besitzen eine formalisierte
Matrix-Struktur. Beide Institute haben ihre Organisation zudem in den rund
zehn Jahren seit ihrer Gründung innovativ erweitert und modifiziert. Im Unterschied zu den Instituten Rho und Gamma werden hier die formalen Komponen-
ten der Institutsorganisation, vor allem die Querschnittselemente, gezielt als Instrumente zur Steuerung interdisziplinärer Forschung eingesetzt.

In beiden Instituten bezweckten die Einführung sowie die weiterführenden
Reformen der Matrix-Struktur eine Aufwertung der Querschnittselemente. Im
Institut Delta wurde zur Zeit der Befragung eine neue Form von Querschnittselementen, die so genannten „Matrix-Plus-Gruppen", eingeführt. Im Unterschied zu den alten, unbefristeten Querschnittsgruppen sind die „Matrix-Plus-
Gruppen" auf rund zehn Jahre befristet, die Projekte innerhalb der einzelnen
„Matrix-Plus-Gruppen" auf ein bis vier Jahre. Die Gruppen werden in einem
neuen Review-Prozess regelmäßig evaluiert und sind kleiner als die alten Querschnittsbereiche. Ferner ist vorgegeben, dass alle institutsinternen Forschungsprojekte einen inhaltlichen Bezug zu einer „Matrix-Plus-Gruppe" aufweisen
müssen. Bemerkenswert ist zudem, dass die inhaltlichen Ausrichtungen der
„Matrix-Plus-Gruppen" in einem partizipativen Prozess festgelegt wurden. Alle
Mitarbeiter/innen des Instituts waren im Rahmen eines Ideenwettbewerbs ein-
geladen, Projektskizzen einzureichen. Nach einem Auswahlprozess wurden die
besten Ideen schließlich zu sieben „Matrix-Plus-Gruppen" zusammengefasst.
Dieses partizipative Verfahren hat entscheidend dazu beigetragen, dass die neue
Struktur breite institutsinterne Zustimmung fand.

Von dieser Strukturreform verspricht sich die Leitung des Delta-Instituts vor
allem eine Verbesserung der interdisziplinären Zusammenarbeit. Das Instituts-

personal soll durch die erwähnte Befristung stärker durchmischt werden, als es in den ehemaligen, personell erstarrten Querschnittsbereichen der Fall war. Die Anbindung der Projekte an die „Matrix-Plus-Gruppen" soll außerdem helfen, die Institutsforschung stärker zu fokussieren. Um über Fragen der interdisziplinären Forschung beziehungsweise die Institutskultur zu reflektieren, wurde eine eigene „Matrix-Plus-Gruppe" gegründet.

Die Einführung der „Matrix-Plus-Gruppen" im Delta-Institut bedeutet eine Radikalisierung der Matrix-Struktur. Die neuen Querschnittselemente haben die Abteilungsstruktur nicht nur ergänzt, sondern faktisch auf den Kopf gestellt. Als Folge dieser Reform haben die Abteilungen gegenüber den Querschnittsbereichen deutlich an Gewicht verloren. Die inhaltliche Steuerung der weitgehend interdisziplinären Forschung im Institut Delta geschieht heute über die „Matrix-Plus-Gruppen", während den Abteilungen die Aufgabe zufällt, die disziplinären Qualifikationen der Mitarbeiter/innen zu fördern. Den Abteilungen bleiben außerdem vor allem personalrechtliche Kompetenzen und andere Verwaltungsaufgaben.

> „Also, wenn man's ins Extrem bringen will, dann sagen wir manchmal, (die Abteilungen) sind eigentlich dazu da, die Urlaubskarten zu unterschreiben." (Delta/Stefan M.)

Zum Zeitpunkt der Befragung war es nach Ansicht der Beteiligten für eine Bilanz zu den Auswirkungen der reformierten Matrix-Struktur – unter anderem auf den Status der Abteilungen – noch zu früh.

In eine ähnliche Richtung wie im Delta-Institut zielt die Erweiterung der Matrix-Struktur im Institut Epsilon. Allerdings ist hier die Reform sehr viel stärker auf eine Steuerung durch finanzielle Anreize angelegt. Ausgangspunkt war das Unbehagen der Institutsleitung an der traditionellen Matrix-Struktur, bei der die inhaltliche Ausrichtung der Forschungsprogramme an den Querschnittsgremien vorbei von den Abteilungen bestimmt wurde. Eine solche Matrix-Struktur hat die institutsinterne Verteilung der inhaltlichen Definitionsmacht kaum verändert. Wegen der mangelnden Abstimmung unter den Abteilungen fehlte zudem eine Gesamtkonzeption für ein institutsübergreifendes Forschungsanliegen. Der Anreiz für abteilungsübergreifende interdisziplinäre Formen der Zusammenarbeit war entsprechend gering. Der wissenschaftliche Geschäftsführer des Epsilon-Instituts erwähnt eine Klausurtagung aus jener Zeit, auf der die Abteilungsleiter sich schwer taten, eine gemeinsame Zukunftsvision für das Institut zu entwerfen.

> „Ich hab noch nie eine Klausur mitgemacht, die so katastrophal war. Denn in zwei Tagen wurde von keinem der Leiter irgendetwas Intelligentes über Vernetzung und Interdisziplinarität präsentiert. Ich wusste am Ende, was jeder machen will, aber was das Zentrum sein sollte, das war völlig unklar." (Epsilon/Johann W.)

Die anschließende Reform zielte darauf ab, für die Abteilungen Anreize zur Bildung von Projektverbünden zu schaffen. Die Neugestaltung verlief in zwei Schritten. Zunächst wurde die Deutungshoheit über die Forschungsprogramme von den Abteilungen auf die Querschnittsbereiche verlagert. Den Querschnittsbereichen wurde aufgetragen, abteilungsübergreifende Forschungsprojekte zu entwickeln, für die anschließend die Abteilungen die notwendigen Ressourcen bereitstellen sollten. Diese Organisationsform erwies sich jedoch als zu schwach. Die Institutsleitung kam zu der Einsicht, dass die Forderungen der Querschnittsbereiche mangels effektiver Steuerungs- und Sanktionsmöglichkeiten kaum durchzusetzen wären und von den Abteilungen durchkreuzt würden.

Schließlich wurde als Steuerungsinstrument ein Schlüssel zur Verteilung der Finanzen festgelegt. Hiernach sollen 60 Prozent der Forschungsgelder pauschal an die Querschnittsbereiche gehen und dort verwaltet werden, der Etat der Abteilungen wurde auf 40 Prozent herabgesetzt – eine Aufteilung, die von den meisten Beschäftigten als gerecht angesehen wurde. Ein wichtiges Argument für die Umverteilung der finanziellen Ressourcen war, dass die Querschnittsbereiche in der Akquirierung von Drittmitteln bereits bedeutende Erfolge erzielt hatten und ihre erweiterte Kompetenz über die Forschungsgelder deshalb legitim war.

Mit dieser Reform hat sich die Machtverteilung im Epsilon-Institut grundlegend verändert, da die Abteilungen die Finanzhoheit über einen Großteil der Mittel an die Querschnittsbereiche abtreten mussten, deren Einfluss auf die inhaltliche Ausrichtung der Abteilungen somit gestiegen ist. Dennoch kommen viele Projektvorschläge nach wie vor aus den Abteilungen, auch wenn sie von den Querschnittsbereichen bewilligt und durchgeführt werden. Die von den Abteilungen früher autonom konzipierten und durchgeführten Projekte können nun in vielen Fällen von den Querschnittsbereichen bewilligt oder auch abgelehnt werden. Tatsächlich ist es im Epsilon-Institut schon zu Ablehnungen von Abteilungsanträgen gekommen, weil die Qualität der Projekte von den Querschnittsbereichen als ungenügend erachtet wurde. In diesen Fällen, so der Institutsleiter, sei „den Leuten zum ersten Mal klar geworden, was (die 40/60-Regelung) bedeutet" (Epsilon/Johann W.). Die Querschnittsbereiche können die Gelder für die Abteilungen zwar nicht vollständig blockieren, doch im Ernstfall droht jenen bei mangelhafter Leistung eine Kürzung ihrer Forschungsbudgets. Ein Mitarbeiter bezeichnet die Regelung treffend als „halbscharfes Schwert" (Epsilon/ Karl B.).

Die Einführung der erweiterten Matrix-Organisation im Institut Epsilon lag zum Befragungszeitpunkt drei Jahre zurück. Einer der Reformeffekte war, dass sich die Querschnittsbereiche zunehmend Mitspracherechte in angestammten

Kompetenzbereichen der Abteilungen angeeignet haben. Beispielsweise werden heute Dissertations- und Postdoc-Stellen oftmals in Aushandlungsprozessen zwischen den formal verantwortlichen Abteilungen und den informell beteiligten Querschnittsbereichen ausgeschrieben und besetzt.

Die unterschiedliche Organisation der Institute Rho und Gamma auf der einen und der Institute Delta und Epsilon auf der anderen Seite hängt nicht zuletzt mit der jeweiligen Trägerschaft zusammen. Die Bedeutung der Abteilungsstruktur in den beiden Max-Planck-Instituten Rho und Gamma ist wie angesprochen auch eine Folge des Harnack-Prinzips (Vierhaus 1996). Die Matrix-Struktur im Delta- und im Epsilon-Institut ist dagegen vor allem durch das Alter der beiden Einrichtungen bedingt: Zur Zeit ihrer Gründung, Anfang der 1990er Jahre, entsprach die Matrix-Struktur dem damals modernen Organisationstyp. Die Weiterentwicklung dieser Struktur dient dem Anliegen, möglichst flexibel und schnell auf wissenschaftliche Innovationen und wissenschaftspolitische Trends reagieren zu können. Dies gilt besonders für das Institut Delta, das sich zu mehr als einem Drittel über eingeworbene Gelder finanziert. Im Institut Epsilon schließlich ist die Flexibilisierung auch vor dem Hintergrund seiner Größe zu sehen. Als Organisation mit über 400 wissenschaftlichen Beschäftigten will sich das Institut mit der Aufwertung der innovationsorientierten Querschnittsbereiche vor der Gefahr wissenschaftlicher Stagnation schützen.

Projektbezogene Steuerungsinstrumente

Trotz der Unterschiede in ihrer Institutsorganisation weisen die Institute Gamma, Delta, Epsilon und Rho einige organisationale Gemeinsamkeiten auf, die für die Bewertung der interdisziplinären Kooperationen bedeutsam sind. Diese Gemeinsamkeiten betreffen vor allem die Projektorganisation. In allen vier Instituten ist der Aufwand für die Projektorganisation hoch, wenn auch aus unterschiedlichen Gründen. In den Instituten Gamma, Delta und Rho liegt dies an den Spezifika der Klimaforschung. Die Forschungsprogramme werden von großen internationalen, langfristig angelegten Verbundprojekten dominiert, was einen hohen Koordinations- und Organisationsaufwand mit sich bringt. Das Institut Gamma etwa ist an mehreren Projekten beteiligt, die jeweils zwischen fünf und zehn Partnerinstitute und zehn bis 50 Mitarbeiter/innen umfassen.

Die große Anzahl von Verbundpartnern ist zunächst eine Folge der international angelegten Messkampagnen und Modellierungsverbünde. Andererseits spiegelt sie auch einen spezifischen Finanzierungstyp der Klimaforschung. Viele internationale Programme besitzen nur eine geringe Projektfinanzierung seitens der internationalen Programmträger, mit der bestenfalls ein schlanker

Overhead finanziert werden kann, etwa ein Sekretariat oder ein Steering-Committee. Die Forschung selbst wird dagegen aus den ordentlichen Haushalten der Partnerinstitute bezahlt. Ein Befragter aus dem Rho-Institut erwähnt ein EU-Klimaforschungsprojekt, in dem nicht einmal die Materialkosten aus dem Projektetat gedeckt wurden; für das Laser-Gerät kam schließlich sein eigenes Institut auf. Je größer die Anzahl an Projektpartnern in den internationalen Programmen, desto besser also die Ressourcenausstattung.

Hinzu kommen die oft langen Projektlaufzeiten in der Klimaforschung. Die Entwicklung von Klimamodellen ist ein langfristiger Prozess, einzelne Modelle haben bisweilen eine Lebensdauer von zehn oder mehr Jahren. Ein Zeitraum von fünf Jahren für ein Forschungsprojekt gilt bereits als kurze Laufzeit. Die üblichen Drittmittel-Laufzeiten von zwei bis drei Jahren werden von den Befragten einhellig als zu kurz eingeschätzt. Der Grund dafür liegt einerseits im hohen Aufwand, der für die Konstruktion und Weiterentwicklung eines Modells betrieben werden muss, andererseits im Forschungsgegenstand selbst. Im Mittelpunkt der Forschung stehen langfristige Klimaveränderungen, weshalb es wichtig ist, Messwerte über einen langen Untersuchungszeitraum zu sammeln.

Mit solchen zeitlichen und personellen Dimensionen wächst der organisatorische Aufwand auch auf der Projektebene. Viele Befragte betonen, dass die Verbundprojekte der Klimaforschung eine besonders sorgfältige Projektorganisation verlangen, vor allem in der Anfangsphase. Dies gilt analog für das Umweltforschungsinstitut Epsilon. Die Epsilon-Projekte sind in punkto Komplexität durchaus mit denen der Klimaforschungsinstitute vergleichbar; in Verbundprojekten arbeiten bis zu 100 Mitarbeiter/innen. Die Projektlaufzeiten sind zwar im Durchschnitt kürzer – die meisten Vorhaben sind auf zwei bis drei Jahre angelegt –, einzelne Projekte laufen jedoch über zehn bis 15 Jahre. Interdisziplinäre Projekte bringen also auch im Epsilon-Institut einen hohen Koordinationsaufwand mit sich.

Personenbezogene und informelle Faktoren

Eine adäquate Projektorganisation ist den Befragten aus allen vier Instituten zufolge noch keine Garantie für den Erfolg interdisziplinärer Kooperationen. Unter den Interviewten herrscht vielmehr ein eigentlicher Glaube an die Gestaltungskraft individueller Persönlichkeiten vor. Interdisziplinäre Kooperationen müssten von den Beteiligten selbst angestoßen und getragen werden, äußert ein Mitarbeiter des Instituts Gamma, externer Zwang nütze wenig. Interdisziplinarität könne nicht verordnet werden, als Motor wirke vielmehr der Drang der beteiligten Individuen nach wissenschaftlicher Reputation, die im Bereich der

Klimaforschung eben nur in Teams und Kooperationsbeziehungen zu erreichen sei. Die Forschungsorganisation könne interdisziplinäre Arbeiten nur bedingt voranbringen, meint ein Befragter, hinter einer erfolgreichen Zusammenarbeit stehe immer die Initiative einer Einzelperson,

> „die wirklich Drive hat und immer wieder den Faden aufgreift und die Leute zusammenbringt. (...) Man darf nicht vergessen, es ist eben letztendlich doch nur Individualismus und nicht Altruismus. Das ist nun mal so, Sie machen hier nur Karriere, wenn Sie schauen, dass Sie selbst möglichst viele Publikationen haben, wo Sie als Erstautor drauf stehen, und Sie werden nicht belohnt dafür, dass Sie zum Beispiel versuchen, den Laden zusammenzuhalten. (...) Karriere, und so weiter, Reputation, das ist durchaus ein starker Motor." (Gamma/Jürgen F.)

Ein Mitarbeiter des Instituts Rho diagnostiziert ebenfalls einen weit verbreiteten Individualismus in der Forschung und begründet diesen damit, dass „Wissenschaftler ja mehr oder weniger wie Künstler" seien (Rho/Werner H.).

In einer solchen personenbezogenen Organisationskultur basieren interdisziplinäre Kooperationen letztlich auf Vertrauen. Der gegenseitige Respekt und die Bereitschaft, sich mit anderen Personen auseinander zu setzen, seien entscheidende Voraussetzungen für den Projekterfolg, unterstreicht ein anderer Befragter. Dass personenbezogene Idiosynkrasien und Konflikte interdisziplinäre Kooperationen wiederum blockieren können, bleibt in solchen Statements meist ausgeblendet.

In den Interviews wird häufig hervorgehoben, dass interdisziplinäre Forschungsprojekte nur begrenzt formal organisier- und steuerbar seien. Ein Rho-Mitarbeiter betont zwar den hohen Stellenwert einer guten Projektorganisation – für sich genommen bringe sie aber nichts außer „Window-Dressing" und Trittbrettfahrerkultur. Als entscheidend für den Erfolg interdisziplinärer Projekte erachtet er vielmehr personenbezogene Eigenschaften der Projektbeteiligten (Rho/Alfred B.). Ein Abteilungsleiter des Delta-Instituts hält als Regel fest, dass Entscheidungen über Leute wichtiger seien als Entscheidungen über Projekte (Delta/Werner S.). In den Interviews wird eine Reihe von Persönlichkeitsmerkmalen genannt, die interdisziplinären Kooperationen förderlich seien. Dazu gehören eine großzügige Haltung im Umgang mit den eigenen Forschungsresultaten – „es muss mal geschenkt werden" (Gamma/Bernd A.) –, Offenheit, Lernbegierde und Neugier gegenüber anderen Disziplinen sowie die Bereitschaft, sich auf einen erhöhten Kommunikations- und Verständigungsbedarf einzulassen. Ein Abteilungsleiter des Delta-Instituts meint lakonisch, Interdisziplinarität beruhe in erster Linie auf „gesundem Menschenverstand" (Delta/Werner S.).

Vor allem die Befragten im Delta-Institut verweisen im gleichen Atemzug auf die Bedeutung institutsinterner informeller Kommunikationsmöglichkeiten.

Man müsse auf die Leute zugehen und persönliche Kontakte herstellen, um in interdisziplinären Kooperationen Erfolg zu haben. Erzwingen lasse sich die Zusammenarbeit nicht. Nach Meinung eines Delta-Mitarbeiters sollten die Projektteams möglichst klein sein, um den persönlichen Umgang unter den Teammitgliedern zu gewährleisten – sieben Personen seien die oberste Grenze. Laut anderen Aussagen ist es typisch für die Delta-Institutskultur, dass selbst der Institutsdirektor und einzelne Abteilungsleiter formlos auf die Mitarbeiter/innen auch aus fremden Abteilungen zugehen und den wissenschaftlichen Austausch suchen – ein Verhalten, das mitunter auch Irritationen auslöst:

> „Der Abteilungsdirektor F., der kam hier ans Institut (...), ging durchs Haus und redete mit jedem, das war ihm völlig egal, in welcher Abteilung die saßen, mit denen hat er sich lange zusammengesetzt und hat denen alle möglichen Vorschläge auch gemacht, was die anders machen könnten. Und im Ersten dachte ich mir, was redet der so lange mit denen, die sind doch in meiner Abteilung?" (Delta/Stefan M.)

Die Hervorhebung informeller Kommunikationsmöglichkeiten drückt sich auch darin aus, dass der Institutsleitung, vor allem im Institut Delta, eine charismatische Autorität zugeschrieben wird. Verschiedene Mitarbeiter schildern in bewundernden Worten, wie der Institutsdirektor mit seinen „crazy ideas" das Institut wissenschaftlich voranbringe. Ein Abteilungsleiter bezeichnet es als die „große Kunst" des Direktors, dass er ein produktives Chaos erzeugen könne:

> „Er hat diese Fähigkeit, ein Chaos zu veranstalten, bewusst die Dinge auf dem Level am Kochen zu halten, wo sie weder explodieren noch einfrieren, aber wo es gärt, wo einfach alles mögliche Zeugs passiert, und dann äußerst gezielt bestimmte Dinge herauszupicken und die stark zu machen." (Delta/Werner S.)

Er betont, dass Wissenschaft nicht von den Erkenntnissen der Organisationslehre, sondern vom „Geniekult" lebe. Dabei relativiert er auch die Bedeutung der „Matrix-Plus-Gruppen" als organisationale Steuerungsinstrumente – während die meisten anderen Institutsangehörigen der neuen Organisationsform übereinstimmend einen hohen Stellenwert für die interdisziplinäre Forschung einräumen. Der Umgang mit der Institutsstruktur, so dagegen der Abteilungsleiter, sei locker, niemand werde durch das Organigramm zu etwas gezwungen. Wichtig sei, dass die kleinen Forschungskollektive auf der persönlichen Ebene gut funktionierten. Wenn eine kleine Gruppe von Leuten ein Projekt engagiert verfolge – „wo man spürt, die haben Spaß, die glauben an das Zeugs" –, habe dies eine „unglaubliche Ausstrahlung" auf die übrigen Mitarbeiter/innen. Dadurch relativiere sich auch die Bedeutung der „Matrix-Plus-Gruppen". „Die meisten (...) denken, das ist mir ein bisschen egal, das gibt's halt." (Delta/Werner S.) Diese Einstellung illustriert das häufig anzutreffende Paradox, dass selbst in Instituten, in denen die interdisziplinäre Forschung stark durch organisationale Steuerungsinstrumente gelenkt wird, der Glaube an den bestimmenden Einfluss von Persönlichkeiten oder an die Autorität charismatischer Figuren überwiegen kann. An diesem Punkt geht der methodische allmählich in den charismatischen Interdisziplinaritätsstil über, der unten zu diskutieren ist (vgl. Abschnitt 2.3). Der Persönlichkeitsglaube kann sich bis zu eigentlichen Abwehrreaktionen gegenüber organisationalen Steuerungsmitteln radikalisieren.

Ein wichtiger Grund für den Persönlichkeitsglauben dürfte in der arbeitsteiligen Organisation der Klimaforschung liegen. Wenn interdisziplinäre Forschungsprojekte letztlich auf der disziplinären Kompetenz hoch spezialisierter Individuen gründen, hängt ihr Erfolg von Einzelpersonen beziehungsweise von der Kombination ihrer individuellen Qualifikationen ab und nicht von den kollektiven Leistungen der Forschungsgruppen. Vor diesem Hintergrund erklärt sich auch der paradoxe Gegensatz zwischen organisationalen und personenbezogenen Erfolgsfaktoren interdisziplinärer Forschung. In Projekten, wie sie in der Klimaforschung typisch sind, werden individuelle Qualifikationen multidisziplinär kombiniert. Dies erfordert einerseits einen hohen Organisationsaufwand, was zu den stark formalisierten Projektstrukturen führt. Von entscheidender Bedeutung sind andererseits auch die individuellen Leistungen der Projektbeteiligten – deshalb die Hervorhebung personenbezogener Faktoren und informeller Kommunikationswege. Beim methodischen Interdisziplinaritätsstil stehen formale Organisationsstrukturen, Persönlichkeitseigenschaften und informelle Kommunikationsmöglichkeiten nicht zwingend im Widerspruch, sondern können sich produktiv gegenseitig ergänzen.

2.2.3 Steuerungsprobleme des methodischen Interdisziplinaritäts-stils: Autonomieanspruch und Bürokratisierungskritik

Das Gefüge von organisationalen und personenbezogenen Erfolgsfaktoren des methodischen Interdisziplinaritätsstils ist allerdings nicht immer spannungsfrei. Die organisationale Formalisierung der methodischen Interdisziplinarität kann für einzelne beteiligte Wissenschaftler/innen in Widerspruch zu ihren wissenschaftlichen Autonomie- und Flexibilitätsansprüchen geraten und somit Gegenreaktionen provozieren. Diese Schwierigkeit macht sich vor allem auf der Ebene der Institutsleitung bemerkbar, teilweise auch auf jener der Projektleitung. Die Spannung zwischen Formalisierung der Forschung und Autonomieansprüchen der Wissenschaftler/innen äußert sich auf Institutsebene etwa in der verbreiteten Kritik an der zunehmenden „Bürokratisierung" der Forschung und auf Projektebene in der fehlenden Verbindlichkeit der individuellen Kooperationsbeziehungen. Auf beide Fälle ist im Folgenden einzugehen, weil sie die Grenzen der formalen Steuerungsmöglichkeiten interdisziplinärer Forschung illustrieren.

Kritik an der „Bürokratisierung" der Forschung

Es scheint kein Zufall, dass gerade in den Instituten Delta und Epsilon, die mit ihrer Matrix-Struktur die weitestgehenden organisationalen Steuerungsinstrumente eingerichtet haben, auch die Kritik an Bürokratisierungstendenzen der Forschung am lautesten ist. In beiden Einrichtungen wurde in den vergangenen Jahren intensiv über die Gefahr der „Bürokratisierung" diskutiert. Hinter dieser Debatte verbergen sich Befürchtungen vor einer drohenden Einschränkung der wissenschaftlichen Autonomie der Forschungsgruppen oder der Institute. Sowohl im Delta- als auch im Epsilon-Institut stand die Institutsleitung vor der Entscheidung, welches Maß an formalen Steuerungsinstrumenten die wissenschaftliche Forschung aushält beziehungsweise welcher Mittelweg zwischen organisationaler Integration und individueller Flexibilität beschritten werden sollte.

Im Institut Delta setzte die Bürokratiedebatte bei der Frage an, wie viel Wachstum dem Institut zuträglich sei. Diese Frage kam auf, weil sich das Institut in den 1990er Jahren überaus erfolgreich in der Forschungslandschaft positioniert hatte, entsprechend positiv vom Wissenschaftsrat evaluiert worden war und deshalb eine institutionelle Wachstumsstrategie über zusätzliche Drittmittelprojekte hätte einschlagen können. Nach einem längeren internen Diskussionsprozess einigte sich die Institutsleitung – mit Unterstützung des anfangs skeptischen Personals – auf die Position, die damals erreichte Institutsgröße von rund 150 Beschäftigten als Obergrenze zu deklarieren und sich mit der Einwerbung von Drittmitteln demgemäß zurückzuhalten. Das Motiv für diese Kurskorrektur war, eine Institutsgröße zu bewahren, die informellen, persönlichen Kontakten förderlich ist und es auch den Leitungspersonen weiterhin erlaubt, wissenschaftlich tätig zu sein. Das Institut Delta sollte vor einem drohenden Bürokratisierungsprozess geschützt werden und sich auf keinen Fall zu einem Großforschungszentrum entwickeln. Die Einsicht in die Notwendigkeit einer Wachstumsbegrenzung fiel umso leichter, als sie mit der Strategie verbunden wurde, die Drittmittelwerbung stärker nach qualitativen Kriterien zu gewichten und nur noch Projekte zu akquirieren, die ins Themenprofil des Instituts passten. Diese Selbstbeschränkung war in den Augen vieler Institutsangehöriger eine außergewöhnliche Entscheidung, weil sie der verbreiteten Ansicht, Erfolg sei mit Wachstum gleichzusetzen, widersprach.

Im Institut Epsilon drehte sich die Bürokratisierungsdebatte um die zum Untersuchungszeitpunkt unmittelbar bevorstehende Reorganisation der HGF, mit der die Förderung vom System der Grundfinanzierung auf ein Programmforschungssystem umgestellt wurde. Die Einführung der Programmforschung geht auf Anfang der 1990er Jahre erhobene Forderungen des Wissenschaftsrats nach einer stärker „prospektiven Forschungsförderung" zurück. Adressaten waren damals schon die Großforschungsinstitute, die als institutionelle „Großtanker" galten und deren Förderung deshalb eine langfristig orientierte Strategie erforderte (Wissenschaftsrat 1991). Diesem Anliegen wurde nach 2000 mit dem System der Programmsteuerung Rechnung getragen, bei dem die HGF auf höchster Ebene jene inhaltlichen Programmschwerpunkte festlegt, die anschließend in den Zentren forschungspraktisch umgesetzt werden. Die Institute haben zwar die Autonomie in der Wahl der Forschungsthemen eingebüsst, doch erhielten sie bei der Mittelverwendung, etwa was die Stellenpläne betrifft, eine erhöhte Selbstständigkeit (Schulze 2000).

Zum Untersuchungszeitpunkt war die HGF gerade dabei, die Detailbestimmungen der Programmsteuerung zu implementieren; die Äußerungen der Epsilon-Mitarbeiter/innen beruhen deshalb auf Zukunftserwartungen und nicht auf vergangenen Erfahrungen. Die Programmsteuerung wird fast durchgängig kritisch kommentiert, vor allem aus Angst vor einem drohenden Verlust der institutionellen Selbstständigkeit. Die Beschäftigten beklagen primär, dass mit der Programmforschung die inhaltliche Ausrichtung des Instituts von externen Geldgebern definiert und nicht mehr wie bisher institutsintern entwickelt wird. Forschung müsse jedoch intrinsisch motiviert sein und könne nicht durch äußere Vorgaben erzwungen werden. Befürchtet wird, dass die bevorstehende forschungspolitische Umstellung die bisherige Forschungsstrategie des Instituts grundsätzlich in Frage stellt und den Betrieb vollständig „umkrempelt" (Epsilon/Karl B.). Besonders kritisieren die Interviewpartner/innen, dass die Programmforschung mit der verstärkten Außensteuerung möglicherweise einen erhöhten Koordinations- und Verwaltungsaufwand nach sich ziehen wird.

Mangelnde Verbindlichkeit interdisziplinärer Kooperationen

Die Spannung zwischen organisationalen und personenbezogenen Umständen der interdisziplinären Forschung manifestiert sich in der Klima- und Umweltforschung auch auf Projektebene. Dabei zeigen sich die Grenzen der formalen Steuerungsmöglichkeiten. Die Größe der Projekte, vor allem die hohe Anzahl der Verbundpartner in den internationalen Forschungsprogrammen, wirft grundlegende und schwer lösbare Steuerungsprobleme auf. Die meisten Befragten erachten es als eine strukturelle Schwäche interdisziplinärer Kooperationen, dass die Arbeitsprogramme für die Projektbeteiligten nicht verbindlich genug geregelt sind. Dieses Problem ist zwar generell bezeichnend für Forschungsverbünde, doch äußert es sich in der Klimaforschung besonders deutlich. Weil die Forschungsverbünde der internationalen Klimaforschungsprogramme weitgehend von den finanziellen Eigenleistungen der involvierten Institute abhängen, fehlen ökonomische oder anderweitige Sanktionsmittel zur Einhaltung des Arbeits- oder Zeitplans der Forschungsprojekte. Die Beteiligten erleben die Zusammenarbeit als freiwillig, verbindliche Absprachen lassen sich oft nur schwer treffen. Eine Interviewpartnerin im Epsilon-Institut meint, Managementkonzepte seien nur Theorie und für den Projektalltag untauglich. Dieses Verbindlichkeitsproblem kann sich bis zu Kooperationsverweigerungen zuspitzen, vor allem wenn es kombiniert ist mit Konflikten um finanzielle Ressourcen oder um die Autorschaft bei Publikationsvorhaben. Obwohl die Forschungsverbünde der BMBF- oder EU-Programme im administrativen Bereich etwas besser ausgestattet sind, sehen sie sich grundsätzlich mit vergleichbaren Schwierigkeiten konfrontiert.

Diese Steuerungs- und Koordinationsprobleme werden noch akzentuiert durch wissenschaftskulturelle Unterschiede innerhalb der Klimaforschung. Insbesondere zwischen den Modellierern, die für die computergestützte Modellentwicklung verantwortlich sind, und den Experimentierern, die die Messkampagnen durchführen, herrscht eine Art konstruktives Spannungsverhältnis. Mitarbeiter/innen, die ein Modell entwickeln, so ein Befragter, haben Schwierigkeiten, sich mit Kollegen zu verständigen, die Messungen machen – und umgekehrt. Unter den Experimentierern gelten die Modellierer als wenig kommunikative Bildschirmarbeiter und Theoretiker, deren Arbeitleistungen nichts Neues zu den Messergebnissen beitragen. Die Modellierer wiederum halten die Experimentierer für reine Praktiker und Datenlieferanten, während die eigentlich innovativen Erkenntnisse erst durch die Synthese der Daten im Modell zustande kämen. Die Befragten formulieren diese Einschätzungen meist in karikierender Weise und implizieren damit, dass die gegenseitigen Vorurteile die Zusammenarbeit zwischen Experimentierern und Modellierern zwar stört, aber nicht gravierend behindert. Ernste Konflikte sind tatsächlich selten, traten aber in der Vergangenheit, etwa im Gamma-Institut, schon auf. Dort stritten sich zwei ehemalige Abteilungsdirektoren über den Nutzen ihrer Arbeit.

„Herr A. (der Experimentierer) und Herr B. (der Modellierer) haben sich gestritten, weil Herr A. gesagt hat: Wie können Sie ein Klimamodell machen, wenn Sie gar nicht wissen, wie die einzelnen Prozesse funktionieren (...)? Wir (die Experimentierer) sehen eben zu, dass wir diese Prozesse verstehen, und wenn wir sie verstanden haben, dann kann man sie in ein Modell einbauen. Und da hat Herr B. gesagt: Herr A., wenn ich darauf warte, bis Sie die Klimaprozesse verstanden haben, dann bin ich pensioniert und habe nie verstanden, wie das Modell läuft." (Gamma/Max K.)

Vergleichbare Kommunikationshürden bestehen zwischen natur- und sozialwissenschaftlich ausgebildeten Wissenschaftlerinnen und Wissenschaftlern. Den Sozialwissenschaften wird seitens der Naturwissenschaften häufig unterstellt, sie hätten ein methodologisches Defizit, vor allem gegenüber stark mathematisierten Disziplinen wie der Physik. Einzelne Befragte, etwa ein Physiker aus dem Delta-Institut, beklagen ausdrücklich den arroganten Umgang zwischen den verschiedenen Wissenschaftskulturen.

"So etwas findet man auf Seiten der Physiker oft: eine gewisse mathematische Arroganz. Aber auf der Seite der Sozialwissenschaftler, wenn wir schon beim Negativen sind, und der Ökonomen findet man keine methodische Arroganz, sondern eine inhaltliche Arroganz, also man sagt, ihr (Physiker) habt dazu ohnehin nichts zu sagen, ja? Weil, wir reden hier über Ökonomie, ja?" (Delta/Dieter K.)

Räumliche Distanz als Problem

Die oben erwähnte Bedeutung personenbezogener Faktoren verweist auf einen letzten Problembereich der methodischen Interdisziplinarität. Persönliche Kontakte beruhen auf räumlicher Nähe, deshalb wird Distanz zwischen den Forschungsstandorten interdisziplinärer Kooperationspartner oft als problematisch erlebt (vgl. Laudel 1999: 228ff.). Bei diesem Problem helfen formale Steuerungsinstrumente, etwa der Einsatz moderner Kommunikationstechnologien, vielfach nicht weiter. Die Nachteile räumlicher Distanz äußern sich vor allem bei hoch technisierten Forschungsprojekten, wie sie für die Klimaforschung typisch sind. Weil die technischen Kenntnisse über die verwendeten Instrumentensysteme kaum explizierbar und daher nur schwer zu vermitteln sind, weil der Anteil des "tacit knowledge" (Collins 2001) vergleichsweise hoch ausfällt, ist gerade bei instrumentengestützten Forschungsprojekten der Face-to-face-Kontakt eine wichtige Voraussetzung für Kooperationen. Ein Befragter erklärt, wenn Geräte an Projektpartner ausgeliehen würden, müssten meist auch die dafür ausgebildeten Spezialisten mit angefordert werden. Zur Lösung dieses Problems beinhalten internationale Kooperationen in der Klimaforschung oft längere Gastaufenthalte am Partnerinstitut.

Nicht nur die Experimentierer, auch die Modellierer sind mit solchen Problemen konfrontiert. Bei den Modellierern steht die gemeinsame Arbeit am Computer im Vordergrund. Mehrere Befragte aus dem auf Modellierungsfragen spezialisierten Institut Gamma betonen, dass die persönlichen Kontakte das A und O des Projekterfolgs seien. Deshalb kämen externe Projektpartner jeweils für ein paar Wochen ans Institut, damit man Probleme gemeinsam vor demselben Bildschirm lösen könne. Die Befragten bemängeln nicht nur die großen Distanzen zwischen internationalen Projektpartnern, sondern auch vergleichsweise kleine räumliche Abstände. Im Gamma-Institut sind beispielsweise die Räumlichkeiten auf zwei Gebäude innerhalb desselben Campus verteilt. Fast alle Befragten schildern diese Aufteilung als forschungspraktischen Nachteil und wünschen sich ein gemeinsames Haus, um die Kommunikationswege kurz und persönlich zu halten.

2.2.4 Bilanz des methodischen Interdisziplinaritätsstils: Chancen und Grenzen organisationaler Steuerungsinstrumente

Die Analyse des methodischen Interdisziplinaritätsstils weist auf eine Reihe externer und interner organisationaler Instrumente zur Steuerung interdisziplinärer Forschungsprojekte hin. Zu den externen Instrumenten gehören Auflagen von Forschungsförderungsinstitutionen, etwa im Rahmen der Programmförderung, zu den internen zählen abteilungsübergreifende Querschnittselemente der Institutsorganisation wie die Matrix-Struktur. Auch auf Projektebene sind die Koordinations- und Steuerungsmöglichkeiten vielfältig; oft werden sie in den größeren Forschungsprojekten der Umwelt- und Klimaforschung von Projektkoordinatoren umgesetzt. Grundsätzlich wirken sich diese organisationalen Steuerungsinstrumente eher positiv auf die interdisziplinäre Forschung aus. Die Qualität der Forschung in den vier Instituten dieser Gruppe ist unbestritten. Der methodische Interdisziplinaritätsstil zeigt damit, dass die interdisziplinäre Forschung nicht nur von inhaltlichen Anliegen lebt, sondern auch von einer angemessenen Instituts- und Projektorganisation profitiert.

Trotz der grundsätzlich positiven Wirkung organisationaler Steuerungsinstrumente ist eine stark organisierte Forschung – vor allem bei externen Vorgaben – unter den betroffenen Wissenschaftlerinnen und Wissenschaftlern nicht sonderlich beliebt. Die Befragten führen den Erfolg interdisziplinärer Forschungsprojekte kaum auf die organisatorischen Umstände, sondern mit Vorliebe auf die persönlichen Fähigkeiten der Projektmitarbeiter/innen, etwa deren individuelle Motivation, ihre fachliche und soziale Kompetenz oder gar ihre charismatische Autorität, zurück. Die Rolle organisationaler Bedingungen und formaler Steuerungsinstrumente wird in den Interviews dagegen fast durchgehend unterschätzt. Teilweise drückt sich diese Einstellung sogar in einer pauschalen Kritik an der „Bürokratisierung" der Forschung oder an externen Steuerungsauflagen aus. Im Konfliktfall, wenn ein höherer Organisationsgrad die persönlichen und informellen Spielräume einschränken würde, sprechen sich die Befragten meist für die Beibehaltung der individuellen Gestaltungsräume und gegen stärkere Formalisierungen aus. Diese Präferenz von personenbezogenen und informellen gegenüber organisationalen Steuerungspraktiken erklärt sich aus dem wissenschaftlichen Autonomieanspruch, mit dem Forscher/innen ihre individuellen Leistungen vor externen Einflüssen zu schützen versuchen. Trotz interdisziplinärer Ansätze ist in der hoch spezialisierten Umwelt- und Klimaforschung das wissenschaftliche Gewicht von Einzelpersonen groß und der Stellenwert von im eigentlichen Sinn integrierten Kollektivleistungen gering. Der methodische Interdisziplinaritätsstil zeigt damit, dass wissenschaftlicher Individualismus und organisierte interdisziplinäre Forschungspraxis keine Gegensätze sind. Organisationale Steuerungsinstrumente werden am ehesten von den Wissenschaftlerinnen und Wissenschaftlern angenommen, wenn sie an deren Entwicklung teilhaben, beispielsweise im Rahmen der Themenfindungsinitiative im Delta-Institut. Ebenfalls akzeptiert sind organisationale Strukturen, wenn sie als stummer Zwang wirken, das heißt in der alltäglichen Wahrnehmung nicht auffallen. Ein gutes Beispiel für einen solchen stummen Zwang ist der Modellierungsprozess selbst. Er dient nicht nur als methodischer Ansatz zur kognitiven Integration klimarelevanter Daten, sondern wirkt auch als struktureller Automatismus zur sozialen und organisatorischen Integration der interdisziplinär zusammenarbeitenden Forscher/innen.

2.3 Charismatischer Interdisziplinaritätsstil: Chancen und Risiken personenbezogener Steuerungspraktiken

2.3.1 Rahmenbedingungen der Forschung in den Fallbeispielen Alpha und Omega

Der charismatische Interdisziplinaritätsstil wurde an den Fallbeispielen des Alpha- und Omega-Instituts untersucht. Beide Einrichtungen verfügen über eine große Spannbreite an Disziplinen, die auf kognitiver Ebene eng aneinander gekoppelt sind. Das Alpha-Institut ist ein Klimaforschungsinstitut mit dem typischen Disziplinenkanon aus Physik, Chemie, Meteorologie, Biologie und Informatik. Wie in den anderen Klimaforschungsinstituten werden die disziplinären Kenntnisse primär über den Modellierungsansatz miteinander verbunden. Auch im Omega-Institut sind die disziplinären Wissensbestandteile in der interdisziplinären Forschungspraxis eng miteinander verknüpft. Ähnlich wie in der Klimaforschung liegt dies vor allem am Fach, das zwar als Disziplin gilt, jedoch starke interdisziplinäre Bezüge aufweist. Insbesondere in methodischer und theoretischer Hinsicht beruht das Omega-Fach auf den Erkenntnissen verschiedener anderer sozial- und naturwissenschaftlicher Disziplinen. Deshalb spielen am Institut interdisziplinäre Kooperationen eine wichtige Rolle. Diese Besonderheit wird in der Figur des leitenden Direktors, der aufgrund seiner persönlichen Ausbildung außergewöhnlich breit angelegte, interdisziplinäre Forschungsinteressen verfolgt, quasi personalisiert. So beschäftigt auch das Omega-Institut Mitarbeiter/innen mit den unterschiedlichsten disziplinären Backgrounds. Rund die Hälfte stammt aus den Sozialwissenschaften, zwanzig Prozent kommen aus den mathematisch-statistischen Wissenschaften, zehn Prozent aus den Natur-, weitere zehn Prozent aus den Ingenieurwissenschaften und die restlichen zehn Prozent aus den Wirtschaftswissenschaften.

Das Omega- wie das Alpha-Institut zeichnen sich zudem durch einen niedrigen Organisationsgrad aus, was indirekt mit ihrer geringen Institutsgröße zusammenhängt. Das Omega-Institut zählte zum Untersuchungszeitpunkt 87, das Alpha-Institut 47 wissenschaftliche Mitarbeiter/innen (einschließlich Gastwissenschaftler/innen).

2.3.2 Forschungspraxis des charismatischen Interdisziplinaritätsstils

Mechanismen kognitiver Kopplung

Ähnlich wie beim methodischen steht auch beim charismatischen Interdisziplinaritätsstil die kognitive Ebene im Vordergrund der Kooperationen. Der kognitiv begründete Zusammenhalt ist in den interdisziplinären Projekten sowohl am Alpha- wie am Omega-Institut hoch. Während im Alpha-Institut die methodischen Integrationsmechanismen der Klimaforschung die verschiedenen Disziplinen miteinander verbinden, beruht der Zusammenhalt im Omega-Institut auf der gemeinsamen Orientierung an einer Disziplin. Letztlich aber tragen alle Mitarbeiter/innen in der einen oder anderen Form zur Hausdisziplin des Omega-Instituts bei. Das gemeinsame Interesse an einem Thema oder eine institutsweit geteilte Fragestellung sei, so eine Befragte, entscheidend für die Verständigung im Institut. Die disziplinäre Identität definiert sich allerdings nicht über eine gemeinsame Theorie. Im Gegenteil, die theoretischen Grundlagen stammen wie erwähnt aus einer Reihe anderer sozial- und naturwissenschaftlicher Disziplinen.

„I think it (the interdisciplinary perspective) is important (for representatives of our discipline), because otherwise it becomes too narrow, and (our) discipline probably doesn't provide enough in this theoretical background. It (the interdisciplinary perspective) provides our approach and the methodology, and the way, one can define, what is important really to study (...). This is the task (of our discipline), to define these questions and, and then in the explanation, why it works in that way as we measure. The theories come from other disciplines." (Omega/Matthias O.)

Die starke kognitive Kopplung der Forschung am Omega-Institut geht neben der gemeinsamen disziplinären Identität auch von einer einheitlichen methodischen Orientierung aus. Es besteht ein methodischer Grundkonsens über bestimmte mathematisch-statistische Verfahren, auch wenn die konkret verwendeten Methoden im Einzelnen variieren.

Der enge Zusammenhang zwischen kognitivem Integrationsanspruch und internationaler Vernetzung der Institute, den wir bereits beim methodischen Interdisziplinaritätsstil festgestellt haben und der mit der Anschluss- und Kooperationsfähigkeit methodisch stringenter Forschungsprojekte zu tun hat, lässt sich auch in den Instituten Alpha und Omega beobachten. Beide sind international hervorragend vernetzt. Im Alpha-Institut gelten etwa die externen Kooperationen im Vergleich zu den hausinternen als bedeutsamer. Das Institut hat in den 1980er und 1990er Jahren verschiedene internationale Projekte koordiniert und zwischen 1997 und 1999 rund 13 Prozent seiner Drittmittel aus EU-Projekten bezogen. Die internationale Vernetzung im Omega-Institut äußert sich unter anderem im hohen Anteil ausländischer Gastwissenschafter/innen. Im Jahr 2000 stellten die eingeladenen Gäste fast die Hälfte aller wissenschaftlichen Beschäftigten (46 Prozent). Das Institut unterhält auch eine Graduiertenschule, die sich an ein internationales Publikum wendet. In beiden Einrichtungen werden die internationalen Kooperationen vor allem auf Projektebene wahrgenommen, im Alpha-Institut im Rahmen von internationalen Verbundprojekten, im Omega-Institut eher innerhalb der Einzelprojekte, die international vernetzt sind. Die internationalen Kontakte des Omega-Instituts sind daher wesentlich von den persönlichen Netzwerken der einzelnen Forscher/innen geprägt.

Niedriger Organisationsgrad und seine Folgen

Die interdisziplinäre Forschungspraxis in den Instituten Alpha und Omega wird neben der engen kognitiven Kopplung durch eine auffällig personenbezogene Steuerungspraxis bestimmt, deshalb auch unser Begriff des *charismatischen* Interdisziplinaritätsstils. Der Unterschied zum methodischen Interdisziplinaritätsstils liegt primär im niedrigeren Organisationsgrad der Institute Alpha und Omega. Dieser manifestiert sich in einer geringen Beständigkeit und Stabilität der Institutsorganisation, mit entsprechenden Folgen für die Arbeits- und Steuerungspraxis des charismatischen Interdisziplinaritätsstils. Abgesehen von einer konsequent umgesetzten Politik der Stellenbefristung im Omega-Institut sind organisationale Steuerungsinstrumente in beiden Einrichtungen nur schwach entwickelt. Der praktizierte Interdisziplinaritätsstil wird eher von „weichen" Steuerungsinstrumenten bestimmt: von den Persönlichkeitsmerkmalen der Beteiligten, den informellen Interaktionen im Forschungsalltag und insbesondere von der Vorbild- und Integrationsfunktion charismatischer Persönlichkeiten. Bevor wir nun die Eigenheiten der charismatischen Autorität diskutieren können (vgl. unten Abschnitt „Steuerung durch Charisma"), sind zunächst die Voraussetzungen und Folgen des niedrigen Organisationsgrads, der für den charismatischen Interdisziplinaritätsstil von konstitutiver Bedeutung ist, zu analysieren.

Der niedrige Organisationsgrad lässt sich in den beiden Einrichtungen auf je unterschiedliche Gründe zurückführen. Das Institut Omega besteht erst seit wenigen Jahren, in denen es einen dynamischen Aufbauprozess durchlief, der zur Zeit der Befragung noch nicht abgeschlossen war. Die geringe Stabilität der Organisation ergibt sich in diesem Fall als Folge einer außerordentlichen Wachstumsphase des Instituts. Der Standort des Instituts war beispielsweise zum Befragungszeitpunkt noch nicht definitiv festgelegt. Ebenso waren die planmäßig zugewiesenen Stellen noch nicht alle besetzt. Der Aufbauprozess spiegelt sich auch in der internationalen Zusammensetzung des Institutspersonals. Weil innerhalb kurzer Zeit eine große Zahl von Fachleuten rekrutiert werden musste, gleichzeitig jedoch nur wenige qualifizierte Bewerber/innen mit dem gewünschten Fachprofil zur Verfügung standen, sind viele fachfremde und ausländische Wissenschafter/innen ans Institut berufen worden. Die heterogene Personalstruktur hat die Spannbreite der institutsintern vertretenen Ansätze weiter vergrößert, was einzelne Mitarbeiter/innen für problematisch halten, weil dadurch die interdisziplinären Kooperationen überfordert werden könnten.

Das Alpha-Institut wurde bereits unmittelbar nach dem Zweiten Weltkrieg gegründet, hat aber in der jüngeren Vergangenheit einen Reorganisationsprozess durchlaufen, was seinen geringen Organisationsgrad erklärt. Zunächst hat das Institut in den letzten Jahren einen Schrumpfungsprozess erlebt. Im Zuge der Sparpolitik der Fraunhofer-Gesellschaft und des zuständigen Landesministeriums musste das Alpha-Institut zwischen 1997 und 1999 seinen Stellenplan um ein Viertel reduzieren. Die eingeschränkte Grundfinanzierung blieb auch für die Drittmittelbeschaffung nicht ohne Folgen. So hat sich der Anteil der EU-Projekte seither deutlich verringert, weil die EU für ihre Forschungsprojekte einen Eigenmittel-Anteil von 50 Prozent verlangt, den das Alpha-Institut nicht mehr zu stellen vermochte. Parallel zur Verkleinerung hat das Alpha-Institut in den vergangenen Jahren verschiedene Umstrukturierungen vollzogen. Ein Kernziel der Reorganisationen war, die bestehende Abteilungsstruktur vertikal weiter auszudifferenzieren und durch abteilungsinterne Arbeitsgruppen zu ergänzen. Heute besitzt jede Abteilung drei bis vier solcher Arbeitsgruppen, die teilweise auch Mitglieder anderer Abteilungen mit einschließen. Um die wissenschaftliche Flexibilität zu gewährleisten, werden seit der Reorganisation außerdem alle Leitungsstellen – sowohl in den Abteilungen als auch in den Arbeitsgruppen – befristet vergeben, in letzteren beispielsweise nur für ein Jahr. Die Entscheidungsmacht über die Fortführung von Forschungsschwerpunkten und Arbeitsgruppen liegt bei einem Institutslenkungsausschuss. Der Reorganisationsprozess war zum Befragungszeitpunkt noch nicht abgeschlossen.

Die Mitarbeiter/innen des Alpha-Instituts scheinen sich mit den permanenten Reformen und den damit verbundenen Umstellungen arrangiert zu haben. Ein Befragter meint, die Struktur des Instituts habe ohnehin keine lange „Lebensdauer" (Alpha/Hubert K.), ein anderer fügt hinzu, dass er gelernt habe, mit den Reorganisationen zu leben. Seine Arbeitsgruppe werde zwar jedes Jahr umbenannt, doch verfolge er unter den wechselnden Bezeichnungen seine angestammten Forschungsziele weiter (Alpha/Peter F.).

Der niedrige Organisationsgrad lässt sich zumindest im Omega-Institut auch auf den Umstand zurückführen, dass es als grundfinanziertes Max-Planck-Institut kaum auf externe finanzielle Mittel angewiesen ist und Drittmitteleinnahmen praktisch keine Rolle spielen. Die extern eingeworbenen Mittel sind gering und machen maximal zehn Prozent des Institutshaushalts aus. Drittmittelfinanzierte, anwendungsorientierte Forschung wird im Omega-Institut allenfalls im Rahmen von Politikberatungsprojekten zu Sozialversicherungsthemen betrieben. Die Forschungsprojekte stehen deshalb unter einem geringeren zeitlichen und finanziellen Druck als in stärker drittmittelabhängigen Forschungseinrichtungen. Aufgrund der schwächeren Restriktionen ist auch der Organisationsdruck kleiner als in anwendungsorientierten Instituten.

Auch im Alpha-Institut ist der Organisationsdruck trotz Institutsreorganisation auf Projektebene nicht sehr hoch. Zwar ist der Drittmittelanteil im Institut, das zur Fraunhofer-Gesellschaft gehört, entschieden höher als beim Omega-Institut: Zwischen 1997 und 1999 lag er bei 85 Prozent. Im Vergleich zu anderen Fraunhofer-Instituten ist hier jedoch der Anteil der Wirtschaftsforschungsprojekte, die unter besonders starken auftraggeberseitigen Restriktionen stehen, klein und betrug zwischen 1997 und 1999 nur fünf statt der FhG-üblichen 30 bis 40 Prozent der gesamten Drittmittel. Der überwiegende Teil der eingeworbenen Mittel kommt im Alpha-Institut von öffentlichen Geldgebern, vor allem von Bund, Ländern und der EU. Ein Großteil der Bundesmittel stammt zudem aus langfristig angelegten Förderprogrammen im Bereich der Klimaforschung. Im Vergleich zur Wirtschaftsforschung fließen die Gelder der öffentlichen Klimaforschung relativ kontinuierlich. Diese Finanzierungsstruktur mindert den Organisationsdruck auf Projektebene und erlaubt es dem Institut nach den Worten eines Befragten, „anwendungsorientierte Grundlagenforschung" zu betreiben (Alpha/Walter D.).

Dominanz der Abteilungsstruktur und „weiche" Steuerungsinstrumente

Der niedrige Organisationsgrad ist deshalb relevant, weil sich der charismatische Interdisziplinaritätsstil und die ihm eigenen Steuerungsmechanismen nur vor diesem Hintergrund erklären lassen. Die interdisziplinäre Forschung findet in den Instituten Alpha und Omega weitgehend innerhalb der Abteilungsgrenzen statt, während der abteilungsübergreifende wissenschaftliche Austausch selten ist. Die Abteilungsgrenzen werden nur von wenigen Querschnittselementen durchbrochen. Insbesondere fehlen ausdifferenzierte Matrix-Elemente, wie sie für die Institute des methodischen Interdisziplinaritätsstils charakteristisch sind. Die abteilungsinternen Forschungspraktiken bilden eine wichtige Basis, von der aus sich die charismatische Autorität der Abteilungsdirektoren konstituieren kann.

Im Alpha-Institut beispielsweise werden interdisziplinäre Fragen primär in den abteilungsinternen Arbeitsgruppen und Seminaren diskutiert, die nur in Einzelfällen abteilungsfremde Mitarbeiter/innen mit einbeziehen. Der einzige abteilungsübergreifende Diskussionsort ist das wöchentliche Institutsseminar, in dem einzelne Institutsprojekte vorgestellt werden. Das Publikum des Institutsseminars ist jedoch nach übereinstimmender Auskunft der Befragten im konkreten Fall meist auf nur eine Abteilung beschränkt. Das Problem sei, so ein Mitarbeiter, dass die Vorträge im Seminar doch wieder in „Fachchinesisch" gehalten sind und die Veranstaltungen deshalb nur jeweils eine bestimmte Abteilung ansprechen (Alpha/Peter F.). Die Biologen gingen zu den biologischen, die Meteorologen zu den meteorologischen und die Chemiker zu den chemischen Vorträgen, pflichtet ein anderer Interviewpartner bei. Diese Segmentierung würde höchstens auf Anordnung der Leitungsebene aufgebrochen, wenn die Order komme, „jetzt müssen wir uns (im Seminar) auch schon mal blicken lassen", oder nach Überwindung des „inneren Schweinehundes" (Alpha/Walter D.). Bezeichnend für die Bedeutung der Abteilungsstruktur ist, dass auch abteilungsübergreifende Probleme im Alpha-Institut nicht durch die Generierung von organisatorischen Querschnittselementen, sondern innerhalb der Abteilungsstrukturen angegangen werden. Als sich herausstellte, dass verschiedene Abteilungen parallel und unabhängig voneinander an verwandten methodischen Fragen arbeiteten, wurden diese Aktivitäten im Rahmen einer Umstrukturierung gebündelt, indem eine neue Abteilung für die methodische Weiterentwicklung gegründet wurde.

Im Omega-Institut verlaufen die meisten interdisziplinären Forschungsprojekte ebenfalls im Rahmen der Abteilungen: „But of course, the teamwork within the divisions (Abteilungen) is much greater than the contacts between the divisions." (Omega/Josef K.) Hier findet sich eine Vielfalt von mehr oder weniger institutionalisierten Austausch- und Kooperationsgremien, die teilweise eine Folge von MPG-Auflagen sind: von Abteilungsseminaren und Laborgruppen über themenspezifische Nachwuchsgruppen bis zu sporadisch angesetzten Workshops. Die meisten dieser Kooperationsgremien haben eine interdisziplinäre Ausrichtung. Ihre Nachhaltigkeit ist allerdings in einigen Fällen beschränkt, Nachwuchsgruppen beispielsweise werden nur befristet eingerichtet. Das einzige übergreifende Organisationselement ist das Institutskolloquium.

Auch auf Institutsebene sind die organisationalen Steuerungsinstrumente in beiden Instituten schwach ausgebildet. Die Steuerungspraktiken sind weitgehend dezentralisiert, was teilweise bis zu einer Laisser-faire-Haltung ohne Steuerungsanspruch reicht. Im Alpha-Institut sind die Steuerungskompetenzen von der Instituts- auf die Projektebene delegiert. Viele Befragte betonen die Bedeutung dezentraler Entscheidungskompetenzen in Fragen der Projektorganisation und des Projektmanagements. Dies dürfte damit zusammenhängen, dass das Institut viele Verbundprojekte mit auswärtigen Partnerinstitutionen durchführt. In solchen arbeitsteilig organisierten Forschungsverbünden, beispielsweise in den EU-geförderten Projekten, fehlt es häufig an gut ausgestatteten Koordinations- und Steuerungsinstanzen oder sie sind externalisiert und damit dem Entscheidungsbereich der Institute entzogen. Bei derartigen Verbundprojekten fällt es den Einrichtungen aus Mangel an Ressourcen oft schwer, hoch differenzierte institutsinterne Steuerungsmechanismen zur Förderung interdisziplinärer Kooperationen zu entwickeln.

Auch im Omega-Institut fehlt eine zentrale Steuerungspolitik. Der Grund liegt hier in der ausgeprägten Autonomie der Abteilungen, die je uneinheitliche Steuerungsphilosophien verfolgen. Die Abteilungspolitik ist gemäß dem Harnack-Prinzip stark von den persönlichen Einstellungen der beiden Direktoren geprägt. Der eine Direktor verfolgt in seiner Abteilung eine Laisser-faire-Politik und hält sich bei der inhaltlichen Gestaltung der Forschungsprojekte seiner Abteilungsangehörigen bewusst zurück. Hinter dieser Politik steht unter anderem die Überzeugung, dass kollektive Entscheidungen nur einstimmig getroffen werden können. Fehlt in einer bestimmten Frage der Konsens, dann kann in diesem Punkt auch keine gemeinsame Richtung eingeschlagen werden. Im Interview begründet der Direktor seinen zurückhaltenden Führungsstil und grenzt ihn von hierarchischeren Auslegungen des Harnack-Prinzips ab:

„There are different kinds of leadership styles. There's some tradition in Germany for directors of Max-Planck-Institutes to be very authoritarian, to tell people what to do. And, I never do that, never. (…) I very strongly believe that all important decisions should be reached by consensus. So I never tell anybody to do anything. (…) If somebody doesn't agree, then I don't do anything." (Omega/Josef K.)

Zu diesem Führungsstil gehört beispielsweise, dass die Referentenliste für das Abteilungsseminar nicht von oben vorgegeben wird. Vielmehr bleibt es den Mitarbeiterinnen und Mitarbeitern selbst überlassen, ob und wann sie vortragen möchten. Die Folge dieses voluntaristischen Prinzips ist, dass manche Abteilungsangehörige häufig, andere selten oder gar nicht referieren.

In der zweiten Abteilung des Omega-Instituts besteht dagegen eine stärker intervenierende Steuerungspraxis, die erst vor kurzem eingeführt wurde, auf Projektebene angesiedelt ist und unmittelbar auf die Initiative des Abteilungsdirektors zurückgeht. Dieser hat dabei seine Mitarbeiter/innen in Teams von drei bis sechs Personen gruppiert. Jedem Team ist ein Teamleiter vorangestellt. Die Gruppen sind nicht disziplinär organisiert, sondern nach interdisziplinären Themen zusammengesetzt. Ausdrückliches Ziel ist es, die Forschungspraxis in Einzelprojekten, die vor der Teamreorganisation vorherrschte, zu überwinden und so interdisziplinäre Kooperationen zu fördern.

„Not that all the people sit alone and cooperate with somebody else outside the institute or do something totally alone – then it would be very hard to integrate the input into certain common goals." (Omega/Matthias O.)

Der Abteilungsleiter spricht in diesem Zusammenhang von der Tradition der „Verschlossenheit", die an den Universitäten verbreitet sei und die mit der Teamorganisation in seiner Abteilung aufgebrochen werden solle. Eine Abteilung mit einem Dutzend universitär geschulter Einzelgänger zu führen sei für ihn keine tragfähige Lösung. Die Teamgröße wurde vom Abteilungsleiter bewusst gewählt, da sie handlungsfähige und bewegliche Gruppen gewährleiste. Das Teammodell erleichtert insbesondere die Steuerung der Forschung, etwa bei der Überprüfung der Forschungsleistungen. Alle zwei Monate hat jedes Team dem Abteilungsleiter über die erreichten Ziele zu berichten. Der Leiter betont explizit den Grundsatz der dezentralen Selbstorganisation. Alle Abteilungsangehörigen müssten einem Team beitreten, um die Möglichkeit von Trittbrettfahrern auszuschließen.

Da die Teamorganisation erst kürzlich eingeführt wurde, war es zum Untersuchungszeitpunkt für eine Bilanz zu früh. Diese Kooperationsform scheint aber bei den Mitarbeiterinnen und Mitarbeitern gut anzukommen. Auch in der ersten Abteilung des Omega-Instituts sind die Wissenschaftler/innen angehalten, in Gruppen zu kollaborieren. Allerdings ist die Organisation der Teams weniger stark formalisiert als in der zweiten Abteilung. Der Abteilungsleiter betont, dass sich fast die ganze Abteilungsforschung in Teamarbeit vollziehe, dies sei schließlich die Konzeption des Instituts.

Trotz Teamorganisation ist die interdisziplinäre Zusammenarbeit im Omega-Institut lockerer als etwa beim methodischen Interdisziplinaritätsstil. Die Teams sind Orte des themenspezifischen Austausches, besitzen aber keine eigene Finanzierung und führen deshalb auch keine größeren Forschungsprojekte durch. Obwohl Wert auf gegenseitigen Austausch gelegt wird, dominieren im Omega-Institut das wissenschaftliche Spezialistentum und die Forschung in Einzelprojekten. Interdisziplinäre Kooperationen beschränken sich meist auf gemeinsame Publikationsprojekte – ein Punkt, der von vielen Befragten hervorgehoben wird. Auf die Frage, wie die interdisziplinäre Zusammenarbeit zu fördern wäre, meint ein Mitarbeiter:

> „Man muss (...) Artikel zusammen schreiben. Artikel schreiben ist ein schwieriger Prozess, speziell für junge Leute, aber man lernt viel davon. Man lernt auch die Perspektive der anderen Disziplinen (...). In glücklichen Fällen, und wir haben viele solcher Fälle, erhält man dann einen Text, der besser ist, als wenn man ihn allein oder mit Leuten in derselben Disziplin geschrieben hätte." (Omega/Sven P.)

Auch der Umkehrschluss wird in den Interviews bestätigt. In interdisziplinären Projekten ohne kollektive Publikationsvorhaben, etwa solchen, in denen die Ergebnisse in einen Sammelband mit Einzelbeiträgen einfließen, wird auch der Kooperationsgrad zwischen den Projektbeteiligten als niedrig eingestuft.

Publikationsprojekte sind allerdings interdisziplinären Kooperationen nicht pauschal förderlich. Einzelne Befragte weisen darauf hin, dass durch den Wandel der Publikationspraxis bislang erfolgreich praktizierte Kooperationsformen gefährdet sind. Der steigende Publikationsdruck lasse den Forschenden heute kaum mehr Zeit für intensive und längerfristig angelegte Kooperationen. Darunter leide auch die zeitraubende interdisziplinäre Verständigung. Eine Befragte betont, dass der Druck, in anerkannten internationalen Fachzeitschriften publizieren zu müssen, so groß geworden sei, dass die traditionelle Form von zwei- oder dreijährig angelegten, kollaborativen Forschungsprojekten – mit einer größeren Abschlusspublikation als Projektziel – nicht mehr zeitgemäß erscheine. Diese Mitarbeiterin versuchte der drohenden ungünstigen Entwicklung entgegenzuwirken, indem sie für die Mitarbeiter/innen in ihrem Projekt einen mittelfristigen Forschungsplan entwickelte, der einem „Artikel-orientierten Output" verpflichtet ist. Vor allem jüngere Wissenschaftler/innen, so die Befragte, seien nicht befriedigt, wenn aus einem zweijährigen Forschungsprojekt nur ein Sammelband resultiere – „das ist kein valider Output". In der Wissenschaft seien vielmehr Publikationen in international renommierten Journals gefragt (Omega/Anneliese B.).

Steuerung durch Charisma

Die Unbeständigkeit der Institutsorganisation, die kaum entwickelte organisationale Differenzierung, die fehlende Institutionalisierung zentraler Steuerungsmechanismen und die mitunter destabilisierenden Stellenbefristungen – diese Aspekte des geringen Organisationsgrads haben bewirkt, dass sich in den Instituten Alpha und Omega informelle und personenbezogene, teilweise charismatisch begründete Steuerungspraktiken etablieren konnten.

Wegen der weit reichenden Autorität, die der Institutsleitung organisatorisch zukommt oder ihr aus der Perspektive der Mitarbeiter/innen zugewiesen wird, lässt sich die Forschungspraxis deshalb als charismatischer Interdisziplinaritätsstil bezeichnen. In Anlehnung an Max Weber ist mit charismatischer Herrschaft eine personenbezogene, außeralltäglich begründete, nicht bürokratisch vermittelte Form von Autorität und Machtausübung gemeint (Gebhardt 1993a: 1-4). Dabei spielt das Herrschaftskonzept des Charismaträgers nur indirekt eine Rolle. Ein Institutsleiter wie der Direktor des Omega-Instituts kann zugleich einen zurückhaltenden Führungsstil pflegen und doch mit charismatischer Autorität ausgerüstet sein, weil der charismatische Status auch als Funktion einer bestimmten Institutsorganisation (Stichwort Harnack-Prinzip) oder einer Zuschreibung seitens der Mitarbeiter/innen entstehen kann.

Erklärungsbedürftig ist allerdings, weshalb gerade in der Wissenschaft, quasi der säkularisierten Modellinstitution abendländischer Rationalität, jene charismatische Herrschaft ausgeübt wird, die nach Webers Typologie einen Gegenpol zur rational-bürokratischen Herrschaft bildet. Ansatzpunkte für die Interpretation charismatischer Autorität in der modernen Wissenschaft finden sich unter anderem in der Debatte um die Institutionalisierung und Verweltlichung charismatischer Herrschaft in der Moderne. Hier wird, vor allem im Anschluss an die Arbeiten von Shmuel N. Eisenstadt und Edward Shils, Charisma nicht als Zeichen vormoderner Gesellschaften, sondern im Gegenteil als Merkmal moderner, bürokratischer Institutionen gedeutet (vgl. Gebhardt 1993a: 2, 1993b: 47-50; Shils 1982; Eisenstadt 1968; Breuer 1994).

85

Welches sind die Kennzeichen des charismatischen Interdisziplinaritätsstils? In den Instituten Alpha und Omega geht die charismatische Aura selbstredend von den Institutsdirektoren, beides Männer, aus. Zwar spricht niemand unter den Befragten explizit von „Charisma". Trotzdem werden der Leitungsperson verschiedene außeralltägliche Qualitäten zugeschrieben, die durchaus zum Charismakonzept passen. Grundsätzlich haben die meisten Mitarbeiter/innen eine hoch personalisierte Vorstellung von der Institutsorganisation. Die Angehörigen des Alpha-Instituts beispielsweise verweisen bei der Schilderung des Institutsbetriebs häufig auf den Einfluss des „Chefs", eine intern verbreitete Kurzformel für den Institutsdirektor. Typisch ist die Bemerkung, dass im Alpha-Institut „sehr viel vom Chef bestimmt" werde (Alpha/Eva M.). Verschiedene Beschäftigte interpretieren zudem ihre Einstellung als unmittelbare Folge einer Intervention „des Chefs", wofür sie in den Interviews Dankbarkeit signalisieren.

Die organisationsbezogenen Steuerungsmittel rücken gegenüber den personenbezogenen in den Hintergrund. Eine hierarchische Differenzierung beispielsweise, nach Mayntz (1985: 36f.) ein zentrales Merkmal des Organisationsgrads, ist zwar in diesem Institutstyp ansatzweise vorhanden, etwa in Form von abteilungsinternen Arbeitsgruppen, doch wird diese intermediäre Ebene im Institutsalltag nur als nebensächlich wahrgenommen. Die interne Steuerungspraxis reduziert sich für die Institutsangehörigen auf das personalisierte Interaktionsverhältnis zwischen Direktor und Mitarbeitern beziehungsweise Mitarbeiterinnen.

> „Die Arbeitsgruppenstruktur kann man jetzt auf der Ebene sehen, wie das Organigramm da vorne hängt (...). Wir haben sicherlich eine offizielle Struktur (...), aber tatsächlich spielt in dem Moment, wenn ich solche Gemeinschaftsprojekte mache, diese Zwischenebene (die Abteilungsebene zwischen Leitung und Arbeitsgruppen) eigentlich keine Rolle mehr. Da ist eigentlich nur Herr M. (Institutsdirektor), der das vielleicht initiiert, ja, und dann entscheiden eigentlich nur noch unten die Arbeitsgruppenleiter, jeder für sich (...)." (Alpha/Peter F.)

Dieser personalisierte Führungsstil entspricht ebenfalls der Steuerungsphilosophie des Direktors des Alpha-Instituts, der seine Entscheidungen weitgehend ad hoc fällt und dann die davon betroffenen Personen oft kurzfristig zu sich beruft.

Die Befragten beider Institute zählen auch eine Reihe von im Weber'schen Sinne „außeralltäglichen" Qualitäten der Institutsleitungen auf. Beispielsweise wird dem Direktor des Alpha-Instituts eine außergewöhnliche Hilfsbereitschaft zugeschrieben. Dessen Autorität wird von den Mitarbeiterinnen und Mitarbeitern nicht als Zwang, sondern als motivierender Support erfahren. Erwähnt wird etwa, dass er ihnen einen großen Spielraum lasse und unter ihm nicht gleich in den ersten Monaten eines Projekts Ergebnisse produziert werden müssten. Verschiedene Interviewpartner/innen geraten bei der Schilderung ihres Verhältnisses zum Institutsdirektor geradezu ins Schwärmen:

> „Ich muss sagen, unser Chef, wenn er sieht, dass irgendwas in eine positive Richtung läuft, er so extrem unterstützend ist, also ich kann das nur noch mal herausstreichen, das ist (...)" (Zwischenfrage: „Was ist unterstützend?") „(...) also ich habe noch nie irgendetwas von ihm nicht unterschrieben bekommen (...), so was habe ich also an früheren Stellen derart nicht gesehen. (...) Eine enorme, eine Mords-, eine hervorragende Transparenz, auch was den Informationsfluss betrifft." (Alpha/Franz A.)

Es versteht sich von selbst, dass auch der Erfolg interdisziplinärer Kooperationen unmittelbar dem Einfluss des Direktors zugeschrieben wird. Erst seine Persönlichkeit öffne den Mitarbeiterinnen und Mitarbeitern den Blick für das Potenzial interdisziplinärer Zusammenarbeit, berichtet ein Befragter des Instituts Alpha. Der persönliche Einsatz des Direktors sei es letztlich, der den Erfolg von Projektanträgen und damit die Projektfinanzierung garantiere. Er habe ein „Händchen" für erfolgreiche Eingaben und vermittle seinen Mitarbeiterinnen und Mitarbeitern die „Vision" für interdisziplinäre Forschungsprojekte. Zudem arbeite er „fleißig daran mit", dass die Projekte im Alltag auch funktionierten (Alpha/Peter F.).

Auch im Institut Omega ist in den Augen verschiedener Institutsangehöriger die Qualität der Forschung und damit die Praxis interdisziplinärer Kooperationen maßgeblich von der Person des Gründungsdirektors geprägt. Ein Befragter meint, er würde das Institut wohl verlassen, gäbe es den Direktor nicht, „dann hält mich hier gar nix". Von diesem „Weltklasse-Forscher", so der Befragte weiter, könne er wirklich viel lernen (Omega/Paul D.). Ein anderer Interviewpartner geht so weit, die interdisziplinären Synthesen am Institut der persönlichen Leistung des Direktors zuzuschreiben. Ohne seine Anstöße klappe die Kooperation unter den Beschäftigten kaum.

> „Ich nehm' die Sachen (der anderen Mitarbeiter/innen) zur Kenntnis (...), und ich gebe meinen Senf dazu, (...) aber da gibt's bestimmt nie ein gemeinsames Paper, wir machen keine gemeinsamen Analysen, weil das einfach zu weit voneinander entfernt ist. Das macht dann K. (Direktor). K. ist praktisch der Mittelpunkt, der hat da überall seine Satelliten, die aus den verschiedenen Disziplinen kommen (...), diese Verbindungen (über die Disziplinengrenzen hinweg), die hat eigentlich nur K." (Omega/Paul D.)

In beiden Instituten verbindet sich in der Wahrnehmung der Mitarbeiter/innen der charismatische Status mit einer vermeintlichen Omnipräsenz des Institutsdirektors. Betont wird etwa, dass der Direktor des Alpha-Instituts während der letzten Jahre in einer Reihe von nationalen und internationalen Forschungsprogrammen eine prominente Rolle gespielt habe. Zudem wirke er bei allen größeren Anträgen, die im Institut formuliert werden, persönlich mit. Der Institutsdirektor selber spricht von einem „bottom-up approach" und führt aus, dass die Mitarbeiter/innen ihm ihre Ideen persönlich vortragen, im Gegensatz zu Instituten, die nach dem Prinzip „Per Order de Mufti" geführt würden. Seine Aufgabe vergleicht er mit derjenigen eines Dirigenten. Wenn ein Mitarbeiter die Frage stelle, „warum spielen wir nicht mal dieses Stück, dann muss ich das dann mit dem diskutieren". Um seinen zurückhaltenden und gleichwohl richtungsweisenden Führungsstil zu beschreiben, rekurriert der Direktor auch auf Metaphern aus der Tierwelt. Seine Philosophie sei, den Pferden „mehr oder weniger in die Zügel zu greifen und nicht den Jagdhund zum Jagen zu treiben" (Alpha/Siegfried M.).

Wie lässt sich die Bedeutung der charismatischen Autorität in der interdisziplinären Forschung erklären? Teilweise spiegelt der charismatische Einfluss den niedrigen Organisationsgrad der Institute. Im Omega-Institut wird die personenbezogene Autorität, die sich im Charisma-Phänomen manifestiert, durch das Harnack-Prinzip der MPG unterstrichen (Vierhaus 1996; Gerwin 1996).

Widerspricht die Bedeutung charismatischer Autorität den rationalen Grundregeln der Wissenschaft? Wenn man Wissenschaft als sozialen Raum versteht, dann passt der charismatische Status gut zu einer grundlegenden Konstante des Wissenschaftsbetriebs: der faktischen Machtfülle wissenschaftlicher Leitungspositionen. Instituts- und Abteilungsleiter verfügen in den untersuchten Instituten meist über weitgehende inhaltliche und personalpolitische Entscheidungsbefugnisse. Aus der Mitarbeiterperspektive kann sich die strukturell gegebene Amtsgewalt durchaus als charismatische Autorität der Leitungsfigur manifestieren. Im Institut Alpha verdanken wie erwähnt mehrere Befragte ihre Einstellung der persönlichen Entscheidung des Direktors. Diese Mitarbeiter/innen schildern ihr Verhältnis zum Direktor in entsprechend respektvollen Worten. Auch der Leiter des Omega-Instituts hat als Direktor die erste Generation des Institutspersonals größtenteils selber rekrutiert und dabei besonders auf die interdisziplinäre Zusammensetzung des Instituts geachtet. Im Omega-Institut ist die Personalpolitik bis heute stark vom Direktor und dessen persönlichem Kontaktnetz geprägt. Außerdem hat sich sein Einfluss in den letzten Jahren über die Einstellungsverfahren hinaus auch auf die Weitervermittlung der Institutsmitarbeiter/innen ausgedehnt. All dieses zeigt mit anderen Worten: Die charismatische Autorität wissenschaftlicher Leitungspersonen ist ein Spiegel der letztlich hierarchischen Ordnung wissenschaftlicher Institutionen.

Bedeutung von Persönlichkeitsfaktoren und informeller Dimension

Der Charismabegriff bezeichnet nur das auffälligste Merkmal des für das Alpha- und Omega-Institut typischen Interdisziplinaritätsstils. Dahinter verbirgt sich jedoch ein Grundzug interdisziplinärer Forschung, der sich schon bei der Analyse des methodischen Interdisziplinaritätsstils offenbarte. Auch in den Instituten Alpha und Omega ist die Forschungspraxis stark von personenbezogenen und informellen Faktoren geprägt. Auf die Frage nach den Erfolgsbedingungen interdisziplinärer Projekte verweisen die Befragten häufig auf die Persönlichkeitsmerkmale der beteiligten Mitarbeiter/innen. Die gesammelten Aussagen über die notwendigen Eigenschaften lesen sich wie ein Tugendkatalog des Inter-Disziplinierens. Zu diesem Katalog gehören insbesondere soziale Kompetenzen wie etwa Offenheit gegenüber Neuem und aufrichtiges Interesse an anderen Personen und Disziplinen, Geduld, Geschick und Flexibilität in der sozialen Interaktion sowie eine ehrliche, partnerschaftliche und altruistische Einstellung, vor allem was den Austausch von Forschungsergebnissen betrifft. Man müsse die Interdisziplinarität „wirklich internalisieren", fasst ein Befragter zusammen (Omega/Sven P.).

Vor diesem Hintergrund wird die Personalpolitik eines Instituts zu einem gewichtigen Steuerungsinstrument. Verschiedene Befragte sehen in einer geschulten Personalrekrutierung und -entwicklung eine grundlegende Voraussetzung für interdisziplinäre Forschung. Der Erfolg interdisziplinärer Kooperationen gründe sich letztlich auf einen „Selektionsprozess von Persönlichkeiten", unterstreicht ein Abteilungsleiter des Instituts Omega (Omega/Sven P.). Die zentrale Herausforderung für Kooperationsprojekte, so ein anderer Interviewpartner, bestehe in der Zusammensetzung der Teams. Wenn die Auswahl der Projektbeteiligten geglückt sei, wäre der Rest einfach. Diese „Chemie" der Projektkollektive lasse sich nicht am Reißbrett berechnen, sondern müsse in einem längerfristigen Prozess aufgebaut werden. Ein anderer Interviewter meint, erfolgreiche Gruppen sollten möglichst weitergeführt und weiterentwickelt werden, weil in ihnen bereits ein hoher Verständigungsgrad herrsche.

Ähnlich wie beim methodischen werden auch beim charismatischen Interdisziplinaritätsstil die informellen Kommunikations- und Interaktionsmöglichkeiten von den Befragten für wichtig gehalten. Die Bedeutung informeller Kontakte hängt zunächst mit der Institutsgröße zusammen. Die Institute Alpha und Omega gehören zu den kleineren Einrichtungen, in denen die Institutsstrukturen nicht so stark formalisiert sind wie in größeren Instituten. Die Kommunikationswege sind schon deshalb kürzer, weil beide Institute in je einem Gebäude untergebracht sind. Auch die Befragten unterstreichen, dass die institutsinternen

Kontakte keine organisatorische Unterstützung benötigen. Besondere Maßnahmen zur Förderung interdisziplinärer Kooperationen seien nicht erforderlich, meint eine Mitarbeiterin des Alpha-Instituts, weil das Institut klein sei und „man sich kennt" (Alpha/Eva M.).

Besonders ausgeprägt ist der informelle Umgang in jener Abteilung des Omega-Instituts, in der die oben erwähnte Teamorganisation eingeführt wurde. Der Abteilungsleiter, der für die Teamorganisation verantwortlich ist, hält die Gruppen absichtlich klein und damit informell. Größere Gruppen würden seiner Ansicht nach nicht „effektiv" arbeiten, kleinere Gruppen dagegen eine höhere Eigendynamik entwickeln (Omega/Sven P.). Vom hohen Stellenwert informeller Interaktionen zeugt ebenso, dass der Abteilungsleiter darauf achtet, dass die Teammitglieder möglichst in räumlicher Nähe zueinander arbeiten können.

Auch für andere Befragte am Omega-Institut zeichnen sich erfolgreiche interdisziplinäre Projekte dadurch aus, dass sie an derselben Institution, an einem gemeinsamen Ort und in enger Interaktion der Beteiligten konzipiert und durchgeführt werden. Als Plattform für den informellen Austausch dienen Geburtstagsfeiern, Betriebsausflüge, die Institutscafeteria oder organisierte Freizeitgruppen. Die schwache Formalisierung der Kommunikations- und Interaktionswege hängt im Alpha-Institut ferner damit zusammen, dass die Mitarbeiter/innen eine große Zahl von Drittmittelanträgen unter entsprechendem Zeitdruck erstellen müssen. Ein Befragter merkt an, man könne bei bis zu 20 Ausschreibungen pro Jahr nur schlecht mit festen Sitzungsterminen, dafür besser mit informellen, improvisierten Zusammenkünften arbeiten.

Informelle Kommunikationskanäle sind außerdem wichtig für die Beilegung projektinterner Konflikte. Beispielhaft dafür sind die verschiedenen Hinweise in den Interviews auf die Bedeutung des „Biertisches". Ein in der Koordination von EU-Projekten erfahrener Mitarbeiter berichtet, dass die obligaten Verständigungsprobleme in solchen Verbünden sich nicht am Konferenztisch lösen ließen: „Also das sind persönliche Beziehungen, da muss man mit den Leuten diskutieren, am besten am Abend beim Bier" (Alpha/Franz A.). Auch der Institutsdirektor des Alpha-Instituts sucht auf Tagungen und Kongressen gezielt den „Biertisch" auf:

> „Deswegen gehe ich ganz gerne zu solchen Veranstaltungen, und dann abends versuche ich dann immer irgendwo in solche Gruppen hineinzukommen, wenn die sich dann unterhalten. Auch die kulturellen Aspekte, die religiösen Aspekte, das wird oft nicht diskutiert, vielfach redet man über solche Sachen ja auch nicht, ja, das ist ja zur Zeit ganz typisch hier in Deutschland. (...) Am Biertisch wird aber ausgetauscht." (Alpha/Siegfried M.)

Charismatischer Interdisziplinaritätsstil als multidisziplinäre Zusammenarbeit

Mehr noch als beim methodischen sind beim charismatischen Interdisziplinaritätsstil die disziplinären Wissensbestände weitgehend additiv, das heißt in multidisziplinärer Form, miteinander verknüpft. Der charismatische Interdisziplinaritätsstil wird – zumindest in den Instituten Alpha und Omega – von disziplinären Spezialkompetenzen getragen, der Anteil an methodischen und theoretischen Rückwirkungen von interdisziplinären Projekten auf die beteiligten Disziplinen ist gering. Während in der Klimaforschung, also auch im Institut Alpha, die gemeinsame methodische Orientierung bis zu einem gewissen Grad die disziplinären Kompetenzen zueinander in Beziehung setzt, ist die integrative Dynamik im Institut Omega weitgehend personengebunden. Vor allem in der Abteilung des geschäftsführenden Direktors beschränkt sich der interdisziplinäre Anteil an der Forschung auf dessen persönlichen Input. Einzelne Befragte gehen so weit, dass sie die Bedeutung interdisziplinärer Ansätze im gesamten Institut für gering halten oder überhaupt das Vorliegen interdisziplinärer Interaktionen bezweifeln:

> „Jeder macht seine Forschung und macht sie nach den Regeln, die in seinem Bereich gelten, aber dass es nun eine Zusammenarbeit gebe, sozusagen eine Problemdefinition, wo man sagt, jetzt müssen wir uns da mal als Soziologen und als Psychologen und als die und als jene, und wie kommen wir dann zusammen, (...) das ist hier nicht der Fall. Also ich muss ganz ehrlich sagen, ich sehe in diesem Laden bislang keine Interdisziplinarität (...)." (Omega/Johannes G.)

Es sind solche additiven Forschungspraktiken, durch die sich die charismatische Interdisziplinarität treffend als multidisziplinär bezeichnen lässt (Jaeger/Scheringer 1998: 12-14). Diese Diagnose wird auch dadurch bestätigt, dass verschiedene Befragte sowohl im Omega- als auch im Alpha-Institut Kooperationen nicht unter dem Aspekt des theoretischen Erkenntnisgewinns, sondern des heuristischen Nutzens betrachten. In beiden Instituten herrscht ein pragmatisches Verständnis von Interdisziplinarität vor. Auf die Frage nach seinem Verständnis von Interdisziplinarität antwortet der Direktor des Omega-Instituts lapidar: „Well, it's a very good question. (...) Interdisciplinary research is done by people coming from different disciplines." (Omega/Josef K.) Bezeichnend ist auch die praxisorientierte, theoretisch wenig reflektierte Definition des Direktors des Alpha-Instituts, der die Begriffe „Interdisziplinarität" und „Transdisziplinarität" synonym verwendet und damit Kooperationsformen bezeichnet, die in der Interdisziplinaritätsforschung als multidisziplinär gelten (Alpha/Siegfried M.). Ein anderer Befragter distanziert sich ausdrücklich von der begriffstheoretischen Debatte um Interdisziplinarität, weil sie ihm zu abstrakt und „krampfig" sei (Alpha/Walter D.).

2.3.3 Probleme charismatischer Interdisziplinarität: Individualisierung und Präsenzproblem

Die personenabhängigen Steuerungspraktiken, die den charismatischen Interdisziplinaritätsstil ausmachen, bringen besondere Problemlagen mit sich. Zunächst hängen interdisziplinäre Kontakte weitgehend vom Interesse einzelner Personen ab. Organisationale Strukturen zur Förderung interdisziplinärer Kooperationen fehlen meist – anders als bei den Instituten mit methodischem Interdisziplinaritätsstil (vgl. Abschnitt 2.2). Abteilungsübergreifende Formen der Zusammenarbeit haben es unter diesen Umständen schwer. Die Abteilungen und deren Mitarbeiter/innen arbeiten autonom und forschen oft parallel nebeneinander. Die Organisationskultur beider Einrichtungen ist deshalb – abgesehen vom charismatischen Zentrum – ausgesprochen heterogen, teilweise sogar partikularistisch.

Die Gefahr partikularistischer Tendenzen ist den Mitarbeiterinnen und Mitarbeitern durchaus bewusst. Die Interviews sind voll von Klagen über Integrationsprobleme zwischen den institutsintern vertretenen Disziplinen, sowohl auf Projekt- als auch auf Institutsebene. Wegen der beschränkten organisationalen Hilfen zur Förderung interdisziplinärer Zusammenarbeit geraten die Institute Alpha und Omega mit dem Anspruch, interdisziplinäre Projekte durchzuführen, bisweilen an den Rand der Überforderung. Der stellvertretende Direktor des Instituts Alpha erwähnt mehrfach Schwierigkeiten mit „Individualisten", akademischen „Platzhirschen" oder zurückgezogenen „klassischen Professoren", unter denen die Teamkultur interdisziplinärer Projekte leide. Mit Partnern zusammenzuarbeiten, die „den reinen Mönch" markierten, habe keinen Sinn, „von solchen Mitarbeitern trenne ich mich öfter" (Alpha/Walter D.). Auch der Institutsdirektor moniert, dass in EU-Verbundprojekten häufig die disziplinären Sonderinteressen zu Lasten der interdisziplinären Kommunikation überwögen (Alpha/Siegfried M.). Der Direktor des Omega-Instituts klagt ebenfalls über den hohen Integrationsaufwand interdisziplinärer Forschungsprojekte und führt als Grund Verständigungsschwierigkeiten auf der kognitiven Ebene an:

> „And most of the interdisciplinary research is characterized by the fact that it is very difficult, because you have to learn to speak to each other, and you have to learn each other's language, and each other's perspective. So it's very time-consuming, it requires a very heavy investment. (You have to) learn to talk to each other, (and to) establish a certain amount of trust and communication (…)." (Omega/Josef K.)

Auch andere Befragte betonen, dass interdisziplinäre Zusammenarbeit einen hohen Organisations- und Betreuungsaufwand erfordere. Einer vergleicht interdisziplinäre Forschung mit dem Herumklettern auf einem Baum. Die Äste entsprächen den einzelnen Disziplinen, die disziplinär geschulten Spezialisten befänden sich am Endpunkt dieser Verästelungen. Bei interdisziplinären Kooperationen bedeute dies für die Beteiligten, dass sie den gesamten Weg zum Stamm zurückklettern müssten, um auf den anderen Ästen wieder emporzusteigen, das heißt mit den anderen Disziplinen zu kommunizieren. Oft sei der Aufwand für die gegenseitige Verständigung so hoch, dass verständnisorientierte Kommunikation und interdisziplinäre Lerneffekte ausblieben. Der Befragte spricht von einer unterschwelligen Unsicherheit oder Angst vor Fehlern, die in solchen unvollkommenen interdisziplinären Projekten verbreitet seien. Es bleibe das

> „Restrisiko, dass (...) man sich doch auf ein Forschungsgebiet vorwagt, wo ein anderer sagt, hör mal, ich hätte dir gleich sagen können, da kommst du nicht weiter. Oder, noch schlimmer, dass es schon längst bearbeitet worden ist." (Alpha/Kevin H.).

Die Individualisierung kann im Extremfall bis zur Marginalisierung einzelner Institutsangehöriger gehen. Eine Mitarbeiterin des Instituts Alpha, die vor allem wegen ihrer innovativen methodischen Kenntnisse angestellt wurde, kritisiert die fachliche Zusammenarbeit mit ihren Kolleginnen und Kollegen als zu gering. In Projekten könne sie zwar ihre Methodenkenntnisse einbringen, doch darüber hinaus interessiere sich niemand für ihren Forschungsansatz. Und dies, obwohl der Ansatz ihrer Meinung nach ein weit größeres Potenzial für andere Forschungsprojekte am Institut hat und deshalb auch vom Institutsdirektor grundsätzlich unterstützt wird.

> „Ja, mit den (Kollegen) könnte ich mir die Zusammenarbeit vorstellen (...), aber, ja, die sträuben sich etwas dagegen und ich weiß eigentlich nicht den Grund, warum. (...) Die (Kollegen) (...), die machen das lieber selbst (...), für die Technik, für die Struktur, dafür soll ich sorgen, aber sonst, fachliche Zusammenarbeit, nein." (Alpha/Eva M.)

Die Betroffene vermutet, dass hinter der mangelnden Zusammenarbeit auch persönliche Gründe stecken könnten, was angesichts der stark personenabhängigen Organisationskultur des Instituts nicht unbedingt eine abwegige Annahme ist: „(...) und vielleicht hat mich nur der falsche Mensch hier ans Institut geholt, vielleicht liegt es nur daran" (Alpha/Eva M.). Für den Moment sieht sie zur Verwirklichung ihrer Ideen keinen anderen Weg, als ihren Ansatz über einzelne konkrete Projekte unter den Institutsangehörigen bekannt zu machen. Obwohl dieser Fall außergewöhnlich ist, zeigt das Beispiel doch, dass personenbezogene und informelle Steuerungsmechanismen interdisziplinäre Kooperationen unter Umständen auch behindern können.

Die partikularistische Forschungspraxis in Einrichtungen mit charismatischem Interdisziplinaritätsstil wird durch wissenschaftskulturelle Barrieren noch verstärkt. Das Institut Alpha ist in dieser Hinsicht mit den anderen Klimaforschungsinstituten, die in Abschnitt 2.2 besprochen wurden, verwandt. Auch im Alpha-Institut wird die Zusammenarbeit zwischen der Physik und der Chemie als weitgehend unproblematisch, diejenige zwischen physikalisch-chemischen und biologischen Disziplinen dagegen bereits als schwierig und jene zwischen Natur- und Sozialwissenschaften als hoch problematisch geschildert.

Analoge wissenschaftskulturelle Differenzen finden sich gleichermaßen im Institut Omega. Ein anschauliches Beispiel ist der Versuch eines Abteilungsdirektors, die Forschung in seiner Abteilung stärker theoretisch zu integrieren, um dem Vorwurf, seine Arbeit sei zu stark datengetrieben und zu wenig theoretisch konzeptualisiert, zu begegnen. Als Forum für die Diskussion gemeinsamer theoretischer Fragen organisierte er einen Workshop, zu dem alle Mitarbeiter/innen der Abteilung geladen waren. Doch die interdisziplinäre Initiative stieß auf unerwartete Kommunikationsprobleme. Die Auseinandersetzung über gemeinsame theoretische Fragestellungen sei den Beteiligten vor ihrem je disziplinären Hintergrund „wahnsinnig schwer gefallen". Zwar wurde mit den oben erwähnten Arbeitsgruppen in dieser Abteilung eine gemeinsame Plattform für theoriebezogene Diskussionen geschaffen, die Gefahr disziplinärer Vereinzelung ist nach Ansicht des Befragten damit jedoch noch nicht gebannt (Omega/Johannes G.).

Die Schwierigkeit, in disziplinär zusammengesetzten Forschungsgruppen zu einem interdisziplinären Diskurs zu finden, ist allerdings keine Besonderheit der Institute Alpha und Omega. Entsprechende Klagen werden in allen untersuchten Einrichtungen geäußert. Das Spezifische an den Instituten mit charismatischem Interdisziplinaritätsstil ist, dass wegen des niedrigen Organisationsgrads jene organisationalen Integrationsinstrumente, zum Beispiel Querschnitts- und Matrix-Elemente der Institutsstruktur, fehlen, die als „stummer Zwang" automatisch zwischen den Kooperationspartnern vermitteln würden (vgl. Abschnitt 2.2.4). Die Verständigung innerhalb interdisziplinärer Gruppen hängt beim charismatischen Interdisziplinaritätsstil besonders stark von personenbezogenen Faktoren wie der persönlichen Einstellung der beteiligten Wissenschaftler/innen ab.

Für diese These spricht auch, dass externe Steuerungsinstrumente, etwa die Kooperationsauflagen externer Fördereinrichtungen, nur eine begrenzte Wirkung auf die internen Kooperationspraktiken haben beziehungsweise auf institutsinternen Widerstand stoßen. Dies zeigt sich beispielsweise im Umgang mit EU-Fördermitteln. Vor allem das Alpha-Institut kritisiert die formalen Ansprüche der EU-Förderprogramme, insbesondere was interdisziplinäre Projekten angeht. Beklagt wird in erster Linie die Auflage, dass auch die Sozialwissenschaften in interdisziplinäre Kooperationen einzubinden sei. Diese Forderung steht nach Ansicht der Befragten im Gegensatz zu den für sie maßgeblichen Erfordernissen des Forschungsfelds. Ein Befragter schildert, dass er für seine Forschung nur ein „bestimmtes Spektrum an Interdisziplinarität" benötige, während Förderinstitutionen oft eine größere interdisziplinäre Spannbreite verlangten. Seiner Ansicht nach tun die Geldgeber mit ihren überzogenen Erwartungen den interdisziplinären Projekten Gewalt an. Wenn Untersuchungsgegenstand und Fragestellung nicht zwingend eine interdisziplinäre Herangehensweise voraussetzten, blähe die Forderung nach Interdisziplinarität die Projekte unnötig auf.

Die zweite Problemlage des charismatischen Interdisziplinaritätsstils hängt mit einzelnen dysfunktionalen Effekten charismatischer Steuerungspraktiken zusammen. Fehlt nämlich die persönliche Gegenwart des Leiters, fällt auch eine treibende Kraft der Institutsaktivitäten weg. Dieses Präsenzproblem ist typisch für die beiden Fallbeispiele Alpha und Omega. Ein Institutsdirektor bringt das Problem auf eine einfache Formel: Wenn man einem Institut den „Kopf" wegnehme, breche die Einrichtung in sich zusammen (Alpha/Siegfried M.). Das Präsenzproblem ist besonders deutlich im Institut Omega. Das Abteilungsseminar beispielsweise, eines der wenigen Gremien für interdisziplinäre Kommunikation, lebt von der Teilnahme des Direktors. Ohne seine Anwesenheit verlieren sowohl das Seminar als auch der interdisziplinäre Austausch für die Abteilungsangehörigen generell ihren Reiz.

> „Da (im Abteilungsseminar) spricht oft der Herr K. (Direktor). Diese Seminare finden statt, manchmal regelmäßig und manchmal unregelmäßig, weil Herr K. auch sehr viel reist (...), und dann fällt's oft aus, leider für uns. Und wenn er nicht da ist, dann machen wir wirklich nix, wenn dann was gemacht wird, dann geh ich nur ungern hin. Er ist schon derjenige, der den Laden zusammenhält. Wenn er nicht da ist, dann ist es mit der ganzen Interdisziplinarität nicht mehr so weit her." (Omega/Paul D.)

Exkurs: Steuerungsinstrument Stellenbefristung

Am Beispiel der methodischen Interdisziplinarität haben wir unter anderem die These vertreten, dass organisationale Steuerungsinstrumente – von der Matrix-Organisation bis zum formalisierten Projektmanagement – wesentlich zum Erfolg interdisziplinärer Forschungsprojekte beitragen können. Die Fallbeispiele des charismatischen Interdisziplinaritätsstils bieten nun die Gelegenheit, diese These teilweise zu relativieren. Anhand der Institute Alpha und Omega lässt sich eine aktuelle und umstrittene Form der organisationalen Forschungssteuerung, die Politik der Stellenbefristung, in ihren Auswirkungen auf die interdisziplinäre Forschung genauer untersuchen. Stellenbefristungen zielen zwar nicht primär auf die Förderung interdisziplinärer Kooperationen, sondern sind mit wissenschaftspolitischen Strategien im Bereich der Nachwuchsförderung, etwa im Rahmen des neuen Hochschulrahmengesetzes (HRG), verbunden. Trotzdem üben sie als externe, mitunter auch als interne Steuerungsfaktoren einen wichtigen Einfluss auf die Forschungspraxis in den untersuchten Instituten aus und werden als Instrumente zur Qualitätssicherung der Forschung eingesetzt. Weil das Institut Omega eine besonders konsequente Stellenbefristungspolitik verfolgt, bietet sich an diesem Beispiel die Möglichkeit, die Wirkungsweise und den Effekt des Steuerungsinstruments „Stellenbefristung" zu untersuchen.

Die Leitung des Omega-Instituts hält sich streng an den Grundsatz, die wissenschaftlichen Stellen mit Ausnahme der Laborstellen auf drei bis fünf Jahre zu befristen. Entfristungen werden im Unterschied zu anderen Instituten nur in seltenen Ausnahmefällen bewilligt. Diese Politik ist institutsintern umstritten, vor allem weil sie viele Personalwechsel, eine hohe Instabilität des Forschungsalltags und damit auch der interdisziplinären Forschungsprojekte zur Folge hat. Die Befristung wirkt sich etwa nachteilig auf die Projektkontinuität aus. Längerfristig angelegte Projektgruppen stehen vor dem Problem, dass sie ihr mehrjähriges Vorhaben mit wechselndem Personal verfolgen müssen. Zudem hat die Befristungspolitik zur Folge, dass nur wenig Zeit für die Vor- und Nachbearbeitung von Projekten zur Verfügung steht, was sich in der vergleichsweise aufwändigen interdisziplinären Forschung besonders nachteilig auswirkt. Dies betrifft etwa die Nachwuchsgruppen, die zur Generierung innovativer Forschungsschwerpunkte eingerichtet wurden und im Einklang mit der MPG-Politik befristet sind. Wegen ihrer auf fünf Jahre beschränkten Laufzeit verfolgen diese Gruppen vielfach keine strategischen, sondern eher kurzfristige Ziele, was eigentlich ihrem Zweck widerspricht.

Außerdem hat die Befristungspolitik unmittelbare Auswirkungen auf den sozialen Zusammenhang im Omega-Institut. Vor allem die Mitarbeiter/innen mit Postdoc-Verträgen, die in anderen Instituten oft auf unbefristeten Stellen arbeiten, sind wegen der Befristung im Institut Omega in der Regel auf der Suche nach einem neuen Arbeitgeber. Die Kontakte zu externen Kooperationspartnern werden unter diesen Voraussetzungen intensiver gepflegt als diejenigen zu den institutsinternen Kolleginnen und Kollegen. Einige Mitarbeiter/innen sind der Ansicht, dass dies sowohl die internen interdisziplinären Kooperationen behindert als auch generell die Qualität der Forschung am Institut beeinträchtigt, da selbst hervorragend qualifizierte Personen mangels Dauerstellen nur für kurze Zeit am Institut gehalten werden können.

Im Alpha-Institut ist die Skepsis gegenüber Befristungsregelungen noch stärker. Hier sind die Stellenbefristungen weniger Teil der Institutspolitik, sondern resultieren aus externen wissenschaftspolitischen Vorgaben, was auch die Schärfe der institutsinternen Kritik erklärt. Bemängelt wird etwa die ständige Verkürzung von Projektlaufzeiten durch die Drittmittelgeber. Die Problemlage wird noch dadurch verschärft, dass das Institut in der Klimaforschung engagiert ist, deren Projekte sich durch mitunter sehr lange Laufzeiten auszeichnen. In diesem Institut halten auch Leitungsverantwortliche die zunehmend rigide Befristungspolitik speziell im Bereich der Doktorandenstellen für „idiotisch", weil sie der langfristig angelegten Forschungspraxis nicht gerecht werde und dadurch zusätzliche Konflikte verursache (Alpha/Siegfried M.).

Die Beispiele aus den Instituten Alpha und Omega zeigen, dass die Befristung von Stellen oder Projekten gerade die interdisziplinäre Forschung nicht unwesentlich behindert, weil interdisziplinäre Projekte ein besonders hohes Maß an Verständigung und Koordination und damit auch an zeitlichen Ressourcen erfordern.

2.3.4 Bilanz des charismatischen Interdisziplinaritätsstils: informelle Steuerungspraxis in kleinen Organisationen

Der charismatische Interdisziplinaritätsstil unterscheidet sich vom methodischen Stil primär durch seinen niedrigen Organisationsgrad. In den beiden Fallbeispielen Alpha und Omega veränderte sich die Institutsorganisation in den letzten Jahren stark, die Institutsstruktur weist eine entsprechend geringe Kontinuität auf. Dies hängt im Alpha-Institut mit einem institutsinternen Umstrukturierungsprozess zusammen, der vor mehreren Jahren einsetzte und zum Befragungszeitpunkt noch nicht abgeschlossen war. Im Omega-Institut trägt auch das konsequente interne Stellenbefristungsregime zur Unbeständigkeit der Forschungsstrukturen bei. Auf Institutsebene werden die interdisziplinären Forschungspraktiken deshalb organisational kaum unterstützt. In beiden Instituten spielen die wenigen Querschnittselemente der Abteilungsstruktur für die Forschung eine untergeordnete Rolle.

Aufgrund der fehlenden organisationalen Kontinuität hat sich im Alpha- und Omega-Institut eine dezentralisierte, teilweise hoch personalisierte Steuerungspraxis herausgebildet. Die Instrumente zur Steuerung interdisziplinärer Forschung sind daher vor allem auf der Projektebene angesiedelt. Im Omega-Institut wird weitgehend in Form von Kleingruppen- oder Einzelprojekten geforscht. In beiden Instituten wird die Forschungstätigkeit überwiegend von den Projektverantwortlichen gesteuert, unter anderem weil viele Projekte mit externen Partnern, oft im Rahmen größerer Forschungsverbünde, durchgeführt werden. Da solche Projekte von externen Instanzen mit koordiniert werden, ist der Steuerungsspielraum innerhalb des Instituts zwangsläufig begrenzt. Der institutsübergreifende Zusammenhalt wird unter diesen Umständen primär durch die charismatische Autorität einer Leitungsperson beziehungsweise durch die entsprechende Zuschreibung des charismatischen Status seitens der Mitarbeiter/innen gewährleistet.

Es wäre falsch, den charismatischen Interdisziplinaritätsstil wegen des niedrigen Organisationsgrads pauschal als defizitär zu interpretieren. Sowohl im Institut Alpha als auch im Institut Omega mangelt es der Forschung nicht an Kohärenz und interdisziplinärem Austausch. Beide Einrichtungen besitzen außerdem einen guten bis sehr guten wissenschaftlichen Leistungsnachweis mit hohem internationalen Renommee, gerade in interdisziplinären Forschungsbereichen. Zwei Steuerungs- und Integrationsfaktoren sind für den Erfolg der interdisziplinären Kooperationen entscheidend. Zum einen verbindet die Projektbeteiligten ihre kognitive Orientierung, etwa im Rahmen einer gemeinsam verwendeten Methode oder eines geteilten Forschungsinteresses. Bedeutsam sind zum anderen persönlichkeitsbezogene Faktoren, nicht zuletzt der charismatische Status der Institutsleitung. Der Einfluss charismatischer Führung in wissenschaftlichen Institutionen, deren Forschungsergebnisse streng rationalen Codes verpflichtet sind, mag erstaunen. Er spiegelt jedoch die tatsächlichen Macht- und Entscheidungsbefugnisse der Institutsleiter wider. Die Kombination informeller, personenbezogener und kognitiver Integrationsfaktoren reicht offensichtlich aus, um den charismatischen Interdisziplinaritätsstil erfolgreich zu stabilisieren. Dieser Erfolg hängt auch mit der überschaubaren Größe der Institute Alpha und Omega zusammen. Die informellen Kommunikations- und Interaktionsmuster sind unter diesen Umständen besonders effizient.

In diesem Sinne wird der Charismabegriff nicht in jener Form verwendet, in der ihn Max Weber prägte. Für Weber bedeutete die charismatische Stufe eine Zwischenetappe auf dem abendländischen Weg zur rational-bürokratischen Herrschaft (Eisenstadt 1968). Anders als bei Weber steht hier die charismatische nicht im Gegensatz zur bürokratischen Autorität, beide können durchaus nebeneinander vorkommen – nicht zuletzt in der rational fundierten Wissenschaft. Forschung gründet eben nicht nur auf Rationalitätspostulaten wie den Prinzipien des methodischen Vorgehens, der nachprüfbaren Datenbasis und der replizierbaren Untersuchungsanlage. Wissenschaft lebt auch von der Forschungsfreiheit, der Innovativität der Fragestellung und der Kreativität der Interpretationen. In diesen Bereichen zählt individuelle Einbildungskraft mehr als der Griff zum Regelbuch. Darauf gründet sich auch der Einfluss personenbezogener Faktoren wie der charismatischen Autorität in der Wissenschaft.

Allerdings weist der charismatische Interdisziplinaritätsstil verschiedene Nachteile auf. Erstens beruht der charismatische Status auf einer kontinuierlichen physischen Präsenz. Ist die Institutsleitung vorübergehend abwesend, fehlt auch eine entscheidende Integrationskraft für interdisziplinäre Kooperationen. Zweitens verhindert die charismatisch begründete Institutskultur nicht, dass die Forschung weitgehend dezentral gesteuert wird. Diese Dezentralisierung hat jedoch zur Folge, dass die Mitarbeiter/innen beziehungsweise die Forschungsgruppen kaum in wechselseitigem Austausch stehen, da Kontakte über die Abteilungsgrenzen hinweg selten sind. Im Extremfall bleiben die Qualifikationen der Mitarbeiter/innen bezugslos nebeneinander im Institut angesiedelt, so dass ihr Potenzial ungenutzt verpufft.

Der charismatische Interdisziplinaritätsstil illustriert außerdem, dass die Steuerungspraktiken und -möglichkeiten interdisziplinärer Kooperationen stark pfadabhängig sind. Haben sich eine personenzentrierte und informalisierte Kooperationspraxis sowie eine entsprechende Steuerungsphilosophie einmal stabilisiert, liegt es für die Institutsangehörigen nahe, an diesen informellen und personenbezogenen Steuerungspraktiken anzuschließen. Insbesondere das Fallbeispiel Omega zeigt, dass sich organisationale Steuerungsinstrumente unter den Voraussetzungen eines charismatischen Interdisziplinaritätsstils nur schwer einrichten lassen. Entsprechende Reformen wie etwa die Einführung interdisziplinärer Arbeitsgruppen in einer Abteilung des Omega-Instituts können kaum an bestehende Organisationsinstrumente anknüpfen und lassen sich deshalb nur unter einem hohen Arbeits- und Zeitaufwand und mit unsicherem Erfolg institutionalisieren. Auch der Aufbau einer abteilungsübergreifenden Forschungsstrategie wird durch die individualisierte Forschungspraxis des Omega-Instituts deutlich erschwert.

2.4 Heuristischer Interdisziplinaritätsstil

2.4.1 Rahmenbedingungen der Forschung im Fallbeispiel Omikron

Der heuristische Interdisziplinaritätsstil ist der einzige der vier Stile, der nur durch eine Einrichtung unseres Samples, das Institut Omikron, repräsentiert wird. Bei der Analyse der heuristischen Interdisziplinarität legen wir deshalb besonderen Wert auf den kontrastierenden Vergleich mit anderen Forschungsstilen.

Das Omikron-Institut weist einen hohen Organisationsgrad auf, seine inter-disziplinären Forschungspraktiken besitzen jedoch eine schwache kognitive Kopplung. Als Einrichtung der Fraunhofer-Gesellschaft betreibt das Institut stark anwendungsbezogene Forschung. Gleichzeitig profitiert es von einer en-gen institutionellen Kooperation mit einem universitären Partner, dem Institut Omikron-2. Die beiden Einrichtungen arbeiten so eng zusammen, dass sie ar-beitsrechtlich als ein Betrieb gelten, eine Sonderregelung, die in Kapitel 3 ge-nauer erörtert wird. Die institutionelle Brücke zum Omikron-2-Institut hat für die Omikron-Einrichtung den Vorteil, dass sie im Vergleich zu anderen Fraun-hofer-Instituten unmittelbar an die grundlagenorientierte universitäre Forschung angeschlossen ist. Auf forschungspraktischer Ebene läuft die Partnerschaft auf eine Arbeitsteilung hinaus. Das außeruniversitäre Omikron-Institut konzentriert sich stärker auf die Wirtschafts- und Auftragsforschung, während der universi-täre Partner für die öffentlich finanzierte Drittmittelforschung verantwortlich ist; die zahlreichen Schnittstellen werden in den folgenden Abschnitten analy-siert. Im Jahre 2001 belief sich die Grundfinanzierung am Institut Omikron auf zehn Prozent des Institutshaushalts. Die restlichen 90 Prozent stammten aus Drittmitteln, je zur Hälfte aus Wirtschaftsmitteln und aus Fördergeldern der öf-fentlichen Hand. Die Projektdauer beträgt bei öffentlich geförderten Projekten zwei bis drei Jahre, bei Wirtschaftsprojekten höchstens ein Jahr.

Die Forschungsinhalte des Omikron-Instituts sind sehr heterogen, weil sie an den Bedürfnissen der jeweiligen Auftraggeber ausgerichtet sind. Zur Kund-schaft gehören Großunternehmen im Industrie- und Dienstleistungssektor, teil-weise auch Verbände und öffentliche Verwaltungen. Ein übergreifender metho-discher oder theoretischer Ansatz, dem die Forschung des Omikron-Instituts verpflichtet wäre, fehlt – einmal abgesehen von der institutsweit verbreiteten Anwendungsorientierung. In den Interviews finden sich auch keine Anhalts-punkte dafür, dass die methodisch-theoretische Integration der Forschung im Institut gefördert würde, etwa über methodenorientierte Veranstaltungen oder institutionalisierte Orte zur theoretischen Reflexion.

Allen Forschungsprojekten gemeinsam ist hingegen eine radikale Marktaus-richtung und eine damit verbundene Grundhaltung, die kundenorientierte Prob-lemlösung als zentrales Forschungsziel betrachtet. Verschiedene Befragte wei-sen zudem darauf hin, dass sich der Marktdruck, vor allem im Bereich der Wirt-schaftsprojekte, in den letzten Jahren deutlich verschärft habe. Betrug die Lauf-zeit von Industrieprojekten früher meist sechs bis acht Personenmonate, so ist sie heute in vielen Fällen auf ein bis zwei Monate begrenzt. Die Forschungspro-jekte stehen damit unter einem hohen Zeit- und Budgetdruck, was forschungspraktisch dazu geführt hat, dass sowohl auf Instituts- als auch auf Projektebene differenzierte Planungs- und Controllinginstrumente entwickelt wurden.

2.4.2 Praxis des heuristischen Interdisziplinaritätsstils: Folgen der Marktorientierung für die Forschungspraxis

Wie im Folgenden detailliert gezeigt werden soll, verfügt das Omikron-Institut unter den von uns untersuchten Instituten über die methodisch-theoretisch am wenigsten integrierte und zugleich am besten organisierte Forschung. Vor diesem Hintergrund legitimiert sich auch der Begriff des heuristischen Interdisziplinaritätsstils. Der Heuristikbegriff bezeichnet Handlungsweisen, die in Unsicherheitssituationen nicht auf rein rationale, wahrscheinlichkeitstheoretische Entscheidungsregeln rekurrieren, sondern mit Hilfe pragmatischer Kurzformeln wie Daumenregeln oder Erfahrungswissen zu einem Urteil finden (vgl. Shapin 2001; Gigerenzer/Todd 1999).

Problemlösung und Kundenorientierung als kognitive Integrationsfaktoren

Die heuristischen Kooperationspraktiken unterscheiden sich in mehrfacher Hinsicht vom methodischen und charismatischen Interdisziplinaritätsstil. Disziplinäre Qualifikationen haben im Omikron-Institut einen grundsätzlich anderen Stellenwert als in den bisher untersuchten Einrichtungen. Die Institutsangehörigen äußern sich selten zu kognitiven Aspekten ihres Forschungsfelds oder zu methodischen und theoretischen Fragen im Rahmen der interdisziplinären Zusammenarbeit. Zwar beschäftigt auch das Omikron-Institut eine sehr heterogene Gruppe von Mitarbeiterinnen und Mitarbeitern. Die Mehrheit des wissenschaftlichen Personals verteilt sich auf die Ingenieurwissenschaften (60 Prozent), die Betriebs- und Volkswirtschaften sind mit 20 Prozent vertreten, die Sozial- und Geisteswissenschaften, vor allem Psychologie und Soziologie, mit zehn Prozent, die Naturwissenschaften, vor allem die Physik, ebenfalls mit knapp zehn Prozent (nach Angaben der Homepage, 30.3.03). Diese heterogene Zusammensetzung führt jedoch – anders als in den übrigen Einrichtungen – zu keinen grundsätzlichen Konflikten zwischen den verschiedenen Wissenschaftskulturen.

Frage: „Sie haben (...) geschildert, (...) dass ja doch schon verschiedene Kulturen aufeinander geprallt sind, Sie waren (...) der erste Philosoph, Geisteswissenschaftler."

Antwort: „„Geprallt' – ‚geprallt' ist einfach das falsche Wort (...). Natürlich, beim Kaffee (...), da wird ein bisschen so gehauen und gestochen, aber das hat eigentlich auf die Arbeiten nicht so direkt einen Einfluss." (Omikron/Burkhard C.)

Natürlich sind disziplinäre Qualifikationen auch am Omikron-Institut gefragt, doch treten diese mit zunehmender individueller Forschungserfahrung der einzelnen Mitarbeiter/innen am Institut in den Hintergrund. Es sind vor allem praktische Fähigkeiten wie ein flexibles Generalistentum oder Managementkompetenzen, die hier zählen. Anders als in der Klima- oder Umweltforschung sind die Qualitäten des Allrounders oder der Heuristikerin wichtiger als jene des disziplinär spezialisierten Mitarbeiters. Das Schreckensbild unter den Omikron-Beschäftigten ist der Fachidiot: Es brauche keinen „unendlich qualifizierten Profi" oder „Fachidioten", um im Omikron-Institut ein Projekt bearbeiten zu können, meint ein Befragter. Die Forschungsprobleme seien in den Projekten häufig dieselben. „Hier muss jeder alles können." (Omikron/Burkhard C.)

Diese Äußerung weist darauf hin, dass die anwendungsbezogene Arbeitspraxis im Omikron-Institut die Qualifikationsunterschiede unter den Beschäftigten mit der Zeit relativiert. Ein Interviewpartner beschreibt diesen Prozess als Entfremdung von der eigenen Disziplin: Lösungen werden ihm zufolge „nicht aus der Sicht der Disziplin, sondern aus der Sicht des Problems" gesucht. Diese neue Sicht sei schwer zu lernen, insbesondere für Sozialwissenschaftler/innen. Betriebswirtschaftler/innen und Maschinenbauer/innen, führt der Befragte aus, kämen leichter damit zurecht, dass man bei der Problembearbeitung seine disziplinäre Sozialisation hintanzustellen habe und vorübergehend „verlernen" müsse, woher man komme (Omikron/Dietmar E.).

Andere Befragte bestätigen die Einschätzung, dass die heuristische Qualifizierung in manchen Disziplinen leichter fällt als in anderen. Wissenschaftler/innen mit einer naturwissenschaftlichen oder auch ökonomischen Ausbildung gelten als ebenso wenig flexibel wie Sozialwissenschaftler/innen. Dagegen gilt das Ingenieurstudium als ideale Voraussetzung für die Aneignung heuristischer Kompetenzen, vor allem weil Ingenieure und Ingenieurinnen über einen praktischen, „gestalterischen" Ansatz verfügten (Omikron/Franz G.). Überspitzt formuliert eignen sich im Omikron-Institut die Mitarbeiter/innen mit zunehmender Arbeitspraxis einen ingenieurwissenschaftlichen Habitus an.

Der Unterschied zwischen heuristischem und methodischem oder charismatischem Interdisziplinaritätsstil lässt sich auch anhand des Begriffs der Problemorientierung illustrieren. Während problemorientierte Forschung in den Instituten der Klima- und Umweltforschung eine analytisch-abstrakte Wissenschaftsform meint, steht sie im Omikron-Institut für einen praxis- und anwendungsbezogenen, das heißt auch intervenierenden Ansatz. Problemorientierung wird hier mit Kundenorientierung gleichgesetzt, das Omikron-Institut betreibt Forschung *und* Entwicklung. Forschungsprojekte sind nicht nur dem analytischen Interesse verpflichtet, sie beschäftigen sich auch mit der Umsetzung der

Ergebnisse. Die organisationstheoretische Forschung zielt beispielsweise oft unmittelbar auf die Gestaltung der kundenseitigen Geschäftsprozesse. Durch dieses Gestaltungsinteresse unterscheidet sich das Institut Omikron grundsätzlich von den Einrichtungen des methodischen oder des charismatischen Interdisziplinaritätsstils. Ein Industriesoziologe betont, dass das Interesse an der „Gestaltung" und Umsetzung seine Arbeit von der seiner Kolleginnen und Kollegen an den Universitäten unterscheide: „Wir wollen nicht nur Desktop-Arbeiten machen." Die Grenzen des Gestaltbaren seien in seiner Arbeit viel weiter gesteckt als in der universitären Forschung. Im Unterschied zur universitären Soziologie verstehe er sich auch als Berater und als „handelnder Akteur", der den „Veränderungsprozess" eines Kunden betreut (Omikron/ Dietmar E.).

Das Verständnis der kundenseitigen Problemlage gilt in den Augen der Befragten als eine Schlüsselkompetenz für interdisziplinäre Forschungsprojekte. Einzelne Interviewpartner/innen übersetzen die geforderte „Kundenorientierung" damit, dass man die „Sprache des Kunden" erlernen müsse – dies sei die wichtigste Voraussetzung für den Projekterfolg (Omikron/Dietmar E.). Es sei nicht damit getan, meint ein Mitarbeiter, „jetzt mit irgendwelchen Gutachtern hochwissenschaftliche Diskussionen zu führen", man müsse sich vielmehr auf die „Begriffe der Kunden einstellen" (Omikron/Anton B.). Ein anderer Befragter weist auf die „harten Restriktionen" finanzieller und terminlicher Art hin, die in Wirtschaftsprojekten gelten und das abstrakte wissenschaftliche Erkenntnisinteresse häufig behinderten. Je nach finanziellem Druck würden die Projekte manchmal kurzfristig zusammengestrichen, zum Beispiel durch den Verzicht auf geplante Workshops. Auch der Zeitdruck konterkariere wissenschaftliche Ansprüche. Wenn man innerhalb von 24 Stunden ein Ergebnis brauche, dann „können Sie die ganzen Methoden vergessen" (Omikron/Franz G.).

Der Kundenbezug dient im Omikron-Institut als integrativer Maßstab, an dem sich alle Projektbeteiligten jenseits ihrer unterschiedlichen disziplinären Hintergründe orientieren. Dies wird allein daran deutlich, dass in Wirtschaftsprojekten, über die fast die Hälfte des Forschungsbudgets akquiriert wird, nicht von Drittmittelgebern, sondern von „Kunden" gesprochen wird. Ein Interviewpartner meint, vordringliches Ziel der Forschungsprojekte sei, „dass man den Kunden zufrieden stellt (...), und daraus resultiert auch, dass eigentlich jeder alles mehr oder weniger machen können muss im Laufe der Zeit" (Omikron/Burkhard C.). Die Marktorientierung des Omikron-Instituts spielt eine ähnliche Rolle wie der Modellierungsansatz in der Klimaforschung: als kognitiver Integrationsmechanismus, der zur Stabilität interdisziplinär zusammengesetzter Projektgruppen beiträgt.

Die zeitlichen und finanziellen Restriktionen der Auftragsforschung verstärken noch die sozialintegrative Wirkung der Marktorientierung. Ein Befragter stellt die Regel auf, dass je knapper das Budget sei, desto unwahrscheinlicher persönliche Spannungen in den Projekten in Konflikte umschlagen würden. Offene Konflikte entstünden nur in solchen Fällen, wo zu viel Geld und damit auch zu viel Zeit zum Streit vorhanden sei. In „unterfinanzierten" Projekten komme das Spannungs- und Konfliktpotenzial gar nicht erst zum Vorschein. Aus der Kundenorientierung resultiert, dass die Mitarbeiter/innen

> „im Prinzip alle mitspielen müssen und dass es eigentlich auch nicht die klassischen Probleme gibt, dass sie miteinander nicht können. Man rauft sich zusammen, man findet sich auch (...). Es gibt ein verbindendes Element, denk' ich, dass allgemein die Leute hier alle irgendwie relativ schnell sehen, dass was zu tun ist, dass hier Projekte zu gewinnen sind und abzuarbeiten. Und das ist so eine pragmatische Ebene, dahinter steht eigentlich fast alles zurück an praktischen Problemen." (Omikron/Burkhard C.)

Marktorientierung und Ressourcenknappheit zwingen also die Mitarbeiter/innen des Omikron-Instituts, Differenzen und Konflikte in den Projekten zu verdrängen, um deren Erfolg nicht zu gefährden. Ganz uneigennützig ist diese Haltung allerdings nicht, werden doch institutsintern gute individuelle und kollektive Arbeitsleistungen im Rahmen eines Gratifikationssystems belohnt.

Institutsorganisation mit ausgeprägter vertikaler Differenzierung

Der Organisationsgrad im Omikron-Institut ist sowohl auf der Instituts- als auch auf der Projektebene hoch. Auf beiden Ebenen bestehen differenzierte organisationale Strukturen, die eine größere Zahl von Hierarchiestufen umfassen und dadurch eine hohe vertikale Differenzierung aufweisen. Dennoch herrscht im Institut eine dezentrale Steuerungsphilosophie. Wie das zusammenpasst, soll in den nächsten Abschnitten erläutert werden.

Nach der 1996 erfolgten Einführung der neuen Organisationsstruktur, die eine klassische Abteilungsstruktur abgelöst hat, lassen sich auf Institutsebene nicht weniger als sechs Hierarchiestufen unterscheiden. Die obersten vier Stufen sind für verschiedene Organisationsfragen verantwortlich und für die interdisziplinären Kooperationen nur mittelbar relevant. An der Spitze des Instituts steht der *Institutsleiter*, der zum Befragungszeitpunkt nicht nur das Omikron-Institut, sondern gleichzeitig auch das universitäre Partnerinstitut Omikron-2 führte. Im Omikron-Institut wird der Leiter für strategische Führungsaufgaben unterstützt von der sechsköpfigen *Direktion*. Als Direktoren zählen die Habilitierten sowie die stellvertretenden Institutsleiter der Institute Omikron und Omikron-2. Die operative Leitung obliegt dem *Stab*, der 13 Personen (die Direktoren und die Leiter der Verwaltungsbereiche) umfasst. Die vierte Hierarchiestufe besteht aus den *Verwaltungsbereichen*, die administrativ den Geschäftsbereichen und den Strategiegruppen vorgesetzt sind. Die Verwaltungsbereiche werden von je einem Mitglied des Stabs geleitet, zu ihren Kompetenzen gehören finanzielle und inhaltliche Koordinations- und Steuerungsaufgaben.

Die inhaltlichen Schwerpunkte der Forschungsprojekte werden von den *Geschäftsbereichen* und den *Strategiegruppen* gesetzt. Die insgesamt 13 Geschäftsbereiche haben mit der Reorganisation von 1996 die bis dahin bestehenden Abteilungen ersetzt. In der Alltagspraxis des Omikron-Instituts scheint sich inhaltlich und personell mit dem Übergang von den Abteilungen zu den Geschäftsbereichen allerdings nicht viel verändert zu haben. Nach der offiziellen Sprachregelung fassen die Geschäftsbereiche die Kernkompetenzen des Instituts zusammen, führen strategisch ausgerichtete Forschungs- und Entwicklungsvorhaben durch und beschäftigen neben einer Leitungsperson mindestens neun Beschäftigte. Im Gegensatz zu den Strategiegruppen sind die Geschäftsbereiche auch in der Vorlaufforschung aktiv und bearbeiten sowohl öffentliche als auch Projekte der Wirtschaftsforschung. Die Geschäftsbereiche sind nach den Forschungsfeldern des Instituts geordnet, ihre inhaltliche Ausrichtung ist grundsätzlich veränderbar. Die disziplinäre Bindung der alten Abteilungen wurde fallen gelassen, theoretisch besteht auch die Möglichkeit, neue Geschäftsbereiche zu neuen Forschungsthemen zu gründen. Diese Themen sind auf einen längerfristigen Horizont angelegt, die inhaltliche Ausrichtung der Omikron-Forschung erhält damit eine gewisse Stabilität. Bis zum Untersuchungszeitpunkt war es noch zu keiner Neugründung eines Geschäftsbereichs gekommen. Die Geschäftsbereiche arbeiten heute als Profit-Centers und konkurrieren um einen gemeinsamen Forschungsmarkt. Diese Wettbewerbssituation bietet zwar zusätzliche Leistungsanreize. Für die Kommunikation und Interaktion unter den Geschäftsbereichen erweist sie sich dagegen als wenig förderlich (vgl. unten Abschnitt „Steuerungspraxis: Interne und externe Steuerungsinstrumente").

Die Strategiegruppen bilden die unterste Hierarchiestufe des Omikron-Instituts. Sie bestehen aus kleinen, hoch flexiblen Forschungsgruppen, die nahe am Markt arbeiten, neue Themen aufgreifen und sich mit selbst akquirierten Forschungsprojekten profilieren. Die Gründung einer Strategiegruppe sowie ihre inhaltliche Ausrichtung basieren auf dezentraler Initiative. Jeder Mitarbeiter und jede Mitarbeiterin des Instituts ist berechtigt, mit einer Geschäftsidee und einem Businessplan beim Stab vorstellig zu werden und die Gründung einer Strategiegruppe zu beantragen. Bewilligt der Stab die vorgeschlagene Gruppe, erhält die leitende Person in der Regel ein Startkapital und muss sich im Zeitraum von zwei bis fünf Jahren eine gewinnträchtige Marktposition erarbeiten.

Grundsätzlich sind die Strategiegruppen nicht als Dauerinstitution gedacht. Der Stab hat vielmehr das Recht, sie aufzulösen, wenn er deren Thema für nicht mehr förderungswürdig hält. Bis zum Zeitpunkt der Befragung war es zwar noch zu keinen Zwangsschließungen gekommen, immerhin aber zu inhaltlichen Umorientierungen. Diese Zurückhaltung hat vor allem personalrechtliche Gründe. Das Problem ist, dass die Leitungsstellen der Strategiegruppen besser dotiert sind als die Verwaltungsbereich-Stellen, weshalb die Auflösung einer Strategiegruppe und die Rückführung ihrer Leitung in den Geschäftsbereich für die betreffende Person mit einer Lohneinbuße verbunden sind.

Organisatorisch haben die Strategiegruppen keinen Querschnittscharakter, sondern sind den verschiedenen Verwaltungsbereichen zugeteilt. Ein einzelner Verwaltungsbereich umfasst in der Regel einen Geschäftsbereich und ein bis drei Strategiegruppen. Eine Strategiegruppe sollte aus mindestens vier Personen einschließlich der Leitung bestehen. Nach oben gibt es keine Begrenzung; eine Strategiegruppe könnte grundsätzlich auch die Größe eines Geschäftsbereichs haben, was allerdings bis zum Untersuchungszeitpunkt noch nicht vorkam. Außerdem besteht die Möglichkeit, dass eine große, erfolgreiche Strategiegruppe in einen Geschäftsbereich umgewandelt wird.

Offenbar kommt das Angebot, eigeninitiativ eine Strategiegruppe zu gründen, bei den Mitarbeiterinnen und Mitarbeitern gut an. In den fünf Jahren, seit denen diese Möglichkeit existiert, wurden fast 30 Strategiegruppen eingerichtet. Die Folge war eine Inflation an Leitungspositionen im Omikron-Institut. Zählt man alle Leitungsstellen der Geschäftsbereiche und Strategiegruppen zusammen, so besteht das Leitungspersonal des Instituts aus über 40 Personen – bei einer Gesamtzahl von 220 wissenschaftlichen Beschäftigten also rund 20 Prozent des Personals. Der stellvertretende Institutsdirektor spricht deshalb von einer „Atomisierung", die sich in der Fülle von Projekten und der Vielzahl von Ansprechpersonen ausdrücke – eine Struktur, die für Außenstehende manchmal schwer zu durchschauen sei (Omikron/Anton B.).

Diese fast barock anmutende hierarchische Differenzierung steht nur scheinbar im Widerspruch zum Teamgeist, der in den Forschungsprojekten des Omega-Instituts vorherrscht. Die Differenzierung ist nämlich teilweise eher funktional als hierarchisch, etwa auf der Stufe der Strategiegruppen, deren Leitungsperson alltagspraktisch auf derselben Stufe wie das unterstellte Team arbeitet. Ein Befragter erklärt die Einführung der Strategiegruppen mit dem Anliegen, neue Leitungsfunktionen zu schaffen, um Mitarbeiter/innen mit besonderem Leistungsnachweis zu belohnen. Man könne Leistung in einer Institution der öffentlichen Hand kaum anders honorieren als mit einem speziellen Rang, „also haben wir einfach mehr Hierarchien herangezüchtet" (Omikron/Burkhard C.).

Projektorganisation: Projektmanagement und Erfahrungswissen

Trotz des großen organisatorischen Überbaus ist für den Erfolg der interdisziplinären Forschung im Omikron-Institut die Projektebene entscheidend. Geforscht wird ausschließlich im Rahmen von drittmittelgeförderten Projekten. Der Projektkontext ist damit die primäre Erfahrungswelt der Mitarbeiter/innen. Die Forschung ist ausschließlich in Teams organisiert; Einzelprojekte wie Dissertationen werden vom Institut toleriert und bis zu einem bestimmten Grad, etwa mit vorübergehenden Freistellungen, auch gefördert, sie werden jedoch außerhalb des regulären Forschungsbetriebs angefertigt. Arbeitsrechtlich ist der Promotionsstatus am Institut Omikron nicht relevant. Promotionsstellen, mit denen die Arbeit an einem Dissertationsprojekt spezifisch finanziert wäre, bietet das Institut nicht an.

Das Projektmanagement gilt institutsintern als Schlüssel für den Erfolg der Forschungsvorhaben. Analog zum hohen Organisationsgrad auf Institutsebene ist auch das Projektmanagement weitgehend formalisiert. Gleichzeitig sind sich die Befragten jedoch der Grenzen des formal Organisierbaren bewusst. Ähnlich wie bei den bisher untersuchten Kooperationsstilen gilt auch hier, dass der Projekterfolg nicht zuletzt von informellen und personenbezogenen Faktoren abhängt.

Weil im Omikron-Institut ein Großteil der Managementaufgaben an die Projekte delegiert und damit dezentralisiert ist, sind die meisten Mitarbeiter/innen direkt oder indirekt mit Fragen des Projektmanagements und Projektcontrollings konfrontiert. Die institutsinterne Aus- und Weiterbildung zielt deshalb weniger auf eine fachspezifische als vielmehr auf eine managementorientierte Qualifizierung. Jede neu eingestellte Person durchläuft zu Beginn ihrer Beschäftigung eine vorgegebene Reihe von Pflichtseminaren, darunter Seminare zu Rhetorik, Projektmanagement und Zeitmanagement. Für Führungskräfte, also Leiter/innen der Strategiegruppen oder Geschäftsbereiche, wird ein spezielles Fortbildungsprogramm angeboten, unter anderem zu Fragen des Projektcontrollings oder des Konfliktmanagements. Eine Stelle wurde eigens für die Organisation und Koordination der internen Aus- und Weiterbildungsprogramme eingerichtet.

Die meisten Befragten weisen auf die Grenzen disziplinärer Qualifikationen für die Projektarbeit hin. Die disziplinäre Ausbildung der Beschäftigten, auch jene im Rahmen des institutsinternen Weiterbildungsprogramms, kann ihrer Ansicht nach die durch persönliche Erfahrung erworbenen Fähigkeiten nicht ersetzen. Dieses Erfahrungswissen können sich die Mitarbeiter/innen nicht auf theoretischem Weg, sondern nur über die konkrete Arbeitspraxis aneignen. Zum

Erfahrungswissen gehören einerseits die sozialen Netzwerke, die mit zunehmender Anstellungsdauer aufgebaut und erweitert werden. Ein Befragter spricht vom „Aufbau und der Pflege von Netzwerken. (...) Das ist ganz wichtig, weil Sie für neue Vorhaben natürlich dieses Netzwerk brauchen." (Omikron/Dietmar E.) Erfahrungswissen umfasst andererseits das implizite Wissen über die Anliegen der Kundschaft, eine entscheidende Voraussetzung zur Akquisition neuer Projekte. Das Vertrauensverhältnis zwischen Kunde und beratender Person, meint ein anderer Befragter, werde oft über mehrere Projekte hinweg aufgebaut. Wer mit einem Kunden schon Projekte durchgeführt habe, kenne die Kontaktleute bereits und komme dadurch leichter an neue Aufträge. Ein anderer Mitarbeiter bezeichnet diese impliziten Kenntnisse als „Stallgeruch", als einen kundenbezogenen Erfahrungsschatz, den ein erfahrener Berater mitbringe (Omikron/Dietmar E.). Fehle diese Praxiserfahrung, gestalte sich die Projektarbeit schwierig.

Aufgrund dieser Praxiserfahrung entsteht im Omega-Institut auch eine Art informeller Hierarchie. Es gebe zwar keine „Zweiklassen-Gesellschaft" in den Projekten, äußert der stellvertretende Institutsleiter, doch erfahrungsbedingte Spezialisierungen seien durchaus vorteilhaft, wenn es um die Zusammensetzung der Projektteams gehe.

> „Es gibt (...) die Oberakquisiteure, die dann auch bevorzugt und gerne Wirtschaftsprojekte bearbeiten. Dann gibt's bei uns auch welche, die das weniger gern machen, die aber dann in der wissenschaftlichen Szene angesehen sind und das machen. Also, das ist keine Zweiklassen-Gesellschaft, das sind eben unterschiedliche Arten von Projekten, für die man häufig eben auch unterschiedliche Arten von Mitarbeitern braucht." (Omikron/Anton B.)

Um sicherzustellen, dass in den Projekten jeweils ausreichend Praxiserfahrung vorhanden ist, verfügt das Omikron-Institut über eine differenzierte Politik zur Personalentwicklung. Neue Mitarbeiter/innen werden häufig über das Partnerinstitut Omikron-2 rekrutiert. In der Einstiegsphase eignen sie sich die Fachkenntnisse auf praktischem Weg, durch ein „learning by doing", an. Typischerweise beginnt die Karriere mit der Bearbeitung von Forschungsprojekten der öffentlichen Hand, in denen die terminlichen und finanziellen Auflagen weniger restriktiv sind als in den Wirtschaftsprojekten. Außerdem wird darauf geachtet, dass Neulinge zunächst in Projekten arbeiten, in denen sie ihr akademisches Spezialwissen einbringen können. Diese Karrierestufe dauert oft zwei oder mehr Jahre. Erst wenn sich die Beschäftigten in öffentlich finanzierten Projekten bewährt haben, werden sie in Wirtschaftsprojekten, die einen höheren Schwierigkeitsgrad aufweisen, oder für die Organisation von Verbundvorhaben eingesetzt.

In der Einstiegsphase steht den neuen Mitarbeiterinnen und Mitarbeitern ein interner „Coach" zur Seite, eine Betreuungsperson, die sie in dieser Zeit beglei-tet. Der Coach sei ein zentrales Element der Ausbildung am Omikron-Institut, meint ein Befragter. Es sei wichtig, dass die Neulinge so früh wie möglich in den Unternehmen Erfahrungen sammeln könnten. Das Coaching-System erlau-be es, den Beschäftigten ein geschütztes Umfeld für die „Schnupper-Phase" an-zubieten (Omikron/Dietmar E.). Das Coaching-System ist ein deutlicher Beleg dafür, dass viele der praktischen Qualifikationen kaum im formalen Rahmen eines Kurses, sondern nur durch praxisnahes, erfahrungsbezogenes Lernen ver-mittelt werden können.

Steuerungspraxis: Interne und externe Steuerungsinstrumente

Die Steuerungspraxis im Omikron-Institut beruht auf internen und externen In-strumenten. Extern wirken primär die Mechanismen des Forschungsmarktes. Die Marktorientierung unterscheidet das Omikron-Institut von allen anderen untersuchten Instituten. Die meisten Institute versuchen, eine starke Abhängig-keit vom Drittmittelmarkt zu vermeiden, das Delta-Institut hat sich sogar für eine bewusste Einschränkung der Akquisition von Drittmitteln entschieden. Im Institut Omikron dagegen gilt die Marktorientierung uneingeschränkt als Quali-tätsmerkmal eines Projekts. Brauchbar sei, was vom Markt bezahlt werde, die inhaltliche Ausrichtung wird als sekundär eingeschätzt. Im Prinzip könne man hier alles machen, stellt ein Mitarbeiter fest, solange man es schaffe, finanzkräf-tige Kunden davon zu überzeugen, dass ein Projekt eine sinnvolle und unter-stützungswürdige Sache sei.

Derselbe Befragte präzisiert, dass die inhaltliche Orientierung von For-schungsprojekten zwischen den Forschenden und den Kunden oder Projektträ-gern ausgehandelt werde. Die Marktmechanismen bedeuteten in der Praxis nicht, dass der Kunde die Ausrichtung eines Forschungsprojekts im Detail vor-gebe. Das Omikron-Institut achtet vielmehr darauf, dass die Kundschaft die *Möglichkeit* erhält, die inhaltliche Ausrichtung mitzubestimmen. Geschickte Mitarbeiter/innen verkaufen ihre Vorschläge dem Kunden als dessen eigene Ideen – ein Befragter meint, es komme darauf an, der Kundschaft „mitzudiktie-ren, was die ‚lustig' finden sollten" (Omikron/Burckhard C.).

> „Also, das muss man aufnehmen und dann kreativ anreichern mit seinen eigenen Ideen und daraus irgendwie eine sinnvolle Botschaft wieder zurück zum Projektträger oder zum direkten Kunden letztendlich machen. Wenn das gelingt, dann hat man ein erfolg-reiches Thema." (Omikron/Burkhard C.)

Die Bedeutung externer Marktanreize wird durch interne Belohnungssysteme verstärkt. Das Institut hat insbesondere ein Gratifikationssystem installiert, das sich streng nach der erwirtschafteten Auftragssumme im Auftragsforschungsbereich richtet. Die Erfolgsprämien werden den Leitungen der Geschäftsbereiche und Strategiegruppen ausbezahlt, die Verteilung innerhalb der Gruppen ist Sache der Leitungspersonen.

Neben diesen externen Anreizen gilt intern ein *dezentrales Steuerungsprinzip*. Die inhaltliche und personelle Verantwortung liegt grundsätzlich bei den Leiterinnen und Leitern von Geschäftsbereichen und Strategiegruppen. Sie sind es, die über die personelle Zusammensetzung ihrer Einheiten befinden, sie definieren Forschungs- und Geschäftspläne und sind auch für das Controlling (Finanz- und Qualitätskontrolle) der Projekte verantwortlich. Der stellvertretende Institutsleiter unterstreicht, dass die Zufriedenheit der Kunden und der Gutachter wachse, wenn die Projektverantwortlichen einen großen Verantwortungsspielraum hätten und man nicht „die Hierarchie hochgehen" müsse. Letztlich hänge die Qualität der Arbeit jedoch von den Mitarbeiterinnen und Mitarbeitern ab: Die „I-Tüpfelchen bilden natürlich die Mitarbeiter, das kann der Institutsleiter gar nicht steuern" (Omikron/Anton B.). Die Mitarbeiter/innen stehen mehrheitlich hinter dem dezentralen Steuerungsmodell, unter anderem weil sich die Delegation der Verantwortung offenbar positiv auf die Arbeitsqualität in den Projekten auswirkt. Dies, betont ein Befragter, entspreche auch der Haltung des Institutsleiters, der den Erfolg des Instituts auf die Formel bringe, „er wisse nur eins, er habe seine Mitarbeiter nie irgendwie behindert" (Omikron/Burkhard C.).

Konkret drückt sich diese Steuerungsphilosophie in einer pluralistischen Forschungspraxis mit einer Vielzahl interdisziplinärer Kooperationsformen aus. In der Kompetenz der Geschäftsbereichs- und der Strategiegruppen-Leiter/innen liegt es beispielsweise zu entscheiden, wie interdisziplinär sie ihre Gruppen zusammensetzen wollen. Allein auf der Ebene der Geschäftsbereiche variieren die interdisziplinären Konstellationen stark. Fast alle Bereiche verfügen zwar über ingenieurwissenschaftliches Kernpersonal, das in elf von 13 Bereichen durch betriebswirtschaftliche Kompetenzen ergänzt wird. Der betriebswirtschaftliche Anteil schwankt allerdings von Bereich zu Bereich zwischen zehn und 80 Prozent. Rund die Hälfte der Geschäftsbereiche beschäftigt neben den technischen und betriebswirtschaftlichen auch geistes- und sozialwissenschaftliche Expertinnen und Experten. Diese Einheiten haben mithin einen stark hybriden Charakter. In einzelnen Geschäftsbereichen sind zudem einzelne naturwissenschaftliche Disziplinen vertreten, während ein Bereich, der vor allem Ausbildungs- und Schulungsveranstaltungen vorbereitet, ausschließlich sozialwissenschaftlich zusammengesetzt ist. Die Pluralität interdisziplinärer Projektgruppen gehört also zum Alltag des Omikron-Instituts.

Die dezentralisierte, organisationsgestützte Steuerungspraxis des Instituts steht in unmittelbarem Gegensatz zur zentralen, personengebundenen Steuerungsinstanz in Einrichtungen mit charismatischem Interdisziplinaritätsstil. Personenbezogene Steuerungsinstrumente werden im Omikron-Institut klein geschrieben. Zwar wird das Institut von einer Person geleitet, dem alle Interviewten eine bestimmende Rolle für den Aufbau und die Ausrichtung des Instituts zugestehen. Der Leiter hat Anfang der 1980er Jahre das Omikron-Institut, später auch das Partnerinstitut Omikron-2 gegründet und stand zum Untersuchungszeitpunkt beiden Einrichtungen als Direktor vor. Gleichzeitig hatte er an der Universität einen Lehrstuhl inne, leitete einen selbst konzipierten Studiengang und warb erfolgreich zwei Sonderforschungsbereiche für das Institut Omikron-2 ein. Schließlich hat er die organisatorische Institutsreform von 1996 maßgeblich mitgestaltet. Trotzdem hat der Omikron-Direktor keinen charismatischen Status. Die Erwähnungen seiner Person in den Interviews sind durchgehend sachlich gehalten und betreffen seine Qualifikationen, Funktionen und Positionen. Die Befragten sprechen mit Respekt von seinen Leistungen, doch fehlt in ihren Schilderungen jede personifizierende Überhöhung oder die Betonung persönlicher Abhängigkeiten, die auf eine charismatische Autorität des Institutsleiters hinweisen würden. Ein weiteres Zeichen dafür, dass charismatische Herrschaft im Institut Omikron keine Rolle spielt, ist, dass keine der befragten Personen den Forschungserfolg von der Präsenz des Leiters, der wegen anderer Verpflichtungen nur selten vor Ort ist, abhängig macht.

Auch abgesehen von charismatischen Faktoren scheinen personengebundene Eigenschaften im Forschungsalltag des Omikron-Instituts kaum eine Rolle zu spielen. Bestimmte persönliche Tugenden, die in anderen Einrichtungen als Bedingung für erfolgreiche interdisziplinäre Kooperationen angeführt werden, finden in den Gesprächen mit den Omikron-Beschäftigten keine Erwähnung. Die restriktiven externen Auflagen, vor allem die knappen zeitlichen und finanziellen Ressourcen, scheinen die Projektarbeit dahingehend zu beeinflussen, dass personengebundene Eigenschaften in den Hintergrund treten. Nur in Ausnahmefällen, etwa bei schweren persönlichen Animositäten, wirkt sich die Persönlichkeit der Projektbeteiligten auf die Forschungspraxis aus. Es gebe vereinzelt Mitarbeiter/innen, meint ein Befragter, die seit Jahren im selben Geschäftsbereich tätig sind, sich jedoch strikt weigerten, miteinander zu arbeiten. Da dies auch der Leitungsebene bekannt sei, würden die Betreffenden nicht in ein gemeinsames Projekt eingeteilt.

Heuristischer Interdisziplinaritätsstil und Multidisziplinarität

Wie der methodische und der charismatische lässt sich auch der heuristische Interdisziplinaritätsstil als multidisziplinär bezeichnen. Die Forschungskooperationen im Omikron-Institut verlaufen meist in additiver Form. Interdisziplinäre Reflexions- und Transferprozesse finden in den Projekten kaum statt, sie werden vor allem durch die knappen zeitlichen und finanziellen Ressourcen vereitelt. Eine Rückkopplung der interdisziplinären Erkenntnisse auf die Disziplinen gestaltet sich schon deshalb schwierig, weil disziplinäres Fachwissen im Omikron-Institut nur schwach verankert ist. Disziplinäre Kenntnisse spielen zwar bei der Einstellung neuer Mitarbeiter/innen eine Rolle, doch in den marktorientierten Projekten zählen wie erwähnt pragmatische und heuristische Fähigkeiten mindestens so viel wie disziplinäres Wissen. Dies gilt sowohl für die Geschäftsbereiche als auch für die Strategiegruppen. Interdisziplinäre Lernprozesse sind auch gar nicht der Zweck der anwendungsorientierten Forschung im Omikron-Institut. Im Vordergrund stehen vielmehr die Problemstellungen der Kunden. Dies ist nicht zuletzt eine Folge der Arbeitsteilung zwischen dem anwendungsbezogenen Institut Omikron und dem grundlagenorientierten, auf disziplinäre Forschung ausgerichteten Partnerinstitut Omikron-2.

Die Zusammenarbeit innerhalb der Forschungsprojekte ist also arbeitsteilig organisiert. Ein Befragter bezeichnet die Kooperationspraxis unter den Projektmitarbeiterinnen und -mitarbeitern als „komplementären" Arbeitsstil:

> „(...) es gibt aus meiner Erfahrung (...) wenig Sachen, wo man wirklich sehr viel auch operativ zusammen macht. Sondern in dem Projekt, wo ich dabei war, war es eben so, dass dann über die Ergebnisse gesprochen wird oder die Ergebnisse vorgestellt wurden, aber das war dann eher ein komplementäres Arbeiten, als dass jetzt wirklich ständig Sachen zusammen erarbeitet wurden." (Omikron/Christian D.)

Teilweise scheint die Kommunikation zwischen dem Omikron-Institut und der disziplinären, universitären Forschung auch durch Vorbehalte seitens der Disziplinen behindert. Ein Industriesoziologe des Omikron-Instituts berichtet, dass er die beruflichen Kontakte innerhalb seiner Disziplin weiterhin zu pflegen versuche, seine Forschung im Fraunhofer-Institut aber von universitärer Seite kaum anerkannt werde. Wegen seiner institutionellen Anbindung betrachteten ihn die Kollegen an den Universitäten nur als „halben Soziologen". Diese Auseinandersetzung nähmen dann die Form von „ideologische Debatten (an), die sind dann aber echt ein bisschen ätzend und langweilig, ehrlich gesagt" (Omikron/Dietmar E.).

2.4.3 Problemlagen heuristischer Interdisziplinarität: Anwendungsdruck und hausgemachte Konkurrenz

Der heuristische Interdisziplinaritätsstil ist durch zwei Problemlagen gekennzeichnet. Die erste besteht in dem hohen Zeit- und Budgetdruck der anwendungsorientierten Forschung, der eine wissenschaftliche Reflexion und damit verbundene interdisziplinäre Lernprozesse kaum zulässt. Die Befragten beklagen, dass der Anwendungsdruck vieler Projekte eine vertiefende Auseinandersetzung mit den Forschungsproblemen fast unmöglich macht. Ein Interviewpartner meint, man müsse lernen, mit Unsicherheiten umzugehen und zum Beispiel ein Projekt auch mit nur 80 Prozent des erwünschten Wissens durchzuführen. Vor allem jüngere Mitarbeiter/innen, die direkt von der Hochschule kommen, seien in den Projekten häufig überfordert. Zu den Folgen dieser Kluft zwischen Anwendungsdruck und wissenschaftlichem Interesse gehört, dass sich die Forschungstätigkeit am Omikron-Institut nur schwer mit einem Dissertationsvorhaben kombinieren lässt. Gerade die interdisziplinäre Betrachtung eines Untersuchungsgegenstands leidet unter den zeitlichen Restriktionen. Ein befragter Vorgesetzter hat daraus für sich die Schlussfolgerung gezogen, bei der Zusammensetzung seiner Projektteams die disziplinäre Spannbreite zu begrenzen. Informatiker/innen stelle er in seiner sozialwissenschaftlichen Forschungsgruppe nicht ein, weil sonst die Projekte zu heterogen zusammengesetzt seien und die Qualifikationsentwicklung im Bereich der sozialwissenschaftlichen Kernkompetenzen entsprechend leide.

Das zweite Problem hängt mit der ausdifferenzierten Organisationsstruktur des Instituts zusammen. Die Organisation der Geschäftsbereiche als Profit-Centers bringt es mit sich, dass diese um einen gemeinsamen oder zumindest sich überlappenden Forschungsmarkt konkurrieren. Diese Konkurrenzlage innerhalb desselben Instituts wirkt sich nach Auskunft mehrerer Befragter negativ auf die Zusammenarbeit unter den Geschäftsbereichen und damit auch generell auf die interdisziplinäre Forschung aus, vor allem in Zeiten eines stagnierenden oder schrumpfenden Forschungsmarktes.

„Also, das hängt direkt mit der Finanzierung (...) zusammen. In Zeiten, wo sämtliche Kassen übervoll sind, wird kooperiert, was das Zeug hält, und es finden sich alle fürchterlich lieb. In Zeiten, wo die Kasse etwas klammer ist, wie zum Beispiel jetzt (...), dann wird auf einmal doch nicht mehr so schlagartig toll kooperiert, dann muss jeder wieder sehen, wie er für sich erst mal seine Finanzierung kriegt. (...) Es ist gegebenenfalls vorteilhafter, sich irgendwie die Kompetenz aus einem anderen Bereich abzugucken, abzukupfern und dann selber zu verkaufen." (Omikron/Burkhard C.)

Der Befragte vermutet, dass eine Lockerung der Profit-Center-Regelung helfen würde, die Kooperation zwischen den Projekten und damit die Qualität der Forschungsergebnisse zu verbessern. Ein Kollege spricht von internen „Verteilungskämpfen", die den interdisziplinären Austausch innerhalb des Instituts behinderten. Trotzdem hält er wie die meisten anderen Befragten das Modell kleiner, wirtschaftlich unabhängig agierender Einheiten grundsätzlich für sinnvoll, weil es viele Handlungsspielräume biete und am ehesten einen wirtschaftlichen Erfolg gewährleiste. Eine Alternative zu den gewinnorientierten Profit-Centern steht jedenfalls im Omikron-Institut nicht zur Diskussion.

2.4.4 Bilanz des heuristischen Interdisziplinaritätsstils: vom Nutzen und Nachteil marktorientierter Steuerungsinstrumente

Grundlegend für das Verständnis des heuristischen Interdisziplinaritätsstils ist die ausgeprägte Marktorientierung der Forschungsprojekte. Auftrags- und Industrieforschung, wie sie am Omikron-Institut betrieben wird, verlangt von den Wissenschaftlerinnen und Wissenschaftlern einen starken Anwendungsbezug und damit verbunden große inhaltliche Flexibilität. Zugleich stehen von der Wirtschaft finanzierte Projekte oft unter einem hohen zeitlichen und finanziellen Druck. Diese restriktiven Rahmenbedingungen sind es, unter denen sich in der Forschungspraxis der heuristische Interdisziplinaritätsstil manifestiert.

Die heuristische Interdisziplinarität ist ein gutes Beispiel dafür, dass ein ausgeprägtes Mikromanagement der Forschung nicht im Widerspruch zur inhaltlichen Autonomie der Projektverantwortlichen stehen muss. Im Gegenteil: Das Omikron-Institut illustriert, dass sich interdisziplinäre Forschung auch auf der Projektebene gut organisieren lässt. Projektmanagement und Projektcontrolling sind in einem Ausmaß formalisiert, das die Verhältnisse in den anderen untersuchten Instituten bei weitem übersteigt. Die Steuerungspraxis ist deutlich weniger personenabhängig. Während in anderen Einrichtungen die interdisziplinäre Forschung mittels charismatischer Autorität gesteuert wird, sind die Leitungsfunktionen im Omikron-Institut auf der mittleren Führungsebene angesiedelt. Um den Forschungsteams eine möglichst hohe inhaltliche Flexibilität zu garantieren, wurden die Steuerungsinstrumente dezentralisiert. Beispiele dafür sind etwa das leistungsbezogene Gratifikationssystem, die Anreize zur Generierung innovativer Forschungsprojekte oder das differenzierte Aus- und Weiterbildungswesen für die Institutsmitarbeiter/innen.

Das Ausbildungswesen verweist zugleich auf die Grenzen formaler Steuerungsmöglichkeiten. Ein Großteil der forschungsrelevanten Qualifikationen besteht aus nicht formalisiertem Erfahrungswissen, das neu eingestellten Wissen-

114

schaftlerinnen und Wissenschaftlern nur über ein individuelles Coaching vermittelt werden kann. Dieses Wissen betrifft vor allem die praktischen Kenntnisse im Projektmanagement, die sich die Mitarbeiter/innen des Omikron-Instituts über Jahre hinweg aneignen. In dieser Form gleicht das Erfahrungswissen dem impliziten Wissen („tacit knowledge"), das in der Umwelt- und Klimaforschung insbesondere in hoch technisierten Arbeitsbereichen verbreitet ist. Anders als in anderen Instituten beruht das Erfahrungswissen des Omega-Instituts jedoch nicht auf disziplinärer Spezialisierung, sondern auf mehrjähriger Arbeitspraxis.

Die unsichtbare Hand der Marktkräfte hat auch ihre Schattenseiten. Die im Omikron-Institut vorherrschende heuristische Forschungspraxis ist nicht in jeder Hinsicht für interdisziplinäre Forschungsprojekte geeignet. Die Wettbewerbs- und Marktorientierung kann den wissenschaftlichen und damit den interdisziplinären Austausch zwischen den Projekten und den Geschäftsbereichen auch behindern. Als marktorientierte Geschäftsbereiche oder Profit-Centers geraten einzelne Institutsteile in ein gegenseitiges Wettbewerbsverhältnis und konkurrieren auf einem gemeinsamen Markt um Forschungsmittel. Dieses Wettbewerbssystem mag zwar grundsätzlich leistungsfördernd sein, doch leidet darunter die interdisziplinäre Verständigung.

Die starke Anwendungsorientierung erlaubt es nur bedingt, dass die Mitarbeiter/innen methodische und theoretische Aspekte der Interdisziplinarität fundiert reflektieren. Für eine solche vertiefende Auseinandersetzung fehlt schlicht die Zeit. Mit zunehmender Anstellungsdauer und Projekterfahrung rückt deshalb im heuristischen Interdisziplinaritätsstil das disziplinäre Fachwissen in den Hintergrund, während anwendungsbezogene Qualifikationen wie allgemeine Koordinations- und Problemlösungsfähigkeiten an Bedeutung gewinnen. Interdisziplinäre Lernprozesse oder Rückkopplungen auf disziplinäre Wissensbestände kommen kaum vor.

2.5 Forschungspraktischer Interdisziplinaritätsstil

2.5.1 Rahmenbedingungen der Forschung in den Instituten Beta und Lambda

Der forschungspraktische Interdisziplinaritätsstil manifestiert sich in den beiden Instituten Beta und Lambda. Als forschungspraktisch ist diese Kooperationsform zu bezeichnen, weil sie in erster Linie auf externe Anreize oder Aufforderungen zu verstärkter Interdisziplinarität reagiert und diese in pragmatischer Weise umsetzt. Zu solchen externen Faktoren gehören Auflagen von Drittmittelförderern oder Empfehlungen von Evaluationsgremien wie dem Wissenschaftsrat. In seiner pragmatischen Grundhaltung ähnelt der forschungspraktische dem heuristischen Interdisziplinaritätsstil. Der Unterschied liegt im Organisationsgrad der Forschung. Während die externen Anreize im Fall der heuristischen Interdisziplinarität in eine differenzierte interne Forschungsorganisation übersetzt werden, antworten die Institute der forschungspraktischen Interdisziplinarität mit einer Instituts- und Projektstruktur, die einen eher niedrigen Organisationsgrad aufweist. Der unterschiedliche Organisationsgrad hängt damit zusammen, dass der Anwendungsdruck im forschungspraktischen Stil, insbesondere die in Anwendungsnähe besonders ausgeprägten zeitlichen und finanziellen Restriktionen, geringer ist als im heuristischen Interdisziplinaritätsstil. Außerdem sind die Institute Beta und Lambda beide klein (Beta: 65; Lambda: 122 Beschäftigte), wesentlich kleiner als das heuristisch orientierte Omikron, weshalb sie sich informellere Instituts- und Projektstrukturen leisten können.

Auf kognitiver Ebene sind die Institute Beta und Lambda disziplinär heterogen zusammengesetzt, wobei die Sozialwissenschaften in beiden Einrichtungen eine prominente Stellung einnehmen. Im Lambda-Institut ist über die Hälfte der Beschäftigten sozialwissenschaftlicher, vor allem politikwissenschaftlicher Provenienz, die andere Hälfte stammt zu gleichen Teilen aus den Geisteswissenschaften, den Wirtschaftswissenschaften und den Sprach- und Kulturwissenschaften. Das Beta-Institut ist eine hybride Einrichtung, je ein Drittel der Mitarbeiter/innen kommt aus sozialwissenschaftlichen und ingenieurwissenschaftlichen Disziplinen. Die übrigen Institutsangehörigen verfügen über einen wirtschafts- oder einen naturwissenschaftlichen Hintergrund. In beiden Instituten mangelt es an wirkungsvollen kognitiven Kopplungsmöglichkeiten, die die Disziplinen zueinander in Beziehung setzen würden und eine ähnliche Wirkung wie etwa der Modellierungsansatz im methodischen Interdisziplinaritätsstil zeitigen könnten. Sowohl im Beta- als auch im Lambda-Institut findet sich zwar ein übergeordneter theoretischer Anspruch, mit dem sich die Institutsleitung identifiziert. Dieser Anspruch wird jedoch nicht von allen Institutsangehörigen geteilt und bestand deshalb zum Untersuchungszeitpunkt nur auf dem Papier. Die Beschäftigten arbeiten im Forschungsalltag mit einer Vielfalt von Methoden und Theorien. Auch die Forschungsgegenstände variieren von Abteilung zu Abteilung stark. Projektbezogene interdisziplinäre Kooperationen kommen in beiden Einrichtungen generell selten vor; wenn sie stattfinden, ist das Interesse der Projektteilnehmer/innen an einem disziplinenübergreifenden Austausch und an interdisziplinären Rückkopplungsprozessen gering.

2.5.2 Praxis des forschungspraktischen Interdisziplinaritätsstils: pragmatischer Pluralismus

Diese Umstände erweisen sich in beiden Instituten als problematische Ausgangslage für interdisziplinäre Projekte. Das Beta- und das Lambda-Institut gehören zu jenen Einrichtungen, in denen die institutsinterne Kritik an Forderungen nach verstärkter Interdisziplinarität am ausgeprägtesten ist. Am Beispiel dieses Institutstyps lassen sich deshalb die Grenzen interdisziplinärer Kooperationen besonders anschaulich diskutieren. Vor allem stellt sich die Frage, welche Grundvoraussetzungen für interdisziplinäre Kooperationen erfüllt sein müssen beziehungsweise unter welchen Umständen interdisziplinäre Forschung überhaupt funktioniert.

Kognitive Faktoren: Methodenpluralismus mit theoretischem Integrationsanspruch

Auf kognitiver Ebene herrscht in den interdisziplinären Projekten der Institute Beta und Lambda eine widersprüchliche Situation. In beiden Einrichtungen wird faktisch ein Methodenpluralismus praktiziert, obwohl ein theoretisch begründeter, disziplinenübergreifender Integrationsanspruch durchaus von einzelnen Institutsvertreterinnen und -vertretern postuliert wird. Der Methodenpluralismus äußert sich im Beta-Institut in einer hybriden Mischung aus sozial- und ingenieurwissenschaftlichen Ansätzen. Die praxisbezogenen, ingenieurwissenschaftlichen Methoden sind hier aus institutionen- und fachgeschichtlichen Gründen besonders stark verankert. Diese Methodentradition wird seit einigen Jahren institutsintern durch stärker theorieorientierte Ansätze der Soziologie und der Geschichtswissenschaften in Frage gestellt.

> „Je enger man diesen Praxisbezug sieht, desto weniger kann die Soziologie beitragen, weil sie natürlich eher eine analytisch-reflexive Zugangsweise hat und nicht die instrumentelle." (Beta/Hubert Z.)

Die methodischen Differenzen zwischen der praxisbezogenen ingenieurwissenschaftlichen und der theorieorientierten sozialwissenschaftlichen Richtung haben zu einer Konkurrenz um die Vormachtstellung im Beta-Institut geführt. Der Konflikt mündete in eine offene Auseinandersetzung zwischen zwei Abteilungsleitern, die sich bisweilen gegenseitig die Fachkompetenz absprachen. Solche methodisch begründeten Konkurrenzsituationen dämpfen im Beta-Institut die Motivation für interdisziplinäre Kooperationen.

Der mangelhafte interdisziplinäre Austausch lässt sich außerdem damit begründen, dass der Anspruch, interdisziplinär zu forschen, im Beta-Institut erst vor wenigen Jahren geltend gemacht wurde. Eine Mitarbeiterin stellt fest, dass die jüngeren Institutsangehörigen gegenüber interdisziplinären Kooperationen offener seien als die älteren. Die Schwierigkeiten interdisziplinärer Forschung hält sie deshalb auch für ein Generationenproblem. Außerdem war zum Befragungszeitpunkt das Forschungsprogramm des Instituts noch sehr breit angelegt; es umfasste sowohl grundlagen- als auch anwendungsorientierte Forschung und reichte von ingenieur- über sozial- bis hin zu geistes- und kulturwissenschaftlichen Ansätzen. Dieses Forschungsprogramm erscheint gemessen an der Größe des Instituts – es ist mit seinen knapp 50 wissenschaftlichen Beschäftigten das kleinste in unserem Sample – ausgesprochen ambitioniert. Mit dem begrenzten Umfang des wissenschaftlichen Personals fällt es nicht leicht, die Vielfalt disziplinärer Kenntnisse, die den breiten Interdisziplinaritätsanspruch einlösen würde, am Institut auch unterzubringen. Dieses Problem war auch der Institutsleitung bewusst. Als die Interviews durchgeführt wurden, stand deshalb eine stärkere inhaltliche Fokussierung der Institutsforschung unmittelbar bevor.

Schließlich beklagen die Befragten im Beta-Institut auch externe Hindernisse für interdisziplinäre Forschungsprojekte. Insbesondere die nationalen Förderinstitutionen honorieren nach Auskunft der Interviewpartner/innen den interdisziplinären Forschungsansatz des Beta-Instituts nur ungenügend. Ein Mitarbeiter gibt dafür strukturelle Gründe an und meint, dass die Qualitätsnormen traditioneller Förderinstitutionen wie etwa der DFG auf disziplinäre Exzellenz ausgerichtet und deshalb interdisziplinäre Projektanträge benachteiligt seien. Zwar hat sich die DFG grundsätzlich zur Förderung von interdisziplinären Projekten bekannt, doch wird das Begutachtungsverfahren immer noch als weitgehend disziplinär orientiert erlebt. Ein weiterer Befragter fügt hinzu, dass Interdisziplinarität in der Wissenschaft nur als Leitbild anerkannt sei, die konkrete Umsetzung jedoch an forschungspolitischen Hindernissen scheitern würde. Die Forschungslandschaft, die Förderprogramme, die Anwender, auch die Zeitschriften – sie alle seien überwiegend monodisziplinär strukturiert. Interdisziplinäre Forschung lebe deshalb von kurzfristigen Erfolgen und man sei gut beraten, sich solchen Projekten nicht blind zu verschreiben – „das ist eine echte Gefahr" (Beta/Klaus D.).

Der erwähnte übergeordnete theoretische Anspruch wird im Beta-Institut vor allem von der Institutsleitung vertreten. Dieses Anliegen, das die am Institut vertretenen Disziplinen besser miteinander in Verbindung zu bringen hofft, beruht auf einem im deutschsprachigen Raum neuartigen Fachverständnis. Die aus dem angelsächsischen Raum stammende neue Fachdefinition beinhaltet sowohl sozial- und wirtschaftswissenschaftliche als auch natur- und ingenieurwissenschaftliche Ansätze. Auch der Wissenschaftsrat hält das neue Fach für innovativ, unter anderem wegen seines transdisziplinären Anspruchs, verschiedene Theorien, Methoden und Ergebnisse aus unterschiedlichen Disziplinen im Anwendungskontext zusammenzuführen, um so neue, kohärente Forschungsgebiete zu erschließen.

Der Anspruch einer gemeinsamen inter- beziehungsweise transdisziplinären Orientierung war im Beta-Institut zum Untersuchungszeitpunkt allerdings noch nicht in die Praxis umgesetzt. Die am Institut vertretenen Disziplinen verfolgen in der Forschung meist ihre eigenen theoretischen Interessen, ohne interdisziplinäre Rückkopplungsprozesse oder transdisziplinäre Reflexion des Anwendungskontextes. Die ingenieurwissenschaftlichen Ansätze stehen in der Forschungspraxis parallel und unvermittelt neben soziologischen oder geschichtswissenschaftlichen Ansätzen; der theoretische Austausch unter den verschiedenen Disziplinen wird institutsintern als schwach eingeschätzt. Einzelne Mitarbeiter/innen kritisieren offen, dass es „in der (Forschung des Beta-Instituts) keine richtige Theoriedebatte" gebe (Beta/Christian U.). Immerhin arbeiten verschiedene Angehörige des Instituts daran, diesem theoretischen Defizit entgegenzuwirken sowie das transdisziplinäre Methodenprojekt weiterzuentwickeln und theoretisch fundierter zu begründen. Dieses Projekt konnte freilich zum Zeitpunkt der Befragung noch keine konkreten Ergebnisse vorweisen.

Das Lambda-Institut als zweites Fallbeispiel des forschungspraktischen Interdisziplinaritätsstils ist ebenfalls einer innovativen, in Deutschland wenig verbreiteten Forschungsrichtung verpflichtet, die sowohl sozial- als auch geisteswissenschaftliche Disziplinen einschließt. Hier scheint die gemeinsame, interdisziplinäre Zusammenarbeit jedoch noch seltener als im Beta-Institut. Die Abteilungen sind auf je einen Einzelaspekt des geografisch strukturierten Forschungsfelds spezialisiert, gehen deshalb in ihrer Forschung eigene Wege und haben sich nach Ansicht des Institutsleiters inhaltlich nur wenig zu sagen. Zwar wird auch im Lambda-Institut über eine gemeinsame theoretische Orientierung, ebenfalls einen aus der angelsächsischen Forschung stammenden interdisziplinären Ansatz, diskutiert. Doch berücksichtigen nur wenige Institutsangehörige diesen Ansatz auch in ihrer Forschungspraxis.

Ein Befragter begründet das fehlende Interesse an interdisziplinärer Zusammenarbeit mit der starken Service- und Anwendungsorientierung des Instituts, die sich etwa in Form von Beratungsaufträgen von Bundesministerien manifestiert. Die Forschungsergebnisse solcher gutachtlichen Aufträge sind ausgesprochen kontextspezifisch und lassen sich nur schwer auf einen gemeinsamen analytischen Nenner bringen. Es sei deshalb am Lambda-Institut besonders schwierig, meint ein Befragter, den Anspruch eines übergeordneten, interdisziplinären Ansatzes einzulösen.

„Das mag am Weg liegen, den die (Abteilungen) in den letzten Jahren genommen haben, die bewegen sich alle in Richtung auf reine Expertise, auch häufig ganz anwendungsorientierte, service-orientierte Expertise (...). Die Fachdiskussion geht dabei immer mehr verloren (...). Die (übergeordnete große Debatten) können Sie mit dieser Konstruktion hier nicht erwarten (...)." (Lambda/Heinrich D.)

Auch der Institutsdirektor stellt unumwunden fest, dass die Serviceorientierung ein „Theoriedefizit" bewirke und die interdisziplinären Kooperationen behindere. „Wir sind Empiriker, wir müssen das laufende Material auswerten." (Lambda/Friedrich S.) In jüngster Zeit hat das Institut seine Anwendungs- und Serviceorientierung sogar noch verstärkt, nicht zuletzt aufgrund seiner Erfolge in der Politikberatung.

Die mangelnde methodisch-theoretische Integration im Institut hängt auch mit der historischen Entwicklung des Lambda-Fachbereichs zusammen, der in Deutschland von philologischen Ansätzen geprägt und entsprechend stärker empirisch denn theoretisch orientiert ist. Erst seit den 1970er Jahren hat das Lambda-Fach begonnen, sozial- und wirtschaftswissenschaftliche und damit stärker theorieorientierte Ansätze wahrzunehmen und zu berücksichtigen. Die Integration der verschiedenen Perspektiven scheint auch heute erst ansatzweise vollzogen. Im Lambda-Institut arbeiten die verschiedenen Disziplinen meist parallel nebeneinander. Teilweise sprechen die Befragten von einem gespannten Verhältnis zwischen Sozial- und Wirtschaftswissenschaften auf der einen und Geistes- und Kulturwissenschaften auf der anderen Seite. Während in vergleichbaren Fällen wie dem Delta- oder dem Omega-Institut die Geistes- und Sozialwissenschaften kaum Verständigungsprobleme haben, illustriert der Fall des Lambda-Instituts, dass auch innerhalb der Geistes- und Sozialwissenschaften schwer überbrückbare Differenzen bestehen können. Diese erwachsen im Lambda-Institut nicht zuletzt aus den geringen kognitiven Kopplungsmöglichkeiten zwischen den Disziplinen.

Negative Folgen fehlender Forschungsorganisation

Die interdisziplinäre Zusammenarbeit wird in den Instituten Beta und Lambda nicht nur durch die schwache kognitive Kopplung behindert. Auch der Organisationsgrad auf Instituts- und Projektebene sowie die damit verbundenen organisationalen Steuerungsmittel sind nur ansatzweise entwickelt. Insbesondere die Abteilungen führen in den beiden Fallbeispielen ein so ausgeprägtes Eigenleben, dass abteilungsübergreifende, interdisziplinäre Projekte entweder darunter leiden oder gar nicht erst zustande kommen.

Besonders ausgeprägt ist die Abteilungsautonomie im Lambda-Institut. Die fünf Abteilungen arbeiten selbstständig, die übergeordnete Institutsstruktur funktioniert nur als administrative Dachorganisation; sie verfügt über praktisch keine inhaltlichen Kompetenzen und führt auch keine eigenen Forschungsprojekte durch. Um finanzielle Verteilungskämpfe unter den Abteilungen zu verhindern, sind die Mittelzuweisungen für jede Abteilung festgeschrieben. Ein institutsinterner Wettbewerb um Forschungsmittel wie etwa im Omikron-Institut ist somit ausgeschlossen. Vier Abteilungen sind auf je unterschiedliche geografische Räume spezialisiert, die fünfte widmet sich einem übergreifenden Forschungsschwerpunkt; sie würde sich grundsätzlich als Ansatzstelle für interdisziplinäre Vernetzungen eignen, kooperiert jedoch nicht mit den anderen Forschungsbereichen.

Vier Jahre vor unserer Befragung wurde das Lambda-Institut infolge einer externen Evaluation umstrukturiert. Die Institutsorganisation wurde durch ein Matrix-Element ergänzt, außerdem schuf die Institutsleitung fünf themenzentrierte Forschungsgruppen, die die Aufgabe hatten, institutsübergreifende Fragestellungen zu entwickeln und die Vernetzung unter den Abteilungen zu fördern. Dabei spielte auch die Überlegung eine Rolle, über die interdisziplinär orientierten Forschungsgruppen ein größeres Drittmittelvolumen einzuwerben. Die Erweiterung der Matrix-Organisation zielt in eine ähnliche Richtung wie die Matrix-Strukturen der Institute Delta und Epsilon (vgl. Abschnitt 2.2.2). Doch während etwa im Epsilon-Institut die Querschnittsgremien von Beginn an mit weitgehenden Kompetenzen, unter anderem der Hoheit über den größeren Teil des Institutshaushalts, ausgestattet wurden, waren die Forschungsgruppen im Lambda-Institut aufgefordert, ihre Ressourcen über Projektanträge selber zu erwirtschaften. Die Drittmittelbeschaffung hat sich in der Folge als beschwerlicher und langwieriger Prozess erwiesen. Die Forschungsgruppen haben zwar eine inhaltliche Diskussion zwischen den Abteilungen in Gang gesetzt, was beispielsweise zu abteilungsübergreifenden Publikationen führte. Doch ist es ihnen bis zum Untersuchungszeitpunkt nicht gelungen, die Finanzierung für ein interdisziplinäres Drittmittelprojekt sicherzustellen und dadurch eine kontinuierliche interdisziplinäre Arbeit zu ermöglichen. Der einzige Antrag, der aus den Forschungsgruppen hervorging, wurde von der Forschungsförderungsinstitution abgelehnt.

Die Einführung von Matrix-Elementen hat im Lambda-Institut bis zum Zeitpunkt der Befragung nicht viel verändert. Die Autonomie und Dominanz der Abteilungen wurde mit den übergreifenden Forschungsgruppen kaum verringert, interdisziplinäre, abteilungsübergreifende Forschungsprojekte kamen nicht zustande. Ein Interviewpartner führt die mangelnde Zusammenarbeit letztlich auf ein Mentalitätsproblem zurück.

„Das (die abteilungsübergreifende, interdisziplinäre Zusammenarbeit) setzt voraus, dass man eine andere Mentalität heranträgt, als diese Struktur es vorgibt oder als die Personen in diesen Strukturen als für sich den leichteren Weg erkannt haben. Ich sehe da das größte Problem (...).“ (Lambda/Heinrich D.)

Im Beta-Institut herrscht eine vergleichbare Situation. Auch hier wurde die Abteilungsstruktur im Anschluss an eine externe Evaluation jüngst modifiziert. Vor der Reorganisation waren die Abteilungen nach methodischen und inhaltlichen Gesichtspunkten getrennt: Zwei Abteilungen betrieben grundlagenorientierte, die dritte anwendungsorientierte Forschung. Im Unterschied zum Lambda- besaß das Beta-Institut eine komplexe Gremien- und Organisationsvielfalt für abteilungsübergreifende, interdisziplinäre Kooperationen. Dazu gehörten unter anderem Projektverknüpfungen, Querschnittsprojekte und Arbeitskreise. Abteilungsübergreifenden Charakter hatten auch die Institutsworkshops, in denen Projekte von allgemeinem Interesse vorgestellt wurden. Die Folge dieser komplexen Organisation waren hausinterne Machtkämpfe, die sich etwa darin äußerten, dass die Leiter der Querschnittsprojekte mit den Abteilungsleitern um die Verpflichtung interner Mitarbeiter/innen konkurrierten. Das Evaluationsgremium empfahl, die Anzahl der Strukturelemente zu verringern und gleichzeitig die abteilungsübergreifende Zusammenarbeit zu bündeln und dadurch zu stärken.

Nur wenige Monate vor dem Untersuchungszeitpunkt hat das Beta-Institut formell eine Matrix-Struktur eingeführt, die grundsätzlich dem Organisationsmodell der Institute Delta und Epsilon entspricht. Im Unterschied zu den Forschungsgruppen des Lambda-Instituts führten die neuen Querschnittsstrukturen des Beta-Instituts, die so genannten Forschungsbereiche, von Anfang an eigene Forschungsprojekte durch. Die Abteilungsleiter, die vor der Reorganisation für die Durchführung der Projekte zuständig waren, mussten einen großen Teil ihrer Kompetenzen an die neuen Koordinatoren der Forschungsbereiche abtreten. Die Abteilungsleiter waren zum Befragungszeitpunkt arbeitsrechtlich jedoch weiterhin für die Anstellung der Mitarbeiter/innen zuständig. Einzelne Stellen wurden aufgeteilt in zwei Teilpensen: eines für die Arbeit an Abteilungsprojekten und eines für diejenige an Projekten des Forschungsbereichs. Zur Wahrung ihrer inhaltlichen Flexibilität wurden die Forschungsbereiche außerdem auf fünf bis sechs Jahre befristet.

Zum Zeitpunkt der Befragungen war diese Reorganisation allerdings nicht abgeschlossen. Das Beta-Institut befand sich vielmehr mitten in der Transformationsphase, viele organisatorische Detailfragen schienen noch offen. Die Kompetenzverteilung zwischen Forschungsbereichen und Abteilungen, etwa in Fragen der Antragsstellung, war nicht endgültig geklärt. Auch das Arbeitsprogramm der Forschungsbereiche war in einem „bottom-up"-Prozess gerade erst entwickelt worden. Unklar war beispielsweise, ob DFG-Projekte, die mehrheitlich disziplinär ausgerichtet sind, weiterhin in die Zuständigkeit der disziplinär orientierten Abteilungen fallen oder wie die meisten anderen Projekte den neuen Forschungsbereichen zugeordnet werden sollten. Die teilweise sarkastischen Kommentare einzelner Befragter deuten darauf hin, dass die Reorganisation institutsintern zumindest umstritten ist.

> „Also jedes zweite Jahr ändern wir hier im Hause mal unsere Strukturen. Jetzt haben wir sie wieder geändert, jetzt ist alles Matrix auf einmal. Also toll, Matrix ist immer toll. Im Organisationslehrbuch steht, dass Matrix-Organisation etwas für ausgereifte Organisationen ist mit geringen Koordinationsnotwendigkeiten aufgrund der Eigendynamik, das ist bei uns leider überhaupt nicht der Fall, aber nun gut, jetzt machen wir Matrix." (Beta/Christian U.)

Manche Interviewpartner/innen vertreten die Ansicht, dass sich die neue Institutsstruktur nicht bewährt hat. Ein Mitarbeiter, der selbst einen Forschungsbereich leitet, bezweifelt, dass sich die beiden Parallelorganisationen – Abteilungen und Forschungsbereiche – längerfristig als tragfähig erweisen werden. Für die Beschäftigten bedeute die Reform, dass sie sich in zwei Organisationskulturen gleichzeitig bewegen und je nach Projekt für die alten Abteilungen oder für die neuen Forschungsbereiche arbeiten müssten. Er selbst geht davon aus, dass es einen längeren Zeitraum erfordere, bis sich die neue Organisationskultur durchsetzen würde. Eine Mitarbeiterin spricht gar von einem „Strukturbruch" und einer „selbst zugefügten Behinderung" (Beta/Conny M.). Andere erwähnen die hohen Transaktionskosten, die eine solche Reorganisation mit sich bringe. Weil in den Köpfen der Beschäftigten und im Institutsalltag weiterhin die Abteilungsstruktur dominiere, fehle im Institut immer noch eine interdisziplinäre theoretische Verständigung, was die Umsetzung der Reform zusätzlich erschwere, meint ein Befragter. Die Themenfindung für die neuen Forschungsbereiche habe zwar eine Reihe neuer Kontaktmöglichkeiten innerhalb des Instituts ergeben, was aber von den Beteiligten nicht immer mit Begeisterung wahrgenommen werde. Ein Mitarbeiter erinnert sich, dass einzelne Kooperationsvorschläge bei den angesprochenen institutsinternen Partnern auf höfliche Ablehnung stießen.

Die mangelnde institutsinterne Unterstützung der Strukturreform betrifft auch einzelne der neu geschaffenen Gremien. Zur Förderung interdisziplinärer Kooperationen wurde etwa ein „Arbeitskreis Methoden und Interdisziplinarität" gegründet, der sich bis zum Untersuchungszeitpunkt erst selten getroffen hat und institutsintern auf ein kritisches Echo stieß. Ein Befragter begründet dies mit dem hohen Leistungsdruck in den Projekten, der intensive methodisch-theoretische Reflexionen verhindere und immer wieder zu „selbstreferenziellem Arbeiten" zwinge (Beta/Florian Z.). Ein anderer Befragter meint, dass der Arbeitskreis seine eigentliche Bestimmung noch nicht gefunden habe, sondern sich noch in einem Suchprozess befinde.

Eine Mitarbeiterin fasst das verbreitete Unbehagen an der Matrix-Struktur in der Prognose zusammen, dass die neue Institutsorganisation nicht lange überleben werde. Und tatsächlich: Die Forschungsbereiche, das Kernstück der neuen Matrix-Struktur, wurden inzwischen wieder aufgelöst.[2]

Sei es, weil abteilungsübergreifende Organisationselemente wie im Lambda-Institut fehlen, sei es, weil solche Matrix-Strukturen wie im Fall des Beta-Instituts im Forschungsalltag kaum umgesetzt werden – die schwache organisationale Förderung interdisziplinärer Kooperationen spiegelt sich auch in der Einstellung der Beschäftigten gegenüber interdisziplinären Projekten wider. Die Antworten der Interviewpartner/innen belegen, dass in beiden Instituten zum Teil grundsätzliche Vorbehalte gegen interdisziplinäre Kooperationen bestehen. Der Direktor des Lambda-Instituts etwa äußert sich skeptisch gegenüber „Mehrpersonenprojekten", weil sie im Gegensatz zu Einzelprojekten, etwa Dissertationsvorhaben, einen hohen Leitungsaufwand erforderten (Lambda/Friedrich S.). Die meisten Forschungsprojekte werden im Lambda-Institut dementsprechend von Einzelpersonen durchgeführt. Ein Abteilungsleiter hält die forschungspolitische Forderung nach verstärkter Interdisziplinarität – im Sinne von methodisch und theoretisch integrierten Forschungskooperationen – für einen überzogenen, nicht einlösbaren Anspruch.

> „Ja, also den Begriff (Interdisziplinarität) mag ich überhaupt nicht, weil er eine reine Kunstformel ist. Es gibt Multidisziplinarität und es gibt möglicherweise übergeordnete Fragestellungen (...). Aber diese Fiktion, dass es Interdisziplinarität gäbe, sollte endlich auf den Berg der Geschichte oder in den Aktenmüll geschmissen werden (...). Deshalb kann man, wenn man einen halbwegs vernünftigen Anspruch daran hat, nur von Multidisziplinarität sprechen, sonst macht man einfach, belügt man sich, das ist ein In-die-Tasche-Lügen und nichts weiter." (Lambda/Heinrich D.)

Im Beta-Institut sind Gruppenprojekte zwar verbreitet, doch sind die Teams in der Regel entweder sozialwissenschaftlich oder ingenieurwissenschaftlich zusammengesetzt; hybride Forschungsgruppen bleiben die Ausnahme. Das Institut fürchtet insbesondere den hohen Organisationsaufwand für interdisziplinäre Projekte, eine Angst, die nicht zuletzt mit den begrenzten Ressourcen des kleinen Instituts zusammenhängt. Beklagt werden etwa die lange Vorbereitungs-

---

2 Da die Abschaffung der Forschungsbereiche erst nach unserer Befragung erfolgte, musste davon abgesehen werden, diese Entwicklung in den Untersuchungsrahmen der Studie mit aufzunehmen (Homepage Beta, 15.7.2003).

und Startphase und der hohe Koordinations- und Leitungsaufwand in interdisziplinären Forschungsprojekten.

Unter diesen Voraussetzungen überrascht es nicht, dass die Befragten des Beta- wie des Lambda-Instituts die Kooperationen eher als additiv-multidisziplinär denn als im engeren Sinne interdisziplinär einstufen. Der oben zitierte Lambda-Abteilungsleiter meint, die Forschungsresultate multidisziplinärer Projekte könnten bestenfalls einen Impuls für die beteiligten Disziplinen geben. Eine nachhaltige Rückkopplung auf die disziplinäre Forschung wird jedoch ausgeschlossen. Im Beta-Institut bezeichnen zwar viele Befragte ihre Arbeitsweise pauschal als interdisziplinär. Bei genauerer Betrachtung der Schnittstellen in den Kooperationsprojekten scheint aber die Forschungspraxis auch hier additiv und multidisziplinär. Transferprozesse zwischen den Disziplinen finden kaum statt. Einzelne Mitarbeiter/innen äußern zwar den Wunsch nach einer „hybriden" Forschung und meinen damit genuin interdisziplinäre Ansätze. Doch wird eingestanden, dass institutsintern eher die Haltung vorherrsche, „Disziplinärexzellenz zu zeigen" (Beta/Florian Z.). Auch im Beta-Institut scheint der Anwendungsdruck interdisziplinäre Lernprozesse zu behindern. Ein Doktorand meint, dass in interdisziplinären Projekten selten neue wissenschaftliche Erkenntnisse generiert würden, weil die praktischen Problemlösungen im Vordergrund stünden und das „Andocken an die Fachdisziplinen" zu kurz komme (Beta/Christian U.). Die Skepsis gegenüber interdisziplinärer Zusammenarbeit hängt auch damit zusammen, dass das Thema Interdisziplinarität erst auf Druck von außen – nach einer Evaluation des Wissenschaftsrats und einer entsprechenden Empfehlung zu verstärkter interdisziplinärer Forschung – institutsintern auf den Tisch kam.

2.5.3 Steuerungspraxis und typenspezifische Probleme

Der forschungspraktische Interdisziplinaritätsstil zeichnet sich grundsätzlich durch einen schwach entwickelten Steuerungsanspruch aus. Die Verantwortlichen auf Instituts- und Projektebene bezweifeln, dass sich interdisziplinäre Zusammenarbeit im Rahmen der pluralistischen Forschungspraxis ihrer Institute überhaupt verbessern lässt. Ein Abteilungsleiter des Lambda-Instituts glaubt nicht, dass die institutsinterne interdisziplinäre Forschung über das bestehende Maß hinaus gefördert werden kann. Die Abteilungen seien personell unterbesetzt. Für zeitaufwändige interdisziplinäre Kooperationen fehlten schlicht die nötigen Ressourcen.

> „Gucken Sie sich doch hier mal diese Regionen an, allein die (Gebiete), die wir hier bearbeiten, nicht wahr, das geht in (...) los und hört irgendwo in (...) auf! Und das machen

wir hier mit, mit einer ganz kleinen Mannschaft. Also, mehr kann man (...) nicht tun, kann man auch nicht erwarten." (Lambda/Emil K.)

Ein anderer Mitarbeiter äußert vergleichbare Vorbehalte. Das Lambda-Institut hätte sich in den letzten Jahren je nach Abteilung in verschiedene Richtungen spezialisiert. Dies habe die Autonomie der Abteilungen weiter verstärkt. Eine übergreifende, interdisziplinäre Fachdiskussion sei „mit dieser Konstruktion hier" nicht möglich (Lambda/Heinrich D.). Die zurückhaltende Steuerungspraxis spiegelt sich auch im Führungsstil des Institutsleiters wider, der auf einen möglichst geringen Führungsaufwand mit entsprechend schlanken Strukturen bedacht ist.

Der Direktor des Beta-Instituts formuliert einen ähnlich bescheidenen Steuerungsanspruch, der auf Dezentralisierung und Stärkung der wissenschaftlichen Autonomie der Mitarbeiter/innen ausgerichtet ist. Er lege großen Wert darauf, dass die Wissenschaftler/innen selbstverantwortlich und autonom handelten. Dadurch reduziere sich seine Managementaufgabe darauf, Initiativen zu ergreifen, die Aktivitäten zu koordinieren und eine Perspektive für das Gesamtinstitut zu formulieren. Er hält es dagegen für sinnlos, die institutsinterne Forschungsstrategie im Detail vorzuschreiben. Eine Einrichtung der Leibniz-Gemeinschaft wie das Beta-Institut könne sich einen solchen zurückhaltenden Führungsstil leisten, im Unterschied zu Einrichtungen der Max-Planck-Gesellschaft, die dem personenzentrierten Harnack-Prinzip verpflichtet seien.

So bescheiden der interne Steuerungsanspruch in den Instituten Beta und Lambda, so kritisch reagieren die Institute auf externe Steuerungs- und Einflussnahmeversuche. Ein Befragter meint pauschal, Interdisziplinarität lasse sich nicht verordnen oder durch externen Druck erzeugen. Die Skepsis reflektiert nicht zuletzt den hohen Grundfinanzierungsgrad beider Institute und die damit verbundene inhaltliche Autonomie der weitgehend drittmittelfreien Forschung. Im Beta-Institut liegt der Drittmittelanteil bei bloß 15 Prozent des Gesamthaushaltes. Von einigen Beschäftigten wird selbst dieser niedrige Anteil als zu hoch kritisiert, weil mit der Drittmittelabhängigkeit die Themenfindung aus dem Institut herausverlagert werde. Ein Interviewpartner befürchtet für die Zukunft einen weiteren Anstieg der Drittmittelquote, was letztlich der grundfinanzierten Institutsforschung schaden würde. „Wenn (im Drittmittelbereich) jemand mal erfolgreich ist, dann kriegt das eine Eigendynamik, und es gibt ein Management-Syndrom, und die Institutsprojekte leiden." (Beta/Klaus D.) Als Gegenmaßnahme schlägt der Befragte deshalb vor, bei einem weiteren Anstieg den Drittmittelanteil pro Person zu deckeln. Auch im Lambda-Institut, das seinen Haushalt zu rund 20 Prozent aus Drittmitteln bestreitet, werden externe Steuerungsversuche kritisch beurteilt. Als „externe" Eingriffe gelten hier bereits inhaltliche Inputs aus anderen Abteilungen. Ein Befragter merkt an, dass die Abteilungsleiter empfindlich auf Ratschläge von außen reagierten und keinen „Theorie-Nachhilfeunterricht" aus anderen Abteilungen akzeptieren würden (Lambda/Friedrich S.). Ein anderer Interviewpartner weist ebenfalls auf das problematische Verhältnis zwischen den Abteilungen hin, das sich nicht über Anweisungen der Institutsleitung fördern lasse, sondern höchstens auf freiwilliger Basis verbessert werden könne. Ein Mitarbeiter meint, die interdisziplinäre Zusammenarbeit sollte vor allem auf kognitiver Ebene, etwa durch die Suche nach interdisziplinären Forschungsthemen, befördert werden. Dazu schlägt er den Einsatz einer kleinen Arbeitsgruppe vor, einer „Task Force" mit der Aufgabe, interdisziplinäre Themen zu definieren und dem Institut zur weiteren Bearbeitung vorzuschlagen (Lambda/Heinrich D.).

2.5.4 Bilanz des forschungspraktischen Interdisziplinaritätsstils: Grenzen der Interdisziplinarität in anwendungs- und serviceorientierten Forschungsfeldern

Im Vergleich zu den drei anderen Interdisziplinaritätsstilen ist der forschungspraktische Stil wohl die uneffektivste Kooperationsform. Dies liegt an den ungünstigen Voraussetzungen für interdisziplinäre Kooperationen, wie sie in den Instituten Beta und Lambda beispielhaft auftreten. Nicht nur die kognitiven Anreize für interdisziplinäre Forschungen sind vergleichsweise schwach, auch organisationale Instrumente zur Steuerung und Verbesserung interdisziplinärer Kooperationen sind kaum vorhanden.

Auf kognitiver Ebene besteht im Beta-Institut zwar ein interdisziplinär angelegtes Forschungsfeld, doch fehlt ein methodischer Konsens über die Bearbeitung übergreifender Forschungsfragen. Die Disziplinen konkurrieren vielmehr miteinander und ringen um die institutsinterne Vormachtstellung. Im Institut Lambda fehlt sogar ein gemeinsames Forschungsfeld. Obwohl in beiden Instituten interdisziplinäre Forschungsansätze zur besseren Verständigung zwischen den Disziplinen formuliert wurden, hapert es mit der Umsetzung des Anliegens. Die Autonomie der Abteilungen ist in beiden Fällen so hoch, dass die interdisziplinären Ansätze bis zum Befragungszeitpunkt erst teilweise in die Praxis umgesetzt werden konnten.

Auf organisationaler Ebene illustrieren die Institute Beta und Lambda die problematischen Folgen kaum vorhandener organisationaler Steuerungsinstrumente für die interdisziplinäre Forschung. Beide Institute verfügen über eine Organisationsform, die interdisziplinären Kooperationen hinderlich ist. Das Lambda-Institut hat eine stark dezentralisierte Abteilungsstruktur, zudem sind die Projekte meist als Einzelprojekte angelegt. Im Beta-Institut wirkt die alte Abteilungsstruktur trotz Umstellung auf eine Matrix-Organisation weiterhin nach. Die nur bedingt erfolgreiche Institutsreorganisation zeigt, wie schwierig es ist, eine neue Organisationsform einzuführen, wenn das Institut von einer dezentralisierten Steuerungstradition geprägt ist. Die Umstellung auf eine Matrix-Organisation stieß institutsintern auf Widerstand und ließ sich bis zum Zeitpunkt der Befragung erst teilweise umsetzen. Die Projekte im Beta-Institut waren nur beschränkt interdisziplinär ausgerichtet, insbesondere die hybride Konstellation des Instituts mit sozial- und ingenieurwissenschaftlichen Disziplinen konnte nicht auf die Projektebene übertragen werden. Die Projekte waren weiterhin entweder sozial- oder ingenieurwissenschaftlich angelegt.

Ein weiteres Hindernis für interdisziplinäre Kooperationen bildet die starke Anwendungsorientierung der beiden Institute, die sich je spezifisch äußert. Das Lambda-Institut verfolgt mit seiner Forschung ein primär gundlagenorientiertes, disziplinäres Anliegen, nimmt aber zugleich verschiedene anwendungsbezogene Aufgaben als Service- und Beratungseinrichtung wahr. Es dient unter anderem als Dokumentationsstelle, als Anlaufstelle für Anfragen der Medien und gibt verschiedene wissenschaftliche Zeitschriften heraus. Weil diese Service- und Beratungsarbeiten forschungsfern sind, wird durch sie der interdisziplinäre Austausch am Institut nicht eben gefördert. In vergleichbarer Form findet sich dieses Spannungsfeld zwischen Praxisbezug und interdisziplinärem Anspruch auch im Beta-Institut. Hier werden Forschungsprojekte, ähnlich wie im heuristischen Interdisziplinaritätsstil, unter starkem Anwendungsdruck durchgeführt. Insbesondere die damit verbundenen zeitlichen und finanziellen Restriktionen der Projekte wirken sich hinderlich auf interdisziplinäre Kooperationen aus. Offenbar ist eine starke Problem- und Anwendungsorientierung der Qualität interdisziplinärer Forschung nur bis zu einem bestimmten Maße zuträglich – eine wichtige Erkenntnis, die am Ende dieses Kapitels eingehender diskutiert wird (Abschnitt 2.7).

Der Anwendungsdruck bereitet den Instituten Beta und Lambda nicht zuletzt deshalb Probleme, weil sie lange Zeit gewohnt waren, weitgehend grundmittelfinanzierte Forschungsprojekte zu betreiben. Erst in jüngster Zeit haben die Institute versucht, sich gegenüber der Drittmittelförderung zu öffnen, teilweise auch auf externen, wissenschaftspolitischen Druck hin. In dieser Übergangsphase zwischen traditioneller Grundfinanzierung und neuer Drittmittelorientierung stoßen die Appelle zu verstärkter Interdisziplinarität, die mit Drittmittelprojekten verbunden sind, auf besonders starke institutsinterne Gegenreaktionen. In beiden Instituten war zum Untersuchungszeitpunkt die Skepsis gegenüber externen Einflussnahmen auf die Institutsforschung noch weit verbreitet.

Unter diesen Voraussetzungen hat sich in beiden Instituten die disziplinär organisierte, pluralistische Institutskultur trotz Reformansätzen lange halten können. Auch externe Empfehlungen von Evaluationsgremien haben in dieser Situation einen ambivalenten Effekt. Einerseits legt der externe Druck die internen Struktur- und Kohärenzprobleme der Institute offen und setzt so einen Reflexionsprozess in Gang. Andererseits kann externe Kritik eine interne Gegenreaktion provozieren und dadurch nichtintendierte Folgen haben. Die teilweise erfolglose Strukturreform im Beta-Institut ist dafür ein treffendes Beispiel. Die neu eingeführte Matrix-Struktur scheint die institutsinternen Konflikte eher verschärft als beruhigt zu haben.

Insgesamt steht die Interdisziplinaritätsdebatte in beiden Instituten noch am Anfang. Die Akteure tun sich schwer, diesbezügliche Forschungsperspektiven zu entwickeln, was sich auch darin äußert, dass einzelne Befragte Interdisziplinarität mit wissenschaftlicher Kooperation schlechthin verwechseln. Bis zum Untersuchungszeitpunkt kam ein interdisziplinärer Austausch in beiden Instituten vor allem auf *forschungspraktischer* Basis, etwa im Rahmen von interdisziplinär angelegten Drittmittelprojekten, zustande. Die kognitive Kohärenz und organisationale Beständigkeit des forschungspraktischen Interdisziplinaritätsstils ist jedoch gering. Unter diesen Bedingungen zeigt sich am Beispiel der Institute Beta und Lambda nicht zuletzt, dass ein übersetzter interdisziplinärer Anspruch eine Organisation auch überfordern kann. Der Aufbau interdisziplinärer Kooperationen erweist sich als langwieriger Prozess, bei dem mit Rückschritten und Fehlschlägen zu rechnen ist.

2.6 Interdisziplinäre Publikationsmöglichkeiten und Karrierechancen

Neben der Ebene der *Forschungspraktiken*, das heißt den vier Interdisziplinaritätsstilen, haben wir in den befragten Instituten auch die Bedeutung interdisziplinärer Forschung für die *Qualifikationschancen* der Mitarbeiter/innen untersucht. Das Qualifikationsproblem, das sich in allen Instituten ähnlich stellt, bedarf einer gesonderten Erörterung. Die Problematik liegt darin, dass interdisziplinäre Projekterfahrungen nicht zu den konventionellen, disziplinären Publikations- und Karrierestrukturen der Wissenschaft passen. Es stellt sich also die Frage, wie sich interdisziplinäre Forschungsprojekte auf die Publikationsmöglichkeiten und Karrierechancen der befragten Wissenschaftler/innen auswirken.

Grundsätzlich bieten außeruniversitäre Forschungseinrichtungen ein gutes Umfeld für Qualifizierungsarbeiten im Rahmen eines Promotions- oder Habilitationsprojekts. Der Wissenschaftsrat stellte beispielsweise 1997 fest, dass die außeruniversitären Institute gegenüber den universitären Einrichtungen bessere Qualifikationsstellen anbieten, weil hier der Anteil an forschungsfernen Arbeiten gering ist und deshalb die Dissertationsprojekte schneller vorankommen, was sich auch in einer höheren Promotionsrate niederschlägt. Die Schwierigkeiten außeruniversitärer Karrierewege liegen nach Einschätzung des Wissenschaftsrats vor allem in der Phase nach der Habilitation, wenn Mitarbeiter/innen außeruniversitärer Einrichtungen eine feste Position im Hochschulbereich anstreben (Wissenschaftsrat 1997: 23f., 34f.). Trotz eines grundsätzlich förderlichen Umfelds ist zu vermuten, dass die Qualifizierung des wissenschaftlichen Nachwuchses in den neun untersuchten Instituten unter erschwerten Bedingungen stattfindet. Anlass zu dieser Vermutung ist die verbreitete These, dass interdisziplinäre Forschung wissenschaftliche Karrierechancen eher behindere als fördere, weil interdisziplinäre Qualifikationen nicht ins Muster der disziplinären Publikationsorgane und des disziplinär strukturierten universitären Stellenmarktes passen (Weingart 2001: 121, 348; Nowotny 1993: 238f.).

Die Auswertung der Interviews zeigt, dass sich für die Beantwortung dieser Frage eine andere als die bisher verwendete Institutstypologie aufdrängt. Die Gliederung der Institute nach kognitiven und organisationalen Umständen der Forschung hat für die Publikations- und Karrierestrategien keine unmittelbare Bedeutung. Ob ein Institut einen hohen oder niedrigen Organisationsgrad aufweist, ist für die Karrieren der Mitarbeiter/innen nicht weiter erheblich.

Die Auskünfte unserer Interviewpartner/innen verdeutlichen vielmehr, dass die wissenschaftliche Laufbahn und die Publikationsnachweise der Befragten entscheidend vom *Forschungstyp* der jeweiligen Einrichtung bestimmt sind. Für die Beschäftigten eines ausschließlich *anwendungsorientierten* Instituts stellt sich das Spannungsfeld zwischen interdisziplinärer Forschung und disziplinärer Karriere grundsätzlich anders dar als für die Mitarbeiter/innen eines *grundlagenorientierten* Instituts. Die Institute sind in den folgenden Ausführungen deshalb in zwei Gruppen unterteilt. Zur ersten Gruppe gehören die Einrichtungen mit einem eher grundlagenorientierten Forschungstyp. Dazu zählen insbesondere die Institute der Klima- und der Umweltforschung (Alpha, Gamma, Delta, Epsilon, Rho) sowie das Omega-Institut. Die zweite Gruppe besteht aus drei Instituten, die entweder ausschließlich oder überwiegend anwendungsorientierte Forschung betreiben, oft mit einem bedeutenden Anteil an Service- und Infrastrukturdienstleistungen (Beta, Lambda, Omikron). Manche Institute umfassen sowohl grundlagen- als auch anwendungsorientierte Abteilungen – solche Binnendifferenzierungen bleiben bei der vorgeschlagenen Gruppierung jedoch vernachlässigt.[3]

Im Folgenden werden zunächst die Auswirkungen interdisziplinärer Kooperationen auf die Publikationschancen, anschließend diejenigen auf die Karrierewege analysiert. Der Schwerpunkt der Ausführungen liegt auf der Frage, wie sich interdisziplinäre Forschungserfahrungen in den untersuchten Instituten auf die *akademische* Karriere der Befragten niederschlagen. Auf außerakademische Karriereplanungen wird nur am Rande verwiesen. Als Hauptergebnis lässt sich die folgende Regel aufstellen: Wer eine *akademische* Karriere verfolgt, findet in grundlagenorientierten Instituten ein karrierefreundlicheres Arbeitsumfeld mit besserer Anschlussfähigkeit an die universitäre Forschung vor als in anwendungsorientierten Instituten. Wer dagegen eine Karriere auf dem *außerakademischen Arbeitsmarkt* anstrebt, ist in einem anwendungsorientierten Institut besser aufgehoben.

2.6.1 Interdisziplinarität und Publikationsmöglichkeiten

Fast alle Befragten stimmen darin überein, dass wissenschaftliche Zeitschriften zwar weitgehend disziplinär orientiert sind, jedoch interdisziplinäre Forschungsergebnisse kein grundsätzliches Hindernis für Publikationen in angesehenen „refereed journals" bedeuten. Praktische Probleme kommen zwar vor, doch werden sie als lösbar erachtet. Zu diesen praktischen Hindernissen gehört etwa, wenn Ergebnisse aus interdisziplinären Gemeinschaftsprojekten zunächst nach den beteiligten Disziplinen wieder auseinander dividiert werden müssen, damit die Wissenschaftler/innen sie in ihren je bevorzugten Zeitschriften veröffentlichen können. Außerdem sind Publikationen in Zeitschriften mit „Peerreview"-System nicht in allen Instituten und nicht für alle Befragten gleich bedeutsam. Insbesondere jene Personen, die eine Karriere außerhalb des Hochschulsystems planen, sind eher an praktischen Qualifikationen wie Projekt- oder Führungserfahrung denn an Zeitschriftenpublikationen interessiert.

In den *grundlagenorientierten Instituten* haben Publikationen in angesehenen Journals für die Mitarbeiter/innen einen hohen Stellenwert. Gleichzeitig scheint in der Grundlagenforschung kein Mangel an renommierten Zeitschriften zu bestehen, die auch für die Veröffentlichung interdisziplinärer Forschungser-

---

3   Dies gilt insbesondere für das Beta-Institut, das je nach Abteilung unterschiedlich ausgerichtet ist. Zwei Abteilungen sind stärker grundlagenorientiert, die dritte ist ausschließlich anwendungsorientiert. Weil die Grundlagenorientierung institutsgeschichtlich jüngeren Datums ist, wird das Institut der anwendungsorientierten Gruppe zugeteilt.

gebnisse geeignet sind. In der Klima- und der Umweltforschung etwa hat sich in den letzten Jahren ein breites Feld interdisziplinärer Zeitschriften mit „Peerreview"-System etabliert (Institute Alpha, Gamma, Delta, Epsilon, Rho). Insbesondere die Klimaforschung hat inzwischen einen Stand erreicht, der durchaus disziplinären Charakter aufweist. Sie ist zwar universitär schlecht verankert, verfügt aber über eigene Publikationsorgane, institutionalisierte Forschungsnetzwerke, einen übergeordneten methodischen Ansatz und nicht zuletzt eine typische interdisziplinäre Fächerkombination. Weil der untersuchte Gegenstand, das Klima, sich nur interdisziplinär erklären lasse, so ein Befragter, müssten auch die Journals der Klimaforschung zwingend interdisziplinär orientiert sein, dies gehöre zur „Natur der Sache" (Gamma/Robert B.). In den Instituten Alpha und Epsilon bereitet es den meisten Befragten keine Mühe, spontan einige interdisziplinäre Fachzeitschriften zu nennen, in denen sie ihre Forschungsergebnisse veröffentlichen können. Auch disziplinäre Zeitschriften, etwa im Bereich der Geophysik, haben sich in den letzten Jahren zunehmend für interdisziplinäre Beiträge geöffnet. Kaum Probleme mit interdisziplinären Publikationen haben ebenfalls die Mitarbeiter/innen des Omega-Instituts, einer Max-Planck-Einrichtung, die nicht in der Klima- und Umweltforschung engagiert ist. Das Forschungsfeld des Instituts ist so breit angelegt, dass die meisten Fachzeitschriften dieses Gebiets Beiträge aus verschiedenen Disziplinen veröffentlichen.

In interdisziplinären Fachzeitschriften zu veröffentlichen bedeutet aber nicht automatisch, interdisziplinäre Beiträge zu verfassen. Die Journals selber sind zwar interdisziplinär ausgerichtet. In dem Maße aber, wie das Fachwissen – im konkreten Fall: der Umwelt- und Klimaforschung – letztlich disziplinär strukturiert ist, veröffentlichen auch interdisziplinäre Journals in der Regel disziplinär gehaltene Beiträge. Dies gilt etwa für den Fachbereich des Omega-Instituts. Die Journals sind hier gleichsam multidisziplinär orientiert, indem sie eine Vielzahl verschiedener disziplinärer Beiträge nebeneinander publizieren. Ein Befragter des Omega-Instituts spricht davon, dass nicht die einzelnen Beiträge, sondern die Summe der Zeitschriftenartikel interdisziplinär sei. Verschiedene Mitarbeiter/innen bestätigen, dass die Qualität einer Veröffentlichung primär an ihrer disziplinären Spezialisierung gemessen werde und der Publikationsort sekundär sei. Ein Befragter des Epsilon-Instituts konstatiert, dass man in der Umweltforschung dazu neige, sich mit immer spezielleren Fragen zu beschäftigen. „Und das wird traditionellerweise bei uns im Universitätssystem hoch bewertet, das ist also dann die Durchschlagskraft der Spezialuntersuchung." (Epsilon/Rüdiger T.) Auch ein Mitarbeiter des Delta-Instituts bekräftigt, dass es weniger auf den Publikationsort ankomme, sondern darauf, dass die Forschungsergebnisse gut seien. Jedenfalls ermöglichen diese Publikationsregeln den Wissenschaftlern und Wissenschaftlerinnen interdisziplinärer Institute, sich auf disziplinären Feldern zu qualifizieren.

Der Stellenwert interdisziplinärer Journals bleibt für manche Befragte allerdings gegenüber disziplinär orientierten Zeitschriften beschränkt, weil letztlich die disziplinären Journals doch den höchsten Reputationsgrad besitzen. Dies führt beispielsweise dazu, dass viele Befragte aus karrierestrategischen Gründen vorab in disziplinären Zeitschriften veröffentlichen. Interdisziplinäre Zeitschriften sind gegenüber disziplinären meist jünger – häufig kaum mehr als zehn Jahre alt – und innerhalb der akademischen Gemeinschaft weniger bekannt. Eine Publikation in einer interdisziplinären Zeitschrift hat deshalb einen geringeren Impact-Factor auf dem Citation-Index als eine Veröffentlichung in einem einschlägigen disziplinären Journal.

Vor allem in jungen, kaum etablierten Forschungsfeldern sind die interdisziplinären Zeitschriften noch wenig renommiert. Im Forschungsbereich des Beta-Instituts beispielsweise sind die anerkannten interdisziplinären Journals weitgehend im englischsprachigen Raum verankert, während die wenigen deutschsprachigen Fachzeitschriften meist kein „Peer-review"-System haben. Zwar wurden in den letzten Jahren auch im deutschsprachigen Raum einige interdisziplinäre Zeitschriften gegründet, doch veröffentlichen die Beta-Mitarbeiter/innen vorzugsweise in den anerkannten englischsprachigen Journalen.

Das Reputationsproblem interdisziplinärer Zeitschriften scheint aber ein vorübergehendes zu sein. Mit der Ausdifferenzierung und Institutionalisierung neuer Forschungsfelder gewinnen auch die interdisziplinären Zeitschriften an Renommee. In der Klimaforschung beispielsweise wurden in den letzten Jahren verschiedene interdisziplinäre Zeitschriften gegründet, teilweise auch in elektronischer Form, die innerhalb kurzer Zeit eine hohe wissenschaftliche Reputation erlangten.

Das Publikationsverhalten in den *anwendungsorientierten Instituten* (Beta, Lambda, Omikron) unterscheidet sich in zwei Punkten von dem in grundlagenorientierten Einrichtungen. Einerseits sind die beruflichen Werdegänge in anwendungsorientierten Instituten, etwa im Fraunhofer-Institut Omikron, nicht ausschließlich auf akademische, sondern auch auf Wirtschaftkarrieren ausgerichtet – ein Punkt, auf den später zurückzukommen ist (vgl. Abschnitt 2.6.2). Die Wissenschaftler/innen mit außerakademischen Karriereplänen kümmern sich entsprechend weniger um Publikationen im Allgemeinen und um das Renommee interdisziplinärer Zeitschriften im Besonderen, weil eben wissenschaftliche Qualifikationen für privatwirtschaftliche Karrieren nur bedingt hilfreich sind. Andererseits scheinen in der anwendungsorientierten Forschung die Publikationsmöglichkeiten breiter und vielschichtiger zu sein als in der Grundlagenforschung. Anwendungsorientierte Institute sprechen mit ihrer Forschung meist ein heterogenes Publikum an, was sich auch in den Publikationsstrategien widerspiegelt. Auf die Frage nach der institutsspezifischen Publikationspraxis antwortet etwa ein Mitarbeiter des Omikron-Instituts:

> „Da gibt's keine Institutsphilosophie, ja? Entscheidend ist, dass wir publizieren, dass wir Marketing treiben (...). Es gibt Leute, die publizieren natürlich in Fachzeitschriften, die ge-reviewed werden, es gibt Leute, die publizieren in der ‚Wirtschaftswoche‘, weil sie sagen, das sind meine Kunden, was nützt mir denn da eine psychologische Fachzeitschrift in den USA, wo ich ge-reviewed werde, aber da krieg' ich keine Kunden. (...) Insofern haben wir eine Mordsbreite (...). Das ganze Spektrum finden Sie hier.“ (Omikron/Dietmar E.)

Das ebenfalls anwendungsorientierte Beta-Institut bestätigt diesen Befund. Auch hier wird die Vielfalt der Publikationsmöglichkeiten mit dem Anwendungsbezug der Institutsforschung begründet. Ein Mitarbeiter erläutert, dass sich die Publikationspraxis eben nicht nur an den Fachzeitschriften orientiere. Es werde zusätzlich versucht, den Anwendungskontext anzusprechen und in die regionalen und kommunalen Verwaltungen, die zur Institutskundschaft gehören, hineinzuwirken. Das Publikum solcher Beiträge seien Beamte oder politische Behörden, die mit Veröffentlichungen in Zeitschriften mit „Peer-review“-System kaum erreicht würden. Die dritte anwendungsorientierte Einrichtung, das Lambda-Institut, ist hinsichtlich der Publikationsmöglichkeiten ein Sonderfall. Das Institut gibt verschiedene eigene Zeitschriften heraus, deshalb werden hier die Publikationsmöglichkeiten für interdisziplinäre Forschungsergebnisse als völlig unproblematisch geschildert.

2.6.2 Interdisziplinarität und Karrierechancen

Das Spannungsverhältnis zwischen Interdisziplinarität und Karriereplanung wird von den Befragten je nach Generation und Forschungsfeld des Instituts unterschiedlich beurteilt. In anwendungsbezogenen Forschungsbereichen und auf Seiten des wissenschaftlichen Nachwuchses werden interdisziplinäre Forschungserfahrungen mehrheitlich als potenzielle Karrierehemmnisse wahrgenommen. Junge Wissenschaftler/innen, insbesondere Doktorandinnen und Doktoranden, weisen in den Interviews auf eine Reihe von Karrierehindernissen im Rahmen ihrer interdisziplinären Projektarbeit hin. In grundlagenorientierten Instituten und unter promovierten Wissenschaftler/innen sind solche Klagen dagegen seltener, obwohl auch hier die interdisziplinären Qualifikationen mit den disziplinär strukturierten Karrierewegen abzustimmen sind. Etablierte Wissenschaftler/innen scheinen aber gelernt zu haben, mit diesem Spannungsverhältnis produktiv umzugehen. Zunächst sollen die Karrierewege in den grundlagenorientierten Instituten untersucht werden. Auf der Promotionsstufe stehen zwei Problembereiche im Vordergrund. Zum einen leiden die Dissertierenden häufig unter einer doppelten Belastung: Ihre Promotionsvorhaben sind zwar meist mit der interdisziplinären Projektmitarbeit am außeruniversitären Institut verbunden, zur Fertigstellung der Dissertation reichen die normalerweise auf drei Jahre angelegten Projektlaufzeiten jedoch selten aus: „Nach drei Jahren wird keiner fertig." (Gamma/Henning S.) Der Erfolg eines Promotionsvorhabens hängt in solchen Fällen von den Chancen auf eine Anschlussfinanzierung ab.

Zum zweiten stellt sich für Promovierende in interdisziplinären Projekten ein Betreuungsproblem. Sie müssen, weil das Promotionsrecht bei den disziplinär organisierten Hochschulen liegt, eine universitäre Betreuung finden. Dies lässt sich dann leicht bewerkstelligen, wenn Leitungspersonen des außeruniversitären Instituts durch Doppelberufungen zugleich einen universitären Lehrstuhl innehaben, so wie es beispielsweise im Gamma-, im Delta- und im Epsilon-Institut der Fall ist. Schwieriger gestaltet sich die Suche nach einer Doktormutter oder einem Doktorvater an Instituten, an denen solche Doppelberufungen fehlen, wie am Omega- oder am Alpha-Institut.

> „Wenn man die (Doppelberufung) nicht hat, dann gucken Sie halt, welche Uni würde thematisch oder welches Institut passt thematisch einigermaßen zu meiner Aufgabe, wo hat vielleicht mein Chef auch persönliche Kontakte oder wo hab ich persönliche Kontakte, welche Leute liegen mir, (...) dann überlegt man auch: Wie geht jetzt das Promotionsverfahren bei denen eigentlich los, und kann ich verteidigen oder muss ich mich prüfen lassen? Und wer sitzt da in der Prüfungskommission, und das muss man halt alles irgendwie erst mal abwägen." (Epsilon/Ulla G.)

Wenn die Betreuungsaufgabe auf zwei Personen verteilt ist – eine Betreuung an der Hochschule, die andere am außeruniversitären Institut –, stellt sich oft ein Koordinationsproblem. Viele Doktorandinnen und Doktoranden klagen über diese geteilte Betreuung. Häufig erarbeiten die Dissertierenden am außeruniversitären Institut einen Projektbeitrag, den sie anschließend zu einer Promotion ausbauen. Während die Aufgabenstellung im außeruniversitären Projekt in der Regel klar ist, scheint die Verständigung mit den Betreuungsverantwortlichen an den Hochschulen über das Dissertationsthema schwieriger.

> „(Das Problem ist vielfach), dass viele Doktoranden relativ vielseitig arbeiten, dass auch das Doktorarbeitsthema gar nicht so eng gesteckt ist, (...) und das zieht natürlich letztlich die Doktorarbeit auch in die Länge, wenn nicht von vornherein klare Linien vorgegeben werden und man nicht auch durch regelmäßige Gespräche (...) auf den rechten Weg zurückgebracht wird." (Gamma/Bettina D.)

Immerhin scheint sich in den letzten Jahren die Betreuungsproblematik etwas entspannt zu haben, zumindest im Bereich der Umweltforschung. Ein Befragter verweist auf die zahlreichen Zentren für interdisziplinäre Umweltforschung, die an den Universitäten entstanden sind. Diese Zentren ermöglichen es, Promotionsvorhaben stärker mit der interdisziplinären Projektmitarbeit zu verbinden (Epsilon/Karl B.).

Auch für Postdocs und Habilitierende sind interdisziplinäre Forschungserfahrungen grundsätzlich nicht unproblematisch. In den Interviews wird etwa kritisiert, dass interdisziplinär erworbene Qualifikationen auf dem universitären Stellenmarkt kaum relevant seien. Ein Mitarbeiter des Omega-Instituts meint, es sei ein „riesengroßer Nachteil interdisziplinärer Forschung, dass die Professuren in Disziplinen (angesiedelt) sind", und solange dieses System Bestand habe, seien interdisziplinäre Karrierewege „weit weg von der Realität" (Omega/Otto W.). Ein anderer Befragter bestätigt, dass interdisziplinäre Projekte im beruflichen Lebenslauf zwar „schöne Arabesken" seien, dass sie einem aber in Berufungsverfahren oft vorgeworfen würden (Omega/Johannes G.).

In Einzelfällen kann ein stark interdisziplinär orientierter Lebenslauf einen geplanten Karriereverlauf auch vereiteln. Eine solche Erfahrung machte eine promovierte Wissenschaftlerin des Epsilon-Instituts, die nach ihrer Dissertation mit dem Gedanken spielte, ein Habilitationsprojekt zu beginnen. Während der Promotion hatte sie interdisziplinär geforscht und sich seither immer weiter von ihrer Herkunftsdisziplin entfernt. „Ich muss sagen, ich definiere mich als (interdisziplinäre Wissenschaftlerin), nicht primär als (Disziplinenvertreterin)." (Epsilon/Heidi S.) Weil sie zudem in den letzten Jahren vor allem in interdisziplinären Drittmittelprojekten gearbeitet hat, hält sie ihre Chancen auf eine Karriere im Hochschulsystem für zunehmend schlecht. Die Qualifikationen, die sie in den interdisziplinären Projekten erworben habe, seien ihren universitären Kollegen „völlig schnuppe, weil die halt nur ihre disziplinenbezogenen Tiefen sehen". Da es ihr folglich immer schwerer fiel, sich in der Hochschulforschung zu verorten, ist sie schließlich von der Idee, über ein Habilitationsprojekt eine Universitätslaufbahn einzuschlagen, wieder abgekommen.

Die Karrierechancen in außeruniversitären Forschungseinrichtungen können auch durch forschungsferne Organisationsaufgaben, die mit den Forschungsstellen verbunden sind, beeinträchtigt sein. Ein Wissenschaftler aus dem Epsilon-Institut kritisiert, dass jene Postdocs, die für eine Stelle mit großem Verwaltungsaufwand verpflichtet würden, beispielsweise für die Koordination eines großen Forschungsprojekts, praktisch von ihrer wissenschaftlichen Weiterentwicklung abgeschnitten seien. Einer seiner Kollegen meint, das Problem für Postdocs bestehe darin, dass eine Berufungs- oder Habilitationskommission den oder die Bewerber/in nicht nach der Höhe der eingeworbenen Drittmittel beurteile, sondern nach dem Umfang der Publikationsliste. Er betont jedoch auch, dass die Universitäten begonnen hätten, sich auf die Forschungsbedingungen außeruniversitärer Institute einzustellen, etwa mit der Einführung der kumulativen Habilitation.

Trotz solcher Probleme scheinen die meisten Wissenschaftler/innen auf Postdoc-Stufe gelernt zu haben, interdisziplinäre Forschung und disziplinäre Karriereziele miteinander abzustimmen. Der Tenor unter den Befragten ist, dass zwar eine grundsätzliche Spannung herrsche zwischen interdisziplinärer Projektarbeit und disziplinären Universitätskarrieren, dass die damit verbundenen Karrierehürden jedoch grundsätzlich beseitigt werden könnten. Viele der befragten Wissenschaftler/innen haben sich „präventive" Handlungsweisen angeeignet. Eine verbreitete Karrierestrategie besteht darin, trotz interdisziplinärer Projektarbeit primär in disziplinär ausgerichteten Zeitschriften zu publizieren. Selbst wenn in der Dissertationsphase die Bearbeitung einer interdisziplinären Forschungsfrage möglich war, konzentrieren sich die meisten Postdocs und Habilitierenden nach der Promotion auf ihre disziplinären Qualifikationen, um ihre Chancen auf eine Berufung zu wahren. Besonders anschaulich manifestiert sich diese Haltung im Omega-Institut. Hier verfolgen die meisten Beschäftigten neben der interdisziplinären Projektarbeit eine disziplinäre Forschungstätigkeit, mit der sie die Verbindung zu ihren Herkunftsdisziplinen aufrecht halten. Als ein Omega-Mitarbeiter vor der Wahl stand, seine Dissertation in den Wirtschaftswissenschaften oder in einem interdisziplinären Fachbereich abzulegen, entschied er sich gegen das interdisziplinäre Fach, weil die Wirtschaftswissenschaften eine höhere Reputation auf dem akademischen Markt genießen. Wer in den Wirtschaftswissenschaften promoviere, erklärt er, der sei auch auf interdisziplinär ausgerichteten Stellen einsetzbar, wer jedoch in einem interdisziplinären Fach promoviere, dem seien sämtliche wirtschaftswissenschaftlichen Hochschulstellen verschlossen. Solche präventiven Strategien scheinen sich auszuzahlen. Die meisten Postdoc-Karrieren, die bisher vom Omega-Institut ausgingen, verliefen erfolgreich.

Vergleichbare Verhaltensweisen sind auch in den Instituten der Klima- und Umweltforschung verbreitet. Ein Befragter des Delta-Instituts betont, dass die befürchteten Karrierenachteile durch interdisziplinäre Projekterfahrungen in Tat und Wahrheit gar nicht bestünden, weil die Mitarbeiter/innen in interdisziplinären Projekten individuell ohnehin disziplinär arbeiteten. Der interdisziplinäre Kontext wird primär durch den Projektzusammenhang vermittelt. Auch im Epsilon-Institut sind die Vorlesungen, die von Institutsbeschäftigten an der lokalen Universität gehalten werden, allesamt disziplinär angelegt, ebenso die meisten Dissertations- und Habilitationsprojekte. Disziplinäre Qualifikationen werden außerdem auch in interdisziplinären Einrichtungen in beschränktem Umfang gefördert, im Delta-Institut etwa durch die Abteilungsleiter, die für die Weiterbildung der disziplinären Qualifikationen zuständig sind.

Die bisherigen Ausführungen beziehen sich auf die grundlagenorientierten Institute. In anwendungsorientierten Einrichtungen stellt sich die Karrierefrage in einer grundsätzlich anderen Form. Dies zeigt sich deutlich im Fraunhofer-Institut Omikron, wo die Beschäftigten primär eine Laufbahn in der Privatwirtschaft anstreben und akademische Karrieren selten sind. Das Institut versteht sich mit den Worten eines Abteilungsleiters auch als „Durchlauferhitzer", in dem die Beschäftigten vier bis sechs Jahre arbeiten, um später außerhalb des Omikron-Instituts Karriere zu machen (Omikron/Dietmar E.).

Für den privatwirtschaftlichen Stellenmarkt scheint eine Beschäftigung an einem Fraunhofer-Institut eine gute Referenz zu sein, zumindest hatten in den vergangenen Jahren die abgehenden Mitarbeiter/innen kaum Probleme, eine Stelle zu finden. Für die wenigen Beschäftigten mit akademischen Karriereabsichten stellen sich jedoch dieselben Probleme wie in den grundlagenorientierten Forschungsinstituten: Interdisziplinarität verträgt sich schlecht mit dem disziplinären universitären Stellenmarkt. Auch die stark anwendungsbezogenen Forschungserfahrungen, die das Omikron-Institut vermittelt, sind für eine akademische Laufbahn wenig nützlich. Mehrere Befragte bestätigen, dass Projekte im Bereich der Auftragsforschung einer akademischen Karriere eher abträglich als förderlich sind.

Die wenigen akademischen Karrieren, die vom Omikron-Institut ausgehen, führen meist in den Bereich der Fachhochschulen. Nur ausnahmsweise gelingt es ehemaligen Beschäftigten, sich erfolgreich um einen Universitätslehrstuhl zu bewerben. Ihnen fehlt neben dem disziplinären Publikationsnachweis auch das soziale Netzwerk innerhalb der Disziplinen. Interdisziplinarität, so formuliert es ein Befragter, erschwere Seilschaften (Omikron/Burkhard C.).

Als besonders problematisch erweist sich die Anwendungsorientierung des Omikron-Instituts für Promovierende. Auf Dissertationsstufe lässt sich die anwendungsorientierte Forschung nur schwer mit dem oft disziplinären Forschungsanliegen verbinden. Meist sind die Dissertierenden gezwungen, einen besonders hohen Zusatzaufwand – häufig außerhalb der Projektarbeitszeit – zu leisten, um im Anschluss an ein Omikron-Projekt zu promovieren. Zwar sind alle Abteilungsleiter bereit, Dissertationsvorhaben ihrer Mitarbeiter/innen zu betreuen, auch werden verschiedene institutsinterne Doktorandenkolloquien veranstaltet. Dissertation und Projektarbeit lassen sich aber nur schwer miteinander vereinbaren, weil die Stellen prinzipiell als Projektstellen vergeben werden, ohne Rücksicht auf Promotionsabsichten. Promotionsstellen, auf denen neben der Projektarbeit eine Dissertation geschrieben wird, gibt es im Omikron-Institut keine. Das Institut ist ebenso an keinem Graduiertenkolleg beteiligt. Wissenschaftliche Mitarbeiter/innen, die promovieren wollen, müssen dies somit in ihrer Freizeit tun. Die Synergieeffekte zwischen Dissertations- und Projektthemen sind außerdem oft schwach. Nur wenige Beschäftigte sind bereit, eine solche Doppelbelastung von Projekt- und Promotionsforschung zu schultern. Entsprechend lange ist die durchschnittliche Promotionsdauer am Omikron-Institut: Zum Befragungszeitpunkt lag sie bei sieben Jahren.

Immerhin wird versucht, die Promotionsbedingungen durch ein Abschlussförderungsprogramm zu verbessern. Das Programm sieht vor, dass wissenschaftliche Mitarbeiter/innen für ein halbes Jahr ohne Einkommensverlust von Projektarbeiten freigestellt werden können, falls sich ihre Dissertation in der Schlussphase befindet. Die Freistellung soll bewirken, dass die „Karotte Dissertation in erreichbarem Abstand hängt" (Omikron/Christian D.). Diese Regelung wurde zunächst stark genutzt und führte auch zu einer erhöhten Promotionsquote. Zum Zeitpunkt der Befragung war diese aber wieder gesunken, da die strukturellen Probleme, vor allem die inhaltliche Spannung zwischen Promotions- und Projektthemen, trotz Förderprogramm weiter bestand. Noch immer konnten sich viele Promovierende nicht von der Projektarbeit frei machen; selbst jene, die das Programm beanspruchten, hatten Mühe, ihre Dissertation fertig zu stellen.

2.6.3 Schlussfolgerungen: Risiken anwendungsbezogener Forschung („Mode 2")

Die Interviews belegen, dass interdisziplinäre Forschungsprojekte nicht ohne Risiken für den Publikationsnachweis und die Karriereplanung der Beteiligten sind. So ist das Spektrum an renommierten interdisziplinären Zeitschriften in den meisten Fächern klein. In jungen, noch kaum institutionalisierten Spezialgebieten sind die Publikationsmöglichkeiten für interdisziplinär orientierte Wissenschaftler/innen teilweise begrenzt. Außerdem genießen die jüngeren interdisziplinären Journals im Vergleich zu disziplinären Publikationsorganen noch ein geringeres Renommee. Erst mit der Etablierung neuer Forschungsfelder und der Institutionalisierung der entsprechenden Fachzeitschriften steigt auch der Anreiz, in diesen Journals zu publizieren. Hinzu kommt, dass sich mit der Durchsetzung neuer Forschungsfelder auch disziplinär orientierte Zeitschriften für Beiträge jenseits ihres traditionellen Themenfelds zu öffnen beginnen.

Auch die Karriereplanung wird durch interdisziplinäre Projekterfahrungen eher behindert als erleichtert, besonders wenn eine akademische Karriere an einer Universität angestrebt wird. Promovierende in interdisziplinären außeruniversitären Einrichtungen haben oft Schwierigkeiten, eine geeignete universitäre Betreuungsperson zu finden. Postdocs und Habilitierende befürchten zudem, dass bei ihren Bewerbungen auf Universitätsstellen ihre interdisziplinären Qualifikationen kaum ins Gewicht fallen.

Die Interviews zeigen allerdings, dass die Mitarbeiter/innen außeruniversitärer Institute lernen, mit diesen Hindernissen umzugehen. Vor allem Postdocs und Habilitierende pflegen ihre disziplinären Qualifikationsnachweise bewusst weiter und führen damit eine Doppelexistenz mit disziplinärem und interdisziplinärem Profil. In den untersuchten Instituten, vor allem in den grundlagenorientierten Einrichtungen, bereitet ein solches Doppelleben keine gravierenden Schwierigkeiten. Einzelne Institute verfolgen auch auf organisatorischer Ebene eine Doppelstrategie, etwa in Form einer Matrix-Institutsorganisation. Die Querschnittselemente der Matrix-Strukturen verstärken dabei die interdisziplinären Kontakte, während die Abteilungen den disziplinären Anliegen verpflichtet sind.

Das größte Hindernis für akademische Karrieren bildet weniger die Interdisziplinarität an sich als die starke Anwendungsorientierung vieler interdisziplinärer Institute. In anwendungsorientierten Projekten wird meist eine Reihe von forschungsfernen Leistungen erbracht, die auf dem universitären Arbeitsmarkt einen niedrigen Stellenwert haben. Dazu gehören etwa Drittmittelakquisition, Management- und Koordinationsaufgaben oder Publikationen für ein breites Publikum. Gleichzeitig fehlen unter hohem Anwendungsdruck häufig die zeitlichen und materiellen Ressourcen, um die Forschungsergebnisse für Publikationen in Zeitschriften mit „Peer-review"-System aufzubereiten. Anwendungsorientierte Institute bilden für ihre Mitarbeiter/innen mit akademischen Karriereabsichten daher ein problematisches Arbeitsumfeld.

Die neuere Wissenschaftsforschung hat wiederholt einen Trend in Richtung interdisziplinärer oder gar transdisziplinärer, auf jeden Fall anwendungsbezogener Forschung diagnostiziert, am bekanntesten in der These eines neuen Modus („Mode 2") der Wissensproduktion. Dabei wurde der Anwendungsbezug interdisziplinärer Forschung durchaus normativ als positives Merkmal einer „sozial robusten" Wissensproduktion definiert (Gibbons/Nowotny 2001; Nowotny et al. 2003; kritisch: Pestre 2003). Vor dem Hintergrund unserer Fallbeispiele muss deshalb ein Fragezeichen hinter die postulierte Erfolgsgeschichte der transdisziplinären oder der „Mode 2"-Forschung gesetzt werden. Die Wissensproduktion nach „Mode 2" mag zwar sozial robuste Erkenntnisse produzieren, die sich im gesellschaftlichen Verwendungszusammenhang als besonders nachhaltig erweisen. Auf die akademischen Karrierepläne der Nachwuchswissenschaftler/innen, die dieses Wissen produzieren, können sich Forschungserfahrungen aus „Mode 2"-Kontexten jedoch kontraproduktiv auswirken. Je anwendungsbezogener beziehungsweise transdisziplinärer die Forschung ist, desto schwerer fällt es den Wissenschaftlerinnen und Wissenschaftlern, ihre Resultate in disziplinär anerkannten Publikationsorganen zu veröffentlichen. Dieses strukturelle Problem der anwendungsbezogenen, transdisziplinären Forschung bildet bis heute ein entscheidendes Hindernis für den nachhaltigen Erfolg interdisziplinär angelegter beruflicher Werdegänge.

2.7 Inter-Disziplinieren: eine praxisorientierte Bilanz

2.7.1 Vergleich der Interdisziplinaritätsstile

Welche Bilanz lässt sich aus der Analyse der Forschungspraktiken für ein erfolgreiches „Inter-Disziplinieren" ziehen? Die diskutierten Interdisziplinaritätsstile zeigen, dass es nicht eine goldene Regel, sondern eine Vielfalt unterschiedlicher Erfolgsrezepte für die Durchführung interdisziplinärer Projekte gibt. Diese Rezepte unterscheiden sich je nach organisationalen Rahmenbedingungen der Institute und kognitiven Voraussetzungen der Forschungsfelder. Entsprechend diesen Kontextfaktoren haben wir vier Interdisziplinaritätsstile unterschieden: einen *methodischen*, einen *charismatischen*, einen *heuristischen* und einen *forschungspraktischen* Stil. Unsere Begrifflichkeit setzt sich bewusst von der herkömmlichen Differenzierung zwischen Inter-, Trans- oder Multidisziplinarität ab und bezweckt, die Interdisziplinaritätsformen praxis- und handlungsorientiert sowie unter Berücksichtigung der Steuerungsdimension zu analysieren. Es geht uns nicht um die Definition von Interdisziplinarität als epistemische Qualität, sondern um ein Verständnis für das „Inter-Disziplinieren" als alltägliche Praxis.

In Anlehnung an organisations- und wissenschaftssoziologische Ansätze halten wir zwar die Interdisziplinaritätsstile für stark kontextabhängig. Ein deterministischer Zusammenhang zwischen dem jeweiligen Institutstypus und dem Interdisziplinaritätsstil – etwa dass sich in Instituten mit hohem Organisationsgrad und enger kognitiver Kopplung zwangsläufig ein methodischer Interdisziplinaritätsstil entwickelt – besteht dagegen nicht. Das von Hohn (1998) und Whitley (1984) verwendete Modell der kontextabhängigen Stabilisierung spezifischer Forschungspraktiken, auf das wir im einleitenden Teil dieses Kapitels hingewiesen haben (vgl. Abschnitt 2.1.3), erweist sich nach unserer Analyse als zu rigide. Zwar prägen sich je nach Kontext durchaus unterschiedliche Interdisziplinaritätsstile aus, doch lassen sie sich nicht so trennscharf voneinander abgrenzen wie die von Whitley und Hohn präsentierten Fallbeispiele. Die von uns beschriebenen Interdisziplinaritätsstile überlappen sich vielmehr oder gehen sukzessive ineinander über. Beispielsweise finden sich im Delta-Institut, das wir dem methodischen Stil zugeordnet haben, auch Anzeichen eines charismatischen Interdisziplinaritätsstils. Umgekehrt wird im Alpha-Institut, das hier für den charismatischen Typ steht, auch ein methodischer Kooperationsstil betrieben. Allgemein stehen sich in unserer Typologie der methodische und charismatische Stil auf der einen und der heuristische und forschungspraktische Stil auf der anderen Seite besonders nahe. Die vier Interdisziplinaritätsstile sind deshalb als Idealtypen zu verstehen, zwischen denen Mischformen möglich und zahlreich sind.

Außerdem erhebt diese Studie nur einen beschränkten Anspruch an Repräsentativität. Die vier Interdisziplinaritätsstile beschreiben einige der wichtigsten, aber sicher nicht alle real praktizierten Formen kooperativer Forschung. Für die außeruniversitären Forschungseinrichtungen haben wir ein breites und entsprechend aussagekräftiges Sample von Fallbeispielen untersucht, doch für die universitären Forschungspraktiken etwa ist diese Studie nur bedingt aussagekräftig. Zum besseren Vergleich sollen die Hauptmerkmale der vier Interdisziplinaritätsstile in den folgenden Abschnitten nochmals zusammengefasst werden.

Methodischer Interdisziplinaritätsstil

Der methodische Interdisziplinaritätsstil, der an Fallbeispielen aus der Klima- und Umweltforschung untersucht wurde, zeichnet sich durch eine einheitliche methodisch-theoretische Orientierung, in den Fallbeispielen verkörpert durch den Ansatz der Modellierung, aus. Hinzu kommt, dass sowohl die Institute als auch die interdisziplinären Projekte durch einen hohen Organisationsgrad gekennzeichnet sind. Diese Interdisziplinaritätsform erweist sich als wissenschaftlich produktives und gut steuerbares Kooperationsmodell. Der methodische Interdisziplinaritätsstil weist durch seinen Organisationsgrad eine Tendenz zur Formalisierung auf, die der intersubjektiven Verständigung in Kooperationsprojekten – sowohl auf Instituts- wie auf Projektebene – sehr zugute kommt.

Die Einstellung der Wissenschaftler/innen gegenüber interdisziplinären Forschungsprojekten ist beim methodischen Interdisziplinaritätsstil grundsätzlich positiv, die vorhandenen Organisationsformen und Steuerungsinstrumente werden teilweise partizipativ mitgestaltet. Die Vielzahl von Instrumenten zur Förderung interdisziplinärer Kooperationen, von Querschnittsgremien über Anreizstrukturen für interdisziplinäre Projekte bis zur Bereitstellung informeller Kommunikationsräume, überrascht deshalb nicht. Bemerkenswert ist, dass der hohe Organisationsgrad von den Mitarbeiterinnen und Mitarbeitern nicht als Einschränkung ihrer wissenschaftlichen Autonomie betrachtet, sondern als Unterstützung ihrer Forschung erlebt wird. Oft wirkt die organisationale Steuerung der Forschung außerhalb des Wahrnehmungshorizonts der Wissenschaftler/innen als stummer Zwang.

Charismatischer Interdisziplinaritätsstil

Der charismatische Interdisziplinaritätsstil findet sich in jenen Instituten, die auf kognitiver Ebene eine enge interdisziplinäre Kopplung, jedoch einen niedrigen Organisationsgrad aufweisen. Die enge kognitive Kopplung kann durch eine gemeinsame theoretische oder methodische Orientierung begründet sein. Der niedrige Organisationsgrad ist in den untersuchten Instituten vor allem die Folge tief greifender organisatorischer Transformationen und einer entsprechend schwachen Kontinuität der Institutsstruktur in den letzten Jahren. Die interdisziplinären Kooperationen werden unter diesen Umständen organisatorisch wenig gestützt. Umgekehrt haben informelle und personenbezogene Steuerungsinstrumente einen umso höheren Stellenwert. Beispielhaft drückt sich dies in der charismatischen Autorität aus, die die jeweiligen Institutsleiter genießen. Der Vorteil der charismatischen Interdisziplinarität ist, dass die Mitarbeiter/innen oft über eine hohe intrinsische Motivation verfügen, die aus dem Vertrauen in die Leitungspersonen resultiert. Außerdem sind wegen des niedrigen Organisationsgrads die Spielräume für kreative Formen der Zusammenarbeit groß. Der Nachteil liegt in der mangelhaften Formalisierung und Stabilität der Kooperationen. Ein typisches Beispiel dafür ist das Präsenzproblem der Leitungsverantwortlichen im charismatischen Interdisziplinaritätsstil. Bei Abwesenheit der Leitung entbehren die interdisziplinären Kooperationen oft der notwendigen Integration und drohen in multidisziplinäre Parallelprojekte auseinander zu fallen.

Heuristischer Interdisziplinaritätsstil

Der heuristische Interdisziplinaritätsstil bildet in verschiedener Hinsicht das Gegenstück zum charismatischen. Die heuristische Interdisziplinarität zeichnet sich durch einen hohen Organisationsgrad der Forschung und eine lose Kopplung auf kognitiver Ebene aus. Die schwache kognitive Integration der interdisziplinären Forschung ist im untersuchten Fallbeispiel auf den starken Anwendungsbezug der Omikron-Forschung zurückzuführen. Ein Großteil der interdisziplinären Kooperationen wird im Rahmen von Auftragsforschungsprojekten durchgeführt. Die Projekte sind deshalb einem hohen Zeit- und Budgetdruck ausgesetzt, außerdem sind sie mit einer schnell wandelnden Marktlage und wechselhaften Kundenbedürfnisse konfrontiert. Im Unterschied zur methodischen oder charismatischen Interdisziplinarität beruht der Erfolg des heuristischen Forschungsstils nicht allein auf der Kombination disziplinärer Qualifikationen. Ebenso wichtig sind praktische beziehungsweise heuristische Fähigkeiten wie Projekterfahrungen, Problemlösungsfähigkeiten und Managementqualitäten, die sicherstellen, dass die Projekte trotz zeitlicher und finanzieller Restriktionen erfolgreich abgeschlossen werden. Mit zunehmender Praxiserfahrung eignen sich die Wissenschaftler/innen in anwendungsbezogenen Projekten ein spezifisches Qualifikationsmuster an, das neben einem Grundstock disziplinärer Kenntnisse vor allem allgemeine Managementqualifikationen umfasst. Diese Mischung aus inhaltlichen und organisatorischen Fähigkeiten ist für den heuristischen Interdisziplinaritätsstil typisch.

Die Steuerungspraxis ist im heuristischen Interdisziplinaritätsstil weitgehend dezentralisiert. Vorgegeben sind im untersuchten Fallbeispiel nur die grundsätzlichen Forschungsziele und ein allgemein gültiges, leistungsorientiertes Belohnungssystem. Abgesehen davon werden die interdisziplinären Projektgruppen jedoch von externen Marktanreizen und kundenseitigen Erwartungen angetrieben. Als Nachteil erweist sich, dass die heuristischen Kooperationen wegen der hohen Anwendungsorientierung und der restriktiven Rahmenbedingungen Schwierigkeiten haben, ihre wissenschaftlichen Erkenntnisse so weit aufzubereiten, dass sie in renommierten Publikationsorganen veröffentlicht werden können. Akademische Karrieren sind im Fallbeispiel des Omikron-Instituts selten, nicht zuletzt weil sich den Wissenschaftlerinnen und Wissenschaftlern mit anwendungsbezogenen Forschungserfahrungen auch lukrative Karrieremöglichkeiten in der Wirtschaft bieten.

Forschungspraktischer Interdisziplinaritätsstil

Der forschungspraktische ist unter den verschiedenen Interdisziplinaritätsstilen der fragilste. Die Anreize zur interdisziplinären Kooperation sind vor allem von den einzelnen, interdisziplinär ausgerichteten Projekten abhängig. Ein darüber hinausgehender kognitiver Zusammenhalt, etwa durch eine einheitlich verwendete Methode oder einen übergreifenden theoretischen Ansatz, fehlt in der interdisziplinären Forschungspraxis. In den beiden Fallbeispielen, dem Beta- und dem Lambda-Institut, versucht die Institutsleitung zwar, Interdisziplinarität über eine gemeinsame theoretische Orientierung zu fördern. Das Postulat eines verbindenden, interdisziplinären Ansatzes konnte sich jedoch bis zum Untersuchungszeitpunkt gegen den Autonomieanspruch der disziplinär ausgerichteten Abteilungen nicht durchsetzen.

Im Gegensatz zur methodischen Interdisziplinarität, die aufgrund ihrer Formalisierungstendenz gegenüber organisatorischen Steuerungsinstrumenten offen ist, bleibt der forschungspraktische Interdisziplinaritätsstil auf organisatorischer Ebene indifferent. Organisationale Steuerungsversuche können unter diesen Umständen leicht durch institutsinterne Divergenzen konterkariert und vereitelt werden. Dies wird in den Fallbeispielen deutlich. In beiden Instituten wurde erfolglos versucht, interdisziplinäre Kooperationen organisatorisch stärker zu fundieren. Die eher schwache Autorität der Institutsleitung und institutsinterner Widerstand haben jedoch dazu geführt, dass die Reorganisationsversuche nur begrenzt erfolgreich waren.

Abhängigkeit des Interdisziplinaritätsstils von der Wissenschaftskultur

Die Analyse der Forschungspraktiken zeigt, dass interdisziplinäre Kooperationen umso schwieriger werden, je größer das Spektrum der kooperierenden Wissenschaftskulturen ist. In den ausschließlich natur- und ingenieurwissenschaftlich orientierten Instituten werden interdisziplinäre Forschungsprojekte meist problemlos durchgeführt. Solange sich Disziplinen wie die Physik, die Chemie oder die Mathematik in der Sprache der Differenzialgleichungen verständigen, fallen kaum grundlegende Kooperationsprobleme an. Auch in den Instituten mit ausschließlich sozial- und geisteswissenschaftlicher Orientierung funktionieren die wenigen interdisziplinären Forschungsprojekte gut, weil hier die methodisch-theoretischen Verständigungsbarrieren ebenfalls gering sind.

Völlig anders ist dagegen die Situation in den hybriden Forschungsinstituten, in denen die Kluft zwischen den verschiedenen Wissenschaftskulturen zur Geltung kommt. Schon innerhalb der Naturwissenschaften, etwa zwischen mathematisierten Disziplinen wie der Physik und eher qualitativ orientierten Disziplinen wie der Biologie, bestehen größere Differenzen als innerhalb der mathematisierten Naturwissenschaften. Zwischen Natur- und Ingenieurwissenschaften auf der einen und Sozial- und Geisteswissenschaften auf der anderen Seite, das heißt über die Grenzen der Wissenschaftkulturen hinweg, sind die Differenzen noch ausgeprägter. In den hybriden Instituten der Klimaforschung beispielsweise steht die Integration der Sozial- und Geisteswissenschaften in den Modellierungsansatz erst am Anfang. Tragfähige Anknüpfungspunkte zwischen den Wissenschaftskulturen zeichnen sich vor allem unter quantifizierenden Disziplinen ab, etwa zwischen der Physik und der Ökonomie. Die qualitativ ausgerichteten Geisteswissenschaften haben dagegen noch keinen Anschluss an mathematisierte Kooperationsformen gefunden, nicht zuletzt weil das Interesse an nicht mathematisierbaren Wissensformen in den Naturwissenschaften häufig fehlt. Auf methodischer Ebene steht die Verbindung von sozial- und geisteswissenschaftlicher auf der einen und naturwissenschaftlicher Forschung auf der anderen Seite erst am Anfang.

Allerdings bietet die Kombination von natur-, sozial- und geisteswissenschaftlichen Ansätzen auch den Naturwissenschaften eine Chance. Obwohl die naturwissenschaftliche Forschung schon über langjährige *praktische* Erfahrungen mit interdisziplinären Projekten verfügt, ist der *methodische Reflexionsgrad* in naturwissenschaftlichen Kooperationen oft erstaunlich niedrig. In den interdisziplinären Kooperationen der Natur- und Ingenieurwissenschaften dominiert noch heute das „tinkering" (das „Basteln"; vgl. Knorr Cetina 1979), das sich am Prinzip des „trial and error" orientiert. In den hybriden Instituten erscheint der Interdisziplinaritätsdiskurs dagegen deutlich differenzierter. Die Sozial- und Geisteswissenschaften bringen ein methodisch-theoretisches Reflexionswissen in die Zusammenarbeit ein und erhöhen damit die methodische Kompetenz innerhalb der interdisziplinären Projekte. Auch die Sozialwissenschaften profitieren von dieser Auseinandersetzung, weil sie methodische Verfremdungseffekte und eine produktive Verunsicherung nach sich zieht. Die interdisziplinäre Annäherung lohnt sich also für beide Seiten.

2.7.2 Sieben praxisorientierte Schlussfolgerungen

Aus unserer Analyse lässt sich eine Reihe von praxisorientierten Schlussfolgerungen über die Funktionsweise und Erfolgsbedingungen interdisziplinärer Forschungspraktiken ziehen, die hier zum Schluss des Kapitels thesenhaft auszuführen sind.

(1) Interdisziplinarität setzt beim Forschungsproblem an – unterschiedliche Wirkung von Problem- und Anwendungsorientierung

Interdisziplinarität wird in der Literatur häufig mit problemorientierter Forschung gleichgesetzt (Stichweh 1994: 36ff.). Das Anliegen für einen interdisziplinären Zugang müsse vom Forschungsfeld ausgehen, sonst mache interdisziplinäre Forschung wenig Sinn (Klein 2000: 20f.). Dieser Zusammenhang wird in unserer Analyse bestätigt. Interdisziplinäre Forschungsprojekte funktionieren dann am besten, wenn der Bedarf nach einer disziplinenübergreifenden Betrachtung von inhaltlichen, wissenschaftlichen Anliegen ausgeht und entweder bereits im Forschungsfeld oder im Forschungsproblem angelegt ist. Die Problemorientierung kann sich auch auf methodische oder theoretische Fragen beziehen, etwa auf das Anliegen, bestimmte disziplinäre Erkenntnisse in ein abstraktes, interdisziplinäres Modell einzubauen. Aus diesem Grund haben Institute, die ein klar strukturiertes Forschungsproblem bearbeiten, meist keine Mühe, interdisziplinäre Forschungsprojekte durchzuführen. Institute dagegen, die einen diffusen oder als diffus wahrgenommenen Forschungsgegenstand bearbeiten, haben oft Schwierigkeiten mit interdisziplinären Vorhaben. Besonders problematisch sind Forschungsfelder, in denen ein hoher Anwendungsdruck besteht, etwa bei Beratungs- oder Seviceleistungen. Die wechselhaften Problemlagen in stark anwendungsbezogenen Forschungsbereichen verhindern einen kontinuierlichen und produktiven interdisziplinären Diskurs. Dies bedeutet auch, dass wissenschaftspolitische Empfehlungen zur Verstärkung interdisziplinärer Kooperationen nur dann sinnvoll sind, wenn die jeweiligen Forschungsprobleme sich für interdisziplinäre Lösungen eignen.

In diesem Sinne sollte zwischen einer problemorientierten und einer anwendungsorientierten Forschung unterschieden werden. Ein problemorientierter Ansatz besitzt zwar einen Anwendungsbezug, aber keinen starken Anwendungsdruck. Im Forschungsalltag erlaubt deshalb ein problemorientierter Ansatz einen ähnlichen Reflexionsgrad wie in der Grundlagenforschung. Dieses kommt insbesondere dem interdisziplinären Austausch zugute. Das beste Fallbeispiel dafür ist die Klimaforschung. Ein anwendungsorientierter Ansatz impliziert dagegen einen mehr oder weniger starken Anwendungsdruck, der sich entsprechend hemmend auf interdisziplinäre Interaktionen auswirkt.

(2) Steuerung mit organisationalen Mitteln: Tue Gutes und sprich nicht darüber!

Obwohl der Erfolg interdisziplinärer Projekte beim Forschungsproblem ansetzt, hängt er nicht nur von inhaltlich-kognitiven Faktoren ab. In den Interviews werden die kognitiven Aspekte interdisziplinärer Forschung gegenüber den organisationalen Faktoren zwar häufig in den Vordergrund gestellt. Dies spiegelt sich beispielsweise in der Behauptung wider, dass interdisziplinäre Projekte sich nicht organisieren lassen, sondern von personenbezogenen Faktoren abhängen. Ein solches Argument steht für ein traditionelles Wissenschaftsverständnis, das in der autonomen Leistung von Einzelpersonen die treibende Kraft für wissenschaftliche Forschung erkennt, obwohl dieses klassische Bild dem kooperativen Forschungsalltag der meisten Institute kaum mehr entspricht. Die untersuchten Fallbeispiele unterstreichen vielmehr, dass es sich lohnt, interdisziplinäre Kooperationen organisatorisch zu unterstützen und zu steuern.

Gleichwohl zeigt sich in den Aussagen der Befragten, dass die Steuerung interdisziplinärer Forschungsprojekte durch organisationale Mittel mehrheitlich unbeliebt ist. Aus dieser paradoxen Ausgangslage folgt, dass interdisziplinäre Forschung dann am effektivsten organisiert wird, wenn die Steuerungsmittel diskret eingesetzt werden beziehungsweise als stummer Zwang wirken und nicht in offenem Widerspruch zum Autonomieanspruch der Forschenden stehen. Beispiele für solche unsichtbar wirkenden Steuerungsmittel sind etwa die Querschnittsgremien von Matrix-Organisationen. Die „magische" Wirkung der „organisierten Selbst-Organisation", so Sabine Maasen, führe in interdisziplinären Projekten zu den besten Resultaten. „If there is such a thing as a golden rule, then it concerns the type of organizational activities: although indispensable, they have to be as implicit and as invisible as possible. They have to be part of the group's self-organized *procedure* to produce a stimulating atmosphere (…)." (Maasen 2000: 190)

(3) Pfadabhängigkeit der Steuerungsinstrumente

Bei der Wahl der Steuerungsinstrumente lohnt es sich, auf die bestehenden Steuerungsverhältnisse im Institut Rücksicht zu nehmen. Unsere Untersuchung zeigt, dass die jeweilige Steuerungspraxis stark von der Institutsorganisation bestimmt wird. Insbesondere die Institutsgröße und das Institutsalter sind für die Steuerungspraktiken entscheidend. Große Institute besitzen einen hohen Organisationsgrad, die Steuerungsinstrumente für interdisziplinäre Forschung sind hier stark formalisiert. Kleine Institute mit entsprechend niedrigem Organisationsgrad verfügen über eher informelle Steuerungsinstrumente (wie Netzwerke oder Charisma). Zugespitzt formuliert bedeutet dies: Große Institute sind besser geeignet für „harte" Steuerungsinstrumente (wie ausdifferenzierte Gremien, formalisiertes Controlling oder ökonomische Anreize), kleine Institute dagegen machen bessere Erfahrungen mit „weichen" Instrumenten (etwa Motivation durch die und Vorbildfunktion von Vorgesetzten). Auch das Institutsalter ist für die Steuerungspraxis wichtig, weil es die Grundstruktur der Aufbauorganisation oft entscheidend determiniert. Bis in die 1980er Jahre waren Abteilungsstrukturen gängig, seit den 1990er Jahren werden Institute zunehmend bereits bei der Gründung mit einer Matrix-Organisation ausgestattet. In jungen Instituten kann die Steuerung interdisziplinärer Projekte meist von bestehenden abteilungsübergreifenden Querschnittsgremien ausgehen, die in alten Instituten fehlen. Einige der älteren, abteilungsgeprägten Institute unseres Untersuchungssamples konnten ihre interdisziplinären Kooperationen dadurch verbessern, dass sie auf informellem Wege abteilungsübergreifende Kommunikationswege aufbauten, ohne ihre Institutsstruktur grundsätzlich verändern zu müssen. Eine radikale Umstellung einer gut verankerten Abteilungs- auf eine neue Matrix-Struktur stößt dagegen oft auf institutsinternen Widerstand und kann im schlimmsten Fall kontraproduktive Auswirkungen haben.

(4) Steuerungsmöglichkeiten auf Projektebene

In den untersuchten Instituten wird der überwiegende Teil der interdisziplinären Forschung in Form von Projekten durchgeführt. Die Projektebene darf deshalb als grundlegender Steuerungskontext für interdisziplinäre Forschung nicht übersehen werden. Auf dieser Ebene lassen sich zwei „mikropolitische" Steuerungsstrategien unterscheiden. Die erste Strategie betrifft die Personalauswahl und -entwicklung, die für den Erfolg interdisziplinärer Forschung von großer Bedeutung sind. Die Projektverantwortlichen der untersuchten Institute achten sehr genau auf die soziale Zusammensetzung der Projektbeteiligten. Dabei spielen disziplinäre Qualifikationen zwar eine große, aber nicht die allein maßgebende Rolle. Von Vorteil ist, wenn auch die soziale Kompetenz bei Anstellungsverfahren berücksichtigt wird. Es gehört zu den Standardantworten aller Befragten, dass der Projekterfolg wesentlich von den Persönlichkeiten der Beteiligten und dem sozialen Zusammenspiel (der „Chemie") in den Projektgruppen abhängt. Daneben versuchen Projektverantwortliche oft, einen Teil der Ressourcen in den erhöhten Koordinations- und Controllingaufwand interdisziplinärer Projekte zu investieren. Interdisziplinäre Projekte leiden deshalb in besonderem Maße unter personalpolitischen Restriktionen wie etwa Stellenbefristungen, weil dadurch meist wichtiges Steuerungswissen verloren geht. Vor allem die kleinen Institute, die mit geringeren Mitteln für Infrastruktur und Administration ausgestattet sind, stehen dem erhöhten Koordinationsbedarf interdisziplinärer Projekte oft hilflos gegenüber.

(5) Bedeutung der informellen Kooperationsebene

Trotz der Vorteile organisationaler Steuerungsmittel machen gerade in der interdisziplinären Forschung auch informelle Interaktions- und Kommunikationswege Sinn. Informelle Kanäle eignen sich besonders gut, um das erhöhte Komplexitäts- und Unsicherheitspotenzial interdisziplinärer Projekte zu redu-

zieren (vgl. auch Maasen 2000: 190). In diesem Sinne lassen sich interdisziplinäre Kooperationen – wie wohl jede wissenschaftliche Forschung – nur begrenzt formalisieren. Gerade in hoch technologisierten Projekten spielt schwer
formalisierbares Erfahrungswissen („tacit knowledge") eine große Rolle – entsprechend stark ist der Bedarf an Face-to-face-Interaktionen. Die meisten Institute versuchen deshalb, die Projektgruppen klein zu halten. Die Förderung informeller Interaktionswege ist vor allem für große Institute, in denen informelle
Kontaktnetze mit steigendem Organisationsgrad zu erodieren drohen, eine
wichtige Aufgabe. Auch in anwendungsbezogenen Forschungsbereichen, in denen die Projektleitungen einem hohen Zeit- und Ressourcendruck ausgesetzt
sind, ist die nicht formalisierbare Praxiserfahrung eine entscheidende Voraussetzung für die interdisziplinäre Zusammenarbeit.

(6) Bedarf an Verständigung über den Interdisziplinaritätsbegriff

Zu den terminologischen Unschärfen und Konfusionen des Interdisziplinaritätsdiskurses gehört, dass nicht jede Zusammenarbeit, die als „interdisziplinär" bezeichnet wird, auch genuin interdisziplinären, das heißt auf den disziplinären
Diskurs zurückwirkenden Charakter hat. Der Begriff Interdisziplinarität dient
vielmehr oftmals als Chiffre für allgemeine Probleme von teamförmig organisierten Forschungsprojekten. Die Interviewpartner/innen bezeichneten beispielsweise mit dem Interdisziplinaritätsbegriff häufig nicht nur *disziplinen-
übergreifende* Kooperationen, sondern generell jegliche Formen *kooperativer*
Forschung. Unter dem Stichwort Interdisziplinarität werden in solchen Fällen
Probleme der Drittmittelforschung, der Auftragsforschung, der internationalen
Forschungskooperationen, manchmal auch einfach gruppendynamische Prozesse diskutiert. Auch die Gleichsetzung zwischen interdisziplinärer und innovativer Forschung ist geläufig; ob im bezeichneten Vorhaben wirklich ein interdisziplinärer Austausch stattfindet, ist in diesen Aussagen sekundär. Zu Beginn
eines kooperativen Forschungsprojekts sollte deshalb zunächst geklärt werden,
welches Verständnis von Interdisziplinarität die Kooperationspartner haben.
Erst wenn die verschiedenen Interdisziplinaritätsbegriffe auf einen Nenner ge-
bracht sind, können die Projektbeteiligten sich über Fragen der interdisziplinären Zusammenarbeit produktiv verständigen.

(7) Erfolgreiche Interdisziplinarität braucht zusätzliche Ressourcen

Die Erfahrungen der untersuchten Institute zeigen schließlich, dass interdisziplinäre Forschung mehr Zeit und Geld benötigt als disziplinäre Forschung – ein

Punkt, auf den bereits Laudel (1999: 228-235) aufmerksam gemacht hat. Der erhöhte Mittelbedarf hängt vor allem mit dem hohen sozialen und organisatorischen Komplexitätsgrad kooperativer Forschungsvorhaben zusammen. Die häufigen Klagen der Befragten über zeitaufwändige Koordinations-, Leitungs- oder Controlling-Aufgaben deuten darauf hin, dass dieser Mehraufwand von den Projektbeteiligten anfangs meistens unterschätzt wird. Vor diesem Hintergrund ist die wissenschaftspolitische Hoffnung, dass durch interdisziplinäre Kooperationen zwischen Einzelpersonen oder unter Institutionen auch Synergieeffekte entstehen und diese zur Einsparung von Ressourcen beitragen, überzogen und irreführend. Interdisziplinäre Projekte liefern zwar gegenüber der Summe der disziplinären Forschung einen Mehrwert an Erkenntnissen, dafür ist aber ein Mehr an Ressourcen notwendig. Dieser finanzielle Bedarf sollte bei der wissenschaftspolitischen Förderung interdisziplinärer Forschung stärker als bisher berücksichtigt werden.

3 Erfolgsbedingungen und Steuerungsmöglichkeiten institutioneller Kooperationen

3.1 Ausgangssituation und Fragestellung

Die Verstärkung der Kooperation zwischen außeruniversitären Forschungseinrichtungen und Hochschulen gilt in Deutschland seit einigen Jahren als zentrales wissenschaftspolitisches Postulat. Dahinter steht das massive Ungleichgewicht im Wissenschaftssystem zwischen der wettbewerbserprobten Leistungsfähigkeit der außeruniversitären Forschung und den zunehmend prekären Forschungsbedingungen an den Hochschulen, die auf den Ressourcenmangel der unterfinanzierten Massenuniversitäten zurückgehen. Der außeruniversitäre Forschungsbereich ist in Deutschland im internationalen Vergleich gut ausgestattet. Während in den 1990er Jahren die Mittel für die außeruniversitäre Forschung nicht – wie in anderen großen Forschungsnationen – gekürzt wurden, litten die deutschen Hochschulen vermehrt unter stagnierenden Finanzmitteln und einem ungebrochenen Anstieg der Studierendenzahlen. Die Massenuniversitäten sind seitdem gezwungen, einen steigenden Anteil ihrer Ressourcen in die Lehre zu investieren. Die Folge ist, dass heute die Universitäten im Wettbewerb um Forschungsmittel zunehmend Mühe haben, mit den außeruniversitären Einrichtungen zu konkurrieren. Derzeit kommt das Volumen des außeruniversitären Sektors nahe an dasjenige des Hochschulbereichs heran. Im Jahr 2000 entfielen rund 45 Prozent der staatlichen Ausgaben für Forschung und Entwicklung (6,7 von insgesamt 14,7 Mrd. Euro) auf den außeruniversitären Bereich, während die Hochschulen die restlichen 55 Prozent (8,0 Mrd. Euro) erhielten, die aber nur zu einem geringen Teil in die Forschung investiert wurden (BMBF 2002: 227).

Dieses Ungleichgewicht zwischen Hochschulen und außeruniversitärem Sektor wird zwar von den wissenschaftspolitischen Akteuren einmütig beklagt, ist jedoch die Konsequenz einer bewussten wissenschaftspolitischen Weichenstellung. Der Aufbau des außeruniversitären Sektors diente ursprünglich dem Zweck, einen Teil der universitären Forschung auszulagern, und wurde damit legitimiert, dass die neuen Einrichtungen durch ihre Betriebsstruktur besser geeignet seien, interdisziplinäre, langfristige und projektförmig angelegte Forschungsvorhaben zu verfolgen. Dieses Argument wurde bereits um 1900 bei der Gründung der Kaiser-Wilhelm-Gesellschaft und erneut beim Auf- und Ausbau des außeruniversitären Sektors seit den 1950er Jahren vorgebracht (Hohn/ Schimank 1990).

Spätestens seit den 1970er Jahren zeigte sich, dass die Stärkung des außeruniversitären Forschungsbereichs einen nicht intendierten Effekt auf den Hochschulbereich hatte. Die Forschungsauslagerung hin zu einer ausdifferenzierten und mittlerweile kostspieligen außeruniversitären Forschungslandschaft führte zu einer verschärften Konkurrenz mit den Hochschulen um Forschungsressourcen des Drittmittelmarktes. Die Hochschulen sind in dieser Konkurrenzsituation strukturell benachteiligt, weil sie sich wie erwähnt nicht nur auf ihre Forschungsaufgaben konzentrieren können, sondern auch ihre Lehrverpflichtungen erfüllen müssen (Schimank 1995; Stölting/Schimank 2001). Seit drei Jahrzehnten versuchen die wissenschaftspolitischen Verantwortlichen deshalb, die Folgeschäden der Binnendifferenzierung im Wissenschaftssystem zu beheben – mit immer neuen Vorschlägen, aber bislang ohne nachhaltigen Erfolg. Weil sich die Ausdifferenzierung des außeruniversitären Sektors auf der Ebene der wissenschaftlichen Forschungsleistungen bewährt hat und deshalb funktional erfolgreich war, besitzt das Wissenschaftssystem mit seinen außeruniversitären Säulen inzwischen eine Stabilität, an der grundlegende Reformversuche bisher gescheitert sind. Eine vollständige Reintegration der außeruniversitären Forschungseinrichtungen ins Hochschulsystem scheint heute kaum mehr vorstellbar. Den Preis für dieses funktional differenzierte Forschungssystem zahlen die Hochschulen, deren Forschungspotenzial gegenüber demjenigen der außeruniversitären Einrichtungen zurückbleibt.

Vor diesem Hintergrund erklären sich die wissenschaftspolitischen Forderungen nach verstärkten Kooperationen zwischen den verschiedenen Akteuren des Wissenschaftssystems, insbesondere zwischen den außeruniversitären Einrichtungen und den Hochschulen. Verlangt wird eine engere Zusammenarbeit in den Bereichen Forschung, Lehre und Nachwuchsförderung. Der Wissenschaftsrat misst dieser Kooperationsforderung eine besondere Bedeutung bei. Sein strategisches Ziel ist, eine weitere Schwächung der Hochschulen zu verhindern. Er vertritt die Position, dass die Hochschulen das „Fundament" eines leistungsfähigen Wissenschafts- und Forschungssystems bilden und deshalb primär zu stärken sind. Aus diesem Grund fordert der Wissenschaftsrat auch, dass die Kooperationsprojekte entweder direkt bei den Hochschulen angesiedelt werden oder dass die Hochschulen zumindest als gleichberechtigte Partner zu behandeln sind (Wissenschaftsrat 2003: 10-13, 19, 31). Den außeruniversitären Einrichtungen wird dagegen im Verhältnis zu den Hochschulen ein komplementärer oder subsidiärer Status zugewiesen. Ihre Aufgabe besteht nach Auffassung des Wissenschaftsrates darin, Forschungsthemen langfristig und kontinuierlich zu bearbeiten.

> „Die Nutzung dieses Potenzials (der außeruniversitären Forschungseinrichtungen; A.d.V.) für das Wissenschaftssystem im Ganzen verlangt es, die Kooperation außeruniversitärer Einrichtungen untereinander und mit den Hochschulen zu verbessern. Hochschulforscher können so von der Infrastruktur außeruniversitärer Einrichtungen profitieren." (Wissenschaftsrat 2003: 19)

Die Ursprünge der wissenschaftspolitischen Forderung nach verstärkter Kooperation gehen in die 1970er Jahre zurück. Im Mittelpunkt des wissenschaftspolitischen Interesses standen ursprünglich die Großforschungseinrichtungen und die Max-Planck-Institute. Der Wissenstransfer, der von diesen grundlagenorientierten Einrichtungen in die Hochschulforschung hätte ausgehen sollen, wurde als defizitär eingeschätzt. Verstärkte Kooperationen mit den Hochschulen sollten hier Abhilfe schaffen. 1975 beispielsweise regte der Wissenschaftsrat eine Intensivierung der Beziehungen zwischen Großforschungseinrichtungen und Universitäten an. 1977 wurde eine gemeinsame Empfehlung der Westdeutschen Rektorenkonferenz (WRK) und der MPG zur Zusammenarbeit zwischen Universitäten und MPG erstellt. 1980 schlugen die Arbeitsgemeinschaft der Großforschungseinrichtungen und die WRK erneut Maßnahmen zur Förderung der Kooperation zwischen Großforschungseinrichtungen und Universitäten vor (Szöllösi-Janze 1990; Röbbecke 1997). Diese Maßnahmen wurden zwar umgesetzt, konnten jedoch nicht verhindern, dass sich das Ungleichgewicht zwischen universitärem und außeruniversitärem Sektor in den letzten 30 Jahren weiter verschärft hat. Die Kooperationsforderung hat an wissenschaftspolitischer Aktualität nichts eingebüßt.

Heute legitimiert sich die Forderung nach verstärkter institutioneller Kooperation im Wissenschaftssystem nicht nur als Mittel gegen die strukturelle Unterfinanzierung der Universitäten, sondern auch als Antwort auf die Segmentierung des außeruniversitären Forschungssystems, die viel zitierte „Versäulung" (Wissenschaftsrat 2003: 68ff.), die ebenfalls mit der historischen Entwicklung des deutschen Wissenschaftssystems zusammenhängt. Ausgangspunkt der Versäulung war die beispiellose Expansionsphase der außeruniversitären Forschungseinrichtungen nach dem Zweiten Weltkrieg. Diese Entwicklung wurde angetrieben durch den Wettbewerb zwischen Bund und Ländern einerseits und unter den Bundesländern andererseits um die Errichtung prestigeträchtiger Forschungsinstitutionen, durch den internationalen Trend zum Aufbau von Großforschungsinstitutionen in der Luft- und Raumfahrt sowie in der Kernforschung, durch die anhaltend positive Konjunkturentwicklung und das damit verbundene Wachstum der öffentlichen Haushalte und schließlich durch singuläre Faktoren wie den „Juliussturm", ein Haushaltsbeschluss der Adenauer-Regierung, mit dem die Bundesrepublik nach 1956 mehrere Milliarden DM, die für militärische Ausgaben vorgesehen waren, wegen der verzögerten Wiederaufrüstung für Forschungszwecke umwidmete (Hohn/Schimank 1990: 111ff.).

Im Rahmen dieses Expansionsprozesses hat sich zwischen den 1950er und 1970er Jahren die heutige viergliedrige Struktur der außeruniversitären Forschung ausdifferenziert. Ihre Säulen bestehen aus der Max-Planck-Gesellschaft, die aus der 1911 gegründeten Kaiser-Wilhelm-Gesellschaft hervorging, der 1949 errichteten Fraunhofer-Gesellschaft, den Großforschungsinstitutionen, die seit 1956 entstanden und heute in der Helmholz-Gemeinschaft zusammengeschlossen sind, sowie den Einrichtungen der 1975 gegründeten „Blauen Liste".[4] Die außeruniversitäre Forschungspolitik wird von einer Vielzahl von Akteuren beeinflusst, darunter das Forschungsministerium, die Bund-Länder-Kommission für Bildungsplanung und Forschungsförderung, der Wissenschaftsrat sowie die Leitungsgremien der vier außeruniversitären Forschungsorganisationen.

Das Problem der „Versäulung" liegt darin, dass einzelne der Forschungsorganisationen ihre je eigenen Forschungsstrategien verfolgen, während Synergiepotenziale zwischen den Gesellschaften oder zwischen der außeruniversitären und der universitären Forschung nur unvollständig genutzt werden. Es ist diese institutionelle Verselbstständigung der vier außeruniversitären Forschungsorganisationen, die in der wissenschaftspolitischen Diskussion kritisiert wird. Kooperationen in Forschung, Lehre und Nachwuchsförderung könnten, so die Hoffnung des Wissenschaftsrates, diesem Problem entgegenwirken, institutionelle Synergiepotenziale nutzbar machen und den wissenschaftlichen Einrichtungen zu komplementärer Profilbildung und dadurch auch zu mehr Wettbewerbsfähigkeit verhelfen (Wissenschaftsrat 2003: 68ff.).

In der neueren Wissenschaftsforschung ist die Kooperationsfrage bisher kaum untersucht worden. Die Ausdifferenzierung des Wissenschaftssystems wurde zwar aus wissenschaftshistorischer Perspektive beleuchtet, doch bleiben diese historischen Studien auf die einzelnen Forschungsorganisationen be-

---

4   Die „Blaue Liste"-Einrichtungen zeichnen sich durch eine gemeinsame Finanzierung durch Bund und Länder aus, die in der „Rahmenvereinbarung Forschungsförderung" festgelegt wurde. Voraussetzungen für die Förderung der Einrichtungen sind die überregionale Bedeutung und das gesamtstaatliche wissenschaftspolitische Interesse. Der überwiegende Teil der Forschungsinstitute und Serviceeinrichtungen hat sich in der Dachorganisation „Leibniz-Gemeinschaft" (WGL) zusammengeschlossen, der etwa 80 Einrichtungen angehören.

schränkt und vermitteln kein Bild der Wechselwirkungen zwischen den Säulen (Burchardt 1975; Lundgreen et al. 1986; vom Brocke 1991; vom Brocke/Laitko 1996). Die politikwissenschaftliche Studie von Hans-Willy Hohn und Uwe Schimank über die institutionelle Entwicklung der außeruniversitären Forschung in der Bundesrepublik versteht sich als Überblicksdarstellung; die Autoren gehen kaum auf die Kooperationen innerhalb des außeruniversitären Sektors und überhaupt nicht auf das Verhältnis zwischen universitären und außeruniversitären Einrichtungen ein (Hohn/Schimank 1990). Die wichtigste Untersuchung zu Kooperationsverhältnissen im deutschen Wissenschaftssystem stammt von Michael Fritsch und Christian Schwirten (2000). Gestützt auf die quantitative Auswertung einer schriftlichen Befragung ermittelten die Autoren das Ausmaß und die Motive für Forschungskooperationen in den drei Regionen Baden, Sachsen und Hannover-Braunschweig-Göttingen. Fritsch und Schwirten diagnostizieren eine Zunahme der Kooperationen zwischen außeruniversitären und universitären Einrichtungen, insbesondere der Binnenkooperationen auf regionaler Ebene. Auch wenn die Aussagen ihrer Untersuchung sich auf wenige Regionen beziehen und zudem auf einer schriftlichen Umfrage beruhen – ohne mikrosoziologische Analyse der Kooperationspraktiken –, ist die Studie als Referenz für unsere Ergebnisse wichtig.

Wir haben in unserer Untersuchung nur die eine Seite der Kooperationen, diejenige der außeruniversitären Institute, betrachtet. Diese Beschränkung erscheint jedoch legitim, weil in der wissenschaftspolitischen Diskussion der Mangel an Kooperationsbereitschaft primär im außeruniversitären Sektor vermutet wird und die entsprechenden Forderungen in der Regel die dort angesiedelten Einrichtungen betreffen.

Das Anliegen dieses Kapitels ist, die institutionellen Kooperationsbeziehungen hinsichtlich dreier Aspekte zu analysieren: durch einen praxisorientierten Kooperationsbegriff, durch die Berücksichtigung der Makro- und Mikroebene von Kooperationen und durch die Analyse der Steuerungs- und Förderbedingungen.

(1) Praxisorientierter Kooperationsbegriff

Unsere Analyse zielt insbesondere auf die Alltagspraxis von Kooperationsbeziehungen. Wir haben unsere Interviewpartner/innen deshalb nach den alltäglichen Formen der Zusammenarbeit zwischen ihren außeruniversitären Heimatinstitutionen und den Hochschulen, mit denen sie kooperieren, gefragt. Untersucht wird beispielsweise, nach welchen Gesichtspunkten die außeruniversitären Einrichtungen relevante Kooperationspartner auswählen, auf welche Weise und zu welchen Inhalten kooperiert wird und von wem die Initiative zur Zusammenarbeit ausgeht. Von besonderem Interesse ist, inwieweit Kooperationen aus eigenem Antrieb gesucht werden und wann sie auf äußeren Druck, zum Beispiel nach Evaluationen mit entsprechenden Empfehlungen, zustande kommen. Wichtig sind außerdem die längerfristigen Kooperationsstrategien. Zu untersuchen sind schließlich die Problemwahrnehmung und die praxisorientierte Bilanz: Mit welchen Problemlagen sind institutionelle Kooperationen typischerweise verbunden, welche Erfolgsbedingungen lassen sich anführen und welche Schlussfolgerungen sind daraus für zukünftige Kooperationsstrategien zu ziehen?

Unser praxisorientierter Kooperationsbegriff lehnt sich an einen Vorschlag von Grit Laudel an, nach dem Kooperation als ein Handlungszusammenhang mehrerer Akteure verstanden wird, die in funktioneller oder strategischer Hinsicht auf ein gemeinsames Kooperationsziel ausgerichtet sind. Das Kooperationsinteresse kann für jeden Akteur spezifisch sein und kurzfristige oder strategisch-langfristige Absichten beinhalten (Laudel 1999: 31f.). Laudel hat die Kooperationspraktiken insbesondere nach ihrer Intensität differenziert und eine Unterscheidung zwischen arbeitsteiliger und unterstützender Kooperation vorgeschlagen. Bei der arbeitsteiligen Form wird ein gemeinsamer, kreativer Forschungsbeitrag erarbeitet, bei der unterstützenden Kooperation wird die inhaltliche Arbeit von einem einzelnen Institut betreut, während der Kooperationspartner Routineaufgaben wie die Lieferung von Know-how, die Bereitstellung von Geräten oder die Durchführung von Datenerhebungen oder Messungen übernimmt (ebd.: 143).

Für die folgende Analyse unterscheiden wir zwischen zwei Bereichen institutioneller Kooperationen: Kooperationen in der Forschung auf der einen und in der Lehre und der Nachwuchsförderung auf der anderen Seite. Zweifellos lassen sich zahlreiche Überschneidungen dieser zwei Bereiche finden. Dennoch ist diese Aufteilung aus analytischen Gründen sinnvoll, vor allem weil die Problemlage der außeruniversitären Einrichtungen im Forschungsbereich sich fundamental von derjenigen im Lehr- und Nachwuchsbereich unterscheidet. Im Forschungsbereich sind die außeruniversitären Institutionen der starke Kooperationspartner, während sie im Nachwuchs- und im Lehrbereich gegenüber den Universitäten eine vergleichsweise schwache Position haben.

(2) Kooperationspraktiken auf der Makro- *und* der Mikroebene

Unsere Befragung zielt nicht nur auf die formalen Kooperationsbestimmungen auf Institutsebene, sondern behandelt auch die konkreten Kooperationspraktiken auf der Mikroebene des institutsinternen Forschungsalltags: Inwiefern unterscheidet sich die Kooperationspraxis in den verschiedenen Abteilungen? Wie wird in den einzelnen Forschungsprojekten kooperiert? Welche Rolle spielen personenbezogene, informelle Netzwerke? Auf welcher Ebene werden Kooperationsstrategien entwickelt: auf Instituts- oder auf Abteilungsebene? Die Berücksichtigung dieser Mikroperspektive erlaubt es insbesondere, zwischen formellen und informellen Kooperationspraktiken zu unterscheiden. Mit den informellen Praktiken wird hier ein Kooperationsbereich erschlossen, auf den in der wissenschaftspolitischen Diskussion – beispielsweise in den Empfehlungen des Wissenschaftsrates – kaum Bezug genommen wird. Davon ausgehend ist die in der Wissenschaftspolitik verbreitete Einschätzung, dass Kooperationen am besten durch formalisierte Strukturen auf Institutsebene, etwa durch gemeinsame Berufungen oder Kooperationsverträge mit Hochschulinstituten, gefördert würden (beispielsweise Wissenschaftsrat 2003: 73), neu zu bewerten.

(3) Analyse der Steuerungs- und Förderbedingungen von Kooperationen

Die wenigen quantitativen Angaben über das Ausmaß von Kooperationen im deutschen Wissenschaftssystem (zum Beispiel Fritsch/Schwirten 2000) lassen kaum Rückschlüsse auf die qualitativen Steuerungs- und Förderbedingungen von Kooperationsbeziehungen zu. In diesem Sinne umfasst die folgende Analyse auch eine kritische, problemorientierte Bewertung der Kooperationsbedingungen. Wo liegen die größten Probleme, welches sind die wichtigsten Erfolgsfaktoren für Kooperationen?

Die Ergebnisse sind darüber hinaus mit dem wissenschaftspolitischen Diskurs in Beziehung zu setzen. Es stellt sich etwa die Frage, ob die Diagnose des Wissenschaftsrates stimmt, dass erfolgreiche institutionelle Kooperationen im deutschen Wissenschaftssystem bisher nur punktuell vorhanden sind. Zu untersuchen ist auch, inwieweit Kooperationspraktiken wissenschaftspolitisch steuerbar sind. In welchem Ausmaß beeinflussen beispielsweise die Förderrichtlinien von Forschungsprogrammen oder Evaluationsergebnisse die Kooperationsstrategien und -praktiken der befragten Institute? Wo liegen die Grenzen des Kooperationswillens und der Kooperationsfähigkeit der untersuchten Einrichtungen?

Für die Analyse der Steuerungsebene werden wir an neuere steuerungstheoretische Ansätze der soziologischen und politikwissenschaftlichen Wissenschaftsforschung anschließen. Ausgehend von Ansätzen des Kölner Max-Planck-Instituts für Gesellschaftsforschung haben in den letzten Jahren verschiedene Autoren versucht, wissenschaftspolitische Steuerungsprozesse aus einer system- und akteurtheoretischen Perspektive zu untersuchen (Schimank 1995; Braun 1997). Der steuerungstheoretische Ansatz, der diesen Arbeiten gemein ist, beruht auf einem systemtheoretischen Differenzierungsmodell, das mit einer je nach Autor unterschiedlich stark gewichteten Akteurperspektive verknüpft ist. Beispielhaft für dieses theoretisch motivierte Anliegen ist der von Renate Mayntz und Fritz W. Scharpf entwickelte Ansatz des „akteurzentrierten Institutionalismus", an den sich auch unsere Betrachtungsweise anlehnt (Mayntz/Scharpf 1995a).

Diese Steuerungsdebatte wurde bisher vor allem auf analytischer Ebene geführt und hat sich primär mit konzeptionellen und theoretischen Fragen – vom Differenzierungsparadigma über den Steuerungsbegriff bis zu Principal-Agent-Modellen – auseinander gesetzt (Braun/Guston 2003; Schimank 2001). Dagegen sind die konkreten Steuerungspraktiken, speziell auf mikrosoziologischer Ebene, noch kaum erforscht, wobei die Studie von Hohn (1998) eine seltene Ausnahme darstellt. Sie zeigt, dass die Verbindung von System- und Akteurperspektive, wie sie der akteurzentrierte Institutionalismus vorschlägt, auch empirisch Sinn macht, weil sie es erlaubt, die externen Rahmenbedingungen der Kooperationen systemtheoretisch zu untersuchen, ohne dabei die Steuerungs- und Handlungsmöglichkeiten der Akteure zu übersehen. In diesem Sinne soll der akteurzentrierte Institutionalismus auch für die folgende Auswertung genutzt werden. Zu klären ist, wie und mit welchem Erfolg die beiden Akteure Hochschule und außeruniversitäre Forschungseinrichtung beziehungsweise die dort tätigen Wissenschaftler/innen unter den gegebenen institutionellen Bedingungen des Wissenschaftssystems Kooperationsbeziehungen aufnehmen.

Im Weiteren werden zunächst die Kooperationen zwischen außeruniversitären und Hochschuleinrichtungen im Forschungsbereich untersucht, wobei nach Instrumenten, Problembereichen und Erfolgsbedingungen gefragt wird (Abschnitt 3.2). Danach folgt eine analoge Analyse der Kooperationen in Lehre und Nachwuchsförderung (Abschnitt 3.3). Schließlich werden Schlussfolgerungen gezogen und die Steuerungsmöglichkeiten der untersuchten Kooperationen diskutiert (Abschnitt 3.4).

3.2 Kooperationen in der Forschung

In den neun untersuchten außeruniversitären Instituten findet sich ein breites Spektrum von Kooperationsformen: Institute, die keine oder nur sporadische Forschungskooperationen durchführen (Lambda, Omega), solche, die regelmäßig mit ausgewählten Universitäten kooperieren (Beta, Gamma, Rho), sowie

Einrichtungen, die vielfältige und formalisierte Forschungskooperationen mit einer Reihe von Universitäten pflegen (Alpha, Delta, Epsilon, Omikron). Dieses Spektrum ermöglicht es, eine Vielzahl von Rahmenbedingungen und Steuerungsinstrumenten zu identifizieren, die Forschungskooperationen positiv oder negativ beeinflussen.

Drei formale Steuerungsinstrumente stehen in den untersuchten Fallbeispielen im Vordergrund: Kooperationsverträge, Drittmittelförderung und spezifische Initiativen zur Kooperationsförderung. Formale Kooperationsverträge gehören zu den wichtigsten und am weitesten verbreiteten Instrumenten zur Kooperationsregelung. Solche Verträge zwischen außeruniversitären und Hochschuleinrichtungen enthalten meist Bestimmungen über die Verwaltung und Durchführung kooperativer Forschungsprojekte, außerdem Regelungen für die Zusammenarbeit in Lehre und Nachwuchsförderung, etwa die Festlegung von Lehrverpflichtungen.

Die Drittmittelförderung kann deshalb als Steuerungsinstrument verstanden werden, weil institutionelle Forschungskooperationen sowohl bei der EU-Förderung als auch bei der Förderung durch den Bund gezielt unterstützt werden. Die Drittmittelprojekte, die im Rahmen von EU- oder BMBF-finanzierten Forschungsprogrammen akquiriert werden, bilden für kooperierende Antragsteller oft den Ausgangspunkt einer längerfristigen Zusammenarbeit. Die Kooperation beginnt in der Regel bereits bei der gemeinsamen Konzipierung des Projekts oder in der Akquisitionsphase. In den Naturwissenschaften werden im Rahmen von Drittmittelprojekten außerdem oftmals Promotionsarbeiten vergeben, die an den Universitäten (mit) betreut und operativ an den außeruniversitären Einrichtungen bearbeitet werden. Solche Promotionsvorhaben sind ein verstärkendes Element der Kooperationsbeziehungen in Drittmittelprojekten, weil sie meist eine Zusammenarbeit im Bereich der Betreuung des wissenschaftlichen Nachwuchses nach sich ziehen.

Spezifische Förderinitiativen zur Verstärkung von Kooperationsbeziehungen in der Forschung wurden in den letzten Jahren vor allem von der DFG und der MPG entwickelt. Die DFG unterstützt Kooperationen zwischen universitären und außeruniversitären Einrichtungen etwa durch Forschungsgruppen, Schwerpunktprogramme und finanziell besonders lukrative Sonderforschungsbereiche. Zwar dürfen diese Fördermittel nur von Hochschulen beantragt werden, doch sind als Kooperationspartner auch außeruniversitäre Einrichtungen zugelassen. Seit 2001 fördert die DFG außerdem so genannte Forschungszentren, die ebenfalls ausschließlich von den Hochschulen beantragt werden können und dort angesiedelt sind, bei denen aber eine Beteiligung außeruniversitärer

Institute ausdrücklich erwünscht ist. Im Jahr 2002 wurden insgesamt fünf Forschungszentren gefördert (Deutsche Forschungsgemeinschaft 2003).

Unter den zahlreichen Fördermaßnahmen der MPG sind verschiedene Instrumente explizit oder implizit der stärkeren Vernetzung von MPG-Instituten mit universitären Einrichtungen gewidmet. Seit 2000 fördert die MPG beispielsweise im Rahmen eines Pilotprogramms so genannte transdisziplinäre „Max-Planck-Forschungsstellen", die der Vernetzung von Max-Planck-Instituten mit Universitäten dienen und jeweils an einer Universität angesiedelt sind. Zwei dieser befristeten Forschungsstellen standen zum Befragungszeitpunkt im Gründungsprozess, eine weitere befand sich bereits in der Aufbauphase (MPG 2003). Seit 1999 fördert die MPG außerdem institutsübergreifende „Forschungsinitiativen", die zwar hauptsächlich die Vernetzung der Max-Planck-Institute miteinander unterstützen, doch auch Wissenschaftler/innen aus Universitätsinstituten mit einbeziehen können. Gegenwärtig bestehen 14 Forschungsinitiativen (ebd.).

3.2.1 Voraussetzungen und Ziele von Forschungskooperationen

Grundlegend für das Zustandekommen einer Kooperationsbeziehung ist das gemeinsame inhaltlich-wissenschaftliche Interesse der beiden Partnerinstitute. Die Bedeutung solcher kognitiven Ansatzpunkte für Kooperationen wurde in der wissenschaftssoziologischen Forschung und im wissenschaftspolitischen Diskurs bislang kaum erörtert – möglicherweise weil das gemeinsame Interesse an den wissenschaftlichen Inhalten als Selbstverständlichkeit vorausgesetzt wird. Auch die von Fritsch und Schwirten untersuchten Institute geben als Kooperationsmotive am häufigsten inhaltliche Anliegen an (Fritsch/Schwirten 2000: 11).

Was ist unter „inhaltlich-wissenschaftlichen" Interessen konkret zu verstehen? Unsere Fallbeispiele zeigen, dass die interdisziplinär orientierten außeruniversitären Institute primär an komplementären Qualifikationen interessiert sind, die in der außeruniversitären Forschung nicht entwickelt werden. Unsere Befragung bestätigt, dass die Hochschulen auf dieser inhaltlichen Ebene den außeruniversitären Einrichtungen offenbar etwas zu bieten haben. Disziplinäres Fachwissen nämlich, wie es an den Universitäten traditionell gelehrt wird, ist eine Ressource, die interdisziplinär ausgerichtete außeruniversitäre Institute aus eigener Kraft nicht generieren können. Der Anreiz, den die Kooperation für die außeruniversitären Einrichtungen hat, beruht zu einem entscheidenden Teil auf der inhaltlich komplementären Ausrichtung der beiden Partner. Die disziplinären Qualifikationen, die an den Hochschulen ausgebildet werden, stellen in den außeruniversitären Instituten die Kernkompetenzen in deren interdisziplinären, problem- und anwendungsorientierten Forschungsprojekten dar. Das an den Hochschulen versammelte, weitgehend disziplinär strukturierte Fachwissen macht sie deshalb für die außeruniversitären Einrichtungen zu einem interessanten Kooperationspartner.

Dieses inhaltliche Kooperationsinteresse lässt sich exemplarisch an Fallbeispielen aus der Klima- und der Umweltforschung aufzeigen. Wie bereits oben (Abschnitt 2.2.2) dargelegt wurde, stützt sich die interdisziplinäre Klima- und Umweltforschung weitgehend auf die Kombination disziplinärer Qualifikationen und deren Integration. Die Befragten der entsprechenden Einrichtungen betonen, dass solche disziplinären Qualifikationen nur an den Universitäten vermittelt werden und ihre Institute aus diesen fachlichen Gründen auf die Kooperation mit den Universitäten angewiesen sind.

> „Und bei Universitäten, die auch aufgrund ihres Auftrags eben immer an der vordersten Front (der disziplinären Forschung) mitmischen, ist das einfach notwendig, (...) man muss auf die Universitäten zugreifen, ansonsten wird man sehr schnell abgehängt." (Alpha/Franz A.)

> „Also mit den Universitäten haben wir eine sehr intensive Zusammenarbeit. (...) Mit Universitäten arbeiten wir sehr gerne zusammen, weil die halt eben diese disziplinäre Forschung machen." (Alpha/Siegfried M.)

Konkret liegt der Qualifikationsvorsprung der Universitäten darin, dass nur hier der jeweilige disziplinäre Forschungsstand reflektiert und vermittelt wird. Einzig dort erhalten die Absolventinnen und Absolventen die neusten disziplinären Erkenntnisse und die aktuellsten methodischen und theoretischen Ansätze vermittelt. Auch wenn die außeruniversitären Einrichtungen auf ihren interdisziplinären Forschungsfeldern international führend sind, bleiben sie in der disziplinären Ausbildung nach Ansicht der Befragten strukturell auf die Hochschulen angewiesen.

> „Ein Forschungsinstitut, das nicht an die (universitäre) Lehre angebunden ist, verliert sozusagen den Kontakt zur wissenschaftlichen Basis. Ich kenne es (von einer früheren Stelle her), das war immer ein Problem, da kam wenig frischer Wind rein. Frischer Wind im Sinne von neuen Ideen von außen." (Delta/Eduard M.)

Was bedeuten diese inhaltlichen Kooperationsfaktoren für die Hochschulen? Um als Kooperationspartner in der interdisziplinären Forschung attraktiv zu sein, macht es für die Hochschulen keinen Sinn, selber interdisziplinäre Forschung zu betreiben und mit der außeruniversitären Forschung auf diesem Feld konkurrieren zu wollen. Viel erfolgsträchtiger dürfte es hingegen für die Hochschulen sein, sich auf die Ausbildung komplementärer Kompetenzen – in diesem Fall disziplinäre Qualifikationen – zu konzentrieren. Dabei dürfen interdisziplinäre Forschungsfelder jedoch nicht aus den Augen verloren werden. Denn zu den Voraussetzungen erfolgreicher Kooperationen gehört auch, dass außeruniversitäre und universitäre Einrichtungen ihre jeweiligen Forschungsstrategien aufeinander abstimmen. Selbst wenn die Hochschulen die interdisziplinäre Forschung dem außeruniversitären Sektor überlassen können, sollten sie ihren Studierenden zumindest fundamentale Kenntnisse dieser Forschungsfelder vermitteln, damit diese eine allgemeine Vorstellung des interdisziplinären Problem- und Anwendungskontextes haben. Dies hilft insbesondere, den Übergang von Hochschulabsolventen und -absolventinnen in außeruniversitäre Institute zu erleichtern. Eine inhaltlich komplementäre Orientierung bedeutet also nicht, dass beide Kooperationspartner ihre jeweilige Strategie autonom verfolgen, sondern erfordert vielmehr gegenseitige Absprachen.

Ein besonders treffendes Beispiel für eine koordinierte Kooperation, die auf der komplementären Ausrichtung der beiden Partner beruht, ist das Omikron-Institut. Das Institut gehört zur FhG und pflegt mit der lokalen Universität, speziell mit dem Partnerinstitut Omikron-2, eine sehr intensive Kooperationsbeziehung, die nicht nur den Forschungsbereich, sondern auch die Lehre und Nachwuchsförderung umfasst. Das universitäre Partnerinstitut wurde vor einem Jahrzehnt auf Initiative des Omikron-Instituts als grundlagenorientierte Forschungseinrichtung gegründet. Heute gelten beide Institute arbeitsrechtlich als ein Betrieb. Der Institutsleiter ist zugleich Leiter des universitären Partnerinstituts. Auch über diese Personalunion hinaus bestehen zahlreiche personelle Verflechtungen. Die Zusammenarbeit zwischen den beiden Instituten ist deshalb so eng wie in keinem anderen der untersuchten Kooperationsfälle.

Die Arbeitsteilung ist komplementär angelegt und sieht vor, dass das Omikron-Institut vor allem Drittmittel- und Auftragsforschungsprojekte durchführt, während das Partnerinstitut Omikron-2 die Hochschulausbildung betreut und Forschungsprojekte im Bereich der Grundlagenforschung übernimmt. Diese Arbeitsteilung bedeutet, dass das Omikron-Institut sich auf die interdisziplinäre Forschung konzentriert, während das Omikron-2-Institut auf die disziplinäre Lehre und Forschung spezialisiert ist. Die Befragten des Omikron-Instituts betonen, dass von dieser komplementären Ausrichtung beide Partner profitieren. Die Vorteile sind zunächst ökonomischer Natur. Das Institut kann über das universitäre Partnerinstitut problemlos Studentinnen und Studenten für Diplom- und Promotionsvorhaben gewinnen, die im Rahmen von interdisziplinären Forschungsprojekten am Omikron-Institut durchgeführt werden. Mit dieser Einbindung universitärer Diplom- oder Promotionsarbeiten können interdisziplinäre Projekte relativ kostengünstig realisiert werden, weil die Gehaltskosten der Ausbildungsstellen geringer sind als jene für fortgeschrittene Wissenschaftler/innen. Hinzu kommt ein Statusargument. Durch die enge Kooperation mit dem grundlagenorientierten Universitätsinstitut sichert sich das Omikron-Institut eine hohe wissenschaftliche Reputation. Ein weiterer Kooperationsanreiz ist schließlich das erwähnte Interesse an disziplinären Qualifikationen.

> „Denken Sie an unseren neuen (interdisziplinären Forschungsbereich), und da waren etliche Universitäten mit uns an diesem großen Projekt tätig, ja klar, und da kann man natürlich Wissen sich dazuholen, ins Projekt, da muss man halt gucken, welche Spezialisierungen da sind, welche man braucht, und dann gezielt gucken, dass die dazukommen." (Omikron/Franz G.)

Das Instrument der Doppelberufung garantiert jedoch nicht automatisch eine engere Kooperation zwischen den Partnerinstituten. Wie wichtig es ist, dass die Zusammenarbeit zwischen Kooperationspartnern auch aktiv koordiniert wird, zeigt das Beispiel des Instituts Beta. Zwar sind die organisatorischen Voraussetzungen für eine Kooperation auf den ersten Blick günstig. Der Institutsleiter hat zugleich eine Professur an der benachbarten Universität inne, auch ein Kooperationsvertrag mit dieser Universität liegt vor. Überdies ist institutsintern die Einsicht verbreitet, dass man nur mit universitären Kooperationspartnern im Wissenschaftssystem anschlussfähig bleibt. Trotz dieser Voraussetzungen existieren die intendierten Kooperationen offensichtlich erst auf dem Papier:

> „Kooperation wird am ehesten vielleicht über gemeinsame Projekte möglich sein. Und gemeinsame Forschungsprojekte mit Universitäten, mit Hochschulen sind noch relativ dünn gesät bei uns, das ist so, ja? Also ich selber kann jetzt über ein solches Projekt nicht berichten, haben wir auch gegenwärtig nicht." (Beta/Helmut O.)

Dass bisher keine Forschungskooperationen zustande kamen, hat verschiedene Gründe. Erstens ist das Institut vergleichsweise jung und hat sich seit seiner Gründung noch nicht im vorgesehenen Maß in der Forschungslandschaft etablieren können. Zweitens gehört es mit 40 Mitarbeiterinnen und Mitarbeitern zu den kleinsten Einrichtungen unseres Samples und hat entsprechend Mühe, den teilweise hohen und unbezahlten Akquisitionsaufwand für Verbundprojekte zu betreiben. Der wichtigste Grund liegt drittens in der problematischen institutionellen Verortung des Hochschullehrstuhls, den der Leiter des Beta-Instituts an der benachbarten Universität einnimmt. Obwohl dieser einen sozialwissenschaftlichen Hintergrund hat und selber eine stärker sozialwissenschaftliche Ausrichtung seines Instituts propagiert, wurde sein Lehrstuhl entsprechend der Fachtradition des Beta-Instituts an die technische Fakultät angegliedert. Die daraus resultierende fachliche Isolation des Institutsleiters an der Universität wirkt sich auch negativ auf die Kooperationsmöglichkeiten aus.

> „(...) dass ich halt wirklich keine Heimat habe an dieser Fakultät. Dadurch entstehen natürlich auch Kooperationsprobleme. (...) Ich bin dann auch nicht groß motiviert, an de-

ren fachlichen Beratungen teilzunehmen, weil da nicht etwas stattfindet, was mich angeht. (...) Man wird ständig sozusagen verleitet, sich auf fremdes Terrain zu begeben, aber das eigene wird nicht wertgeschätzt, was man selber vertreten könnte." (Beta/Hubert Z.)

Vergleichbare Kooperationshemmnisse finden sich auch im Fall des Lambda-Instituts. Seine Forschungsausrichtung ist bislang kaum in der Hochschullandschaft institutionalisiert, weshalb geeignete universitäre Kooperationspartner nur schwer zu finden sind. Selbst mit der lokalen Universität besteht keine organisierte Zusammenarbeit. Obwohl neben dem Lambda-Institut auch die Universität grundsätzlich an einer Kooperation interessiert ist, blieb es bisher bei den Absichtserklärungen. Auch hier sind fehlende inhaltliche Anschlussmöglichkeiten mitverantwortlich. Das Fachgebiet, auf welches das Lambda-Institut spezialisiert ist, gilt an den meisten Universitäten als „Bindestrich-Fach" oder als Nebenfach. Es umfasst sowohl sprach- und kulturwissenschaftliche als auch sozial- und wirtschaftswissenschaftliche Zugänge. Wegen dieser interdisziplinären Orientierung konnte sich das Lambda-Fach bisher an den Hochschulen – zumindest in Deutschland – kaum etablieren. Auch das Lambda-Institut selber ist als Kooperationspartner aus Sicht der Hochschulen eher uninteressant, weil es nicht ausreichend „kern-disziplinär" ausgerichtet ist. In den Interviews werden deshalb fehlende inhaltliche Anschlussmöglichkeiten für das Ausbleiben institutioneller Kooperationen verantwortlich gemacht.

„Also mit der Universität haben wir keine gemeinsamen Projekte, das ist eine Frage in der Regel auch der Kollegen. (...) Ich kann mir schwer vorstellen, wie man da, zumindest was den X-Fachbereich betrifft, wie man da gemeinsam arbeiten könnte." (Lambda/ Emil K.)

Ein weiterer Grund für die geringe Kooperationsaktivität liegt darin, dass das Lambda-Institut sich bislang wenig um die Akquirierung von Drittmitteln gekümmert hat und außerdem neben den Forschungsaktivitäten auch forschungsferne Dienstleistungen anbietet. Die Forschungsprojekte werden vor allem auf grundfinanzierten Stellen betrieben, Erfahrungen mit Drittmittelprojekten liegen nicht vor. Ein wesentlicher Teil der Institutsarbeit wird für Serviceleistungen aufgewendet: Das Lambda-Institut betreut eine Reihe von Datensammlungen und Dokumentationen und nimmt zudem die Herausgeberschaft einiger wissenschaftlicher Zeitschriften wahr. Aus diesen forschungsfernen Tätigkeiten heraus ergeben sich kaum Forschungskooperationen. Zwar haben die Verantwortlichen des Instituts eingesehen, dass vermehrte Forschungsaktivitäten mit einer stärkeren thematischen Fokussierung die Kooperationschancen verbessern würden. Zum Zeitpunkt der Befragung war aber noch nicht entschieden, in welche inhaltliche Richtung sich das Institut schwerpunktmäßig entwickeln sollte.

Erschwerend kommt schließlich hinzu, dass viele der potenziellen universitären Kooperationspartner unter Mittelkürzungen leiden und universitäre Lehrstühle, die dem Lambda-Institut inhaltlich nahe stehen, teilweise sogar gestrichen wurden. Die Folgen der Mittelkürzungen an Hochschulen belasten die Kooperationen mit außeruniversitären Instituten nicht nur im Fall des Lambda-Instituts, sondern stellen ein allgemeines Problem des Wissenschaftssystems dar, was an einzelnen besonders stark betroffenen Orten wie etwa Berlin zu einer eigentlichen Kooperationsflaute geführt hat. Solche Fälle zeigen, dass nachhaltige Kooperationsbeziehungen ein Minimum an institutioneller Stabilität und Kontinuität brauchen, das vor allem auf Seiten der Hochschulen zunehmend gefährdet ist (vgl. folgenden Abschnitt 3.2.2).

3.2.2 Kooperationsbarrieren durch ungleiche Ressourcenausstattung

In der wissenschaftspolitischen Diskussion werden Kooperationen zwischen Universitäten und außeruniversitären Einrichtungen meist unter ökonomischen Vorzeichen diskutiert. Beiden Parteien mangle es an Kooperationsanreizen: den außeruniversitären Instituten, weil sie über ausreichende Fördermittel verfügten und nicht auf die Unterstützung von Kooperationspartnern angewiesen seien, den Universitäten, weil ihnen die Mittel und Kapazitäten zur Erfüllung der Kooperationsverpflichtungen fehlten. Die wissenschaftspolitische Diagnose läuft auf die These hinaus, dass die Kooperationsbereitschaft unter der ungleichen Ressourcenverteilung und der darauf beruhenden Statusdifferenz zwischen den beiden Partnern leide.

Grundsätzlich wird diese Sicht der Dinge durch unsere Fallbeispiele bestätigt. Die Befragten teilen mehrheitlich die Einschätzung, dass die außeruniversitären Einrichtungen die starken, die Hochschulen die schwächeren Partner seien. In finanzieller Hinsicht profitierten von den Kooperationen, so der Tenor, vor allem die Hochschulen. Ein Mitarbeiter des Delta-Instituts spricht zwar von einer partnerschaftlichen Kooperation, bei der jedoch die Universitäten oft mit ökonomisch bedingten „Limits" kämpften:

„Wir sehen auch, mit welchen Limits die (Universitäten) kämpfen, (...) welche Konflikte die haben, was ihr Zeitbudget angeht, dass sie halt häufig eingebunden sind in Lehrveranstaltungskalender, der es ihnen nicht möglich macht, jetzt mal eben schnell einen Projekt-Workshop zu besuchen irgendwo, oder sie haben keine Reisegelder; (...) ich denke, man könnte mit den Universitäten besser arbeiten, wenn die Universitäten besser ausgestattet wären." (Delta/Stefan M.)

Die ressourcenbedingten Kooperationsbarrieren sind umso höher, je größere Investitionen die Forschung verlangt. Bei kostenintensiven Forschungsprojekten klaffen die Investitionsmöglichkeiten von Universitäten und außeruniversitären Einrichtungen weit auseinander. Die schwerwiegendsten Auswirkungen ungleicher Ressourcenverteilungen finden sich deshalb in den Naturwissenschaften, wo die Forschung wegen hoher Infrastruktur- und Materialkosten wesentlich kostspieliger ist als in den Sozial- und Geisteswissenschaften.

Dies lässt sich an Fallbeispielen aus der Klimaforschung illustrieren. In allen vier untersuchten Klimaforschungsinstituten (Alpha, Delta, Gamma, Rho) weisen die Befragten darauf hin, dass die Finanzmittel von universitären Partnerinstituten im Vergleich zu den eigenen Investitionen bescheiden sind und dies die Kooperationen stark behindere. In diesen Instituten wird in erster Linie mit anderen außeruniversitären Einrichtungen oder ausländischen Universitäten, bezeichnenderweise oft mit amerikanischen Instituten, kooperiert und erst in zweiter Linie mit deutschen Hochschulen. Auf die Frage, welche Rolle die Universitäten in der interdisziplinären Forschung spielten, antwortet ein Mitarbeiter des Delta-Instituts:

> „Na ja, da muss man die Frage anders stellen. Wo sind die primären Partner des Delta-Instituts? Wenn Sie mich so gefragt hätten, dann hätte ich nicht erst mit den Universitäten geantwortet." (Delta/Stefan M.)

In den Instituten Gamma und Rho scheinen ökonomische Restriktionen auf Seiten der Hochschulen eine Zusammenarbeit am stärksten zu behindern. Beide Einrichtungen kooperieren jeweils nur mit einer deutschen Universität. Aus finanziellen Gründen sind die Leistungen der Hochschulen auf subsidiäre Beiträge beschränkt, ohne dass die Zusammenarbeit einen arbeitsteiligen Status erreicht. Zwar ist es schon zu gemeinsamen Drittmittelanträgen und -projekten mit universitären Partnern gekommen, doch ist deren Umfang im Verhältnis zum jeweiligen Gesamtvolumen der Forschungsvorhaben an den Instituten verschwindend klein. Das Institut Gamma ist zwar an einem universitär angesiedelten Sonderforschungsbereich beteiligt, auch das Institut Rho arbeitete zum Befragungszeitpunkt gerade an einem SFB-Antrag mit. In beiden Instituten sind jedoch Kooperationen mit anderen außeruniversitären Einrichtungen oder ausländischen Hochschulen wichtiger.

Auch in den Instituten Gamma und Rho sind die Klagen über die ungleiche Ressourcenausstattung zwischen außeruniversitären und Hochschuleinrichtungen sowie über die nachteiligen Folgen, die sich aus der mangelhaften Finanzkraft der Hochschulen für die Kooperationsmöglichkeiten ergeben, zahlreich. Feststellungen wie die folgenden ziehen sich wie ein roter Faden durch die Interviews:

„Das Problem ist natürlich, dass die Hochschulen so schlecht bestückt sind, dass sie im Grunde ja kein sehr großes Potenzial haben. Es gibt (an der lokalen Universität) den Professor A., der durch erhebliche Dynamik es geschafft hat, eine gewisse Strukturbildung an dem Institut zu machen. Aber sonst sind die Universitätsinstitute – soll ich Ihnen mal was sagen, der gesamte Haushalt an Verwaltungsmitteln von Universitätsinstituten ist so groß wie das, was ich hier für die Arbeitsgruppe zur Verfügung habe im Jahr." (Gamma/Max K.)

„Also, dass diese ganzen (Klimaforschungs-) Projekte so viel Technologie erfordern, dass man das von einem normalen Universitätsinstitut fast nicht mehr verlangen kann. Also an die Grenzen bin ich als Habilitand früher oft gestoßen. Da (an den Universitäten) sind die Strukturen zu klein, zu unterfinanziert und zu wenig personell ausgestattet, dass man wirklich mit den großen (außeruniversitären Instituten) mitmachen kann. Deswegen trifft man auch bei diesen Großveranstaltungen immer diese Forschungszentren und MPIs und kaum Unis." (Rho/Holger N.)

Diese Ungleichheit hängt teilweise mit strukturellen Faktoren wie der durchschnittlichen Institutsgröße zusammen. Hochschulinstitute im Bereich der Natur- und Ingenieurwissenschaften sind im Vergleich zu außeruniversitären Einrichtungen durchschnittlich kleiner. Sie verfügen deshalb nach Einschätzung der Befragten oft nicht über die kritische Masse an Personal, um in großen, langfristig angelegten Forschungsprojekten, die in der Klimaforschung dominieren, mitzuwirken. EU-Projekte beispielsweise erfordern nicht nur einen hohen Vorlauf für die Antragsphase, die Projektförderer finanzieren zudem primär Forschungsausgaben, während die Entschädigungen für den administrativen Overhead gering ausfallen. Die Teilnahme an EU-Projekten können sich damit nur solche Projektpartner leisten, die über ausreichende interne Mittel verfügen, was für deutsche Universitätsinstitute in der Regel nicht zutrifft.

„Zum Beispiel, wenn so ein Projekt von der EU bezahlt wird (...), ist es so, dass man jetzt nur noch in der Lage ist, an solchen Projekten teilzunehmen, wenn man aus der Grundfinanzierung genügend hinzuschießen kann. (...) Jetzt ist es für eine Universität schwierig – völlig unmöglich, an solchen großen Projekten teilzunehmen." (Rho/Holger N.)

In der Klimaforschung haben jene Hochschulinstitute die besten Kooperationschancen, die auf Sondergebiete der Forschung spezialisiert sind, etwa auf Themenbereiche, die von außeruniversitären Instituten nicht bearbeitet werden. Solche spezialisierten Institute können sich, selbst wenn sie sehr klein sind, trotzdem als Kooperationspartner profilieren und international erfolgreich sein. Die Befragten der außeruniversitären Einrichtungen sehen die Rolle von spezialisierten Hochschulinstituten unter anderem darin, einen innovativen Themenbereich über ein Diplom- oder Promotionsvorhaben probehalber zu erschließen.

„Die Kooperation mit Universitäten halte ich für sehr wichtig, um Detailfragen untersuchen zu können, (...) dann sind Diplomanden das Ideale dafür und auch wichtig. Und genauso bei Doktoranden, da kann man einen etwas schwierigeren, einen ganz neuen Themenkomplex angreifen, ohne dass er in irgendein Drittmittelprojekt eingebunden sein muss. (...) Also das ist dann ein Themenbereich, der einfach sonst nicht drin wäre, den könnte ich in kein Projekt pressen, da würde ich kein Geld rauskriegen, da kann rauskommen, es funktioniert oder auch nicht, und dafür sind Doktoranden extrem wichtig, und so was geht eigentlich nur an Universitäten. Das geht bei uns nicht." (Gamma/Bertha K.)

Diese komplementär veranlagten Kooperationen lassen sich im Sinne von Laudel (1999: 143) als arbeitsteilige – im Gegensatz zu unterstützenden – Kooperationen bezeichnen. Dabei sind die außeruniversitären Einrichtungen für die Durchführung der einschlägigen Klimaforschungsprogramme zuständig, während die universitären Promotionsvorhaben besonders innovativen Fragestellungen gewidmet und entsprechend riskanter angelegt sind. Daneben kommt es in der Klimaforschung auch zu unterstützenden Kooperationen, etwa bei der verbreiteten gemeinsamen Nutzung technischer Infrastrukturen. Das Institut Gamma beispielsweise stellt sein Rechenzentrum universitären Partnern zur Verfügung, die dann einzelne Auswertungen im Auftragsverhältnis durchführen. Anschließend liefern die Universitätsinstitute die Ergebnisse beim Gamma-Institut ab, das sie in seine Klimamodelle einspeist.

„Das Rechenzentrum hier ist im Grunde genommen gedacht für die deutsche Klimaforschung. Jeder kann da rechnen, wenn er die Projekte (hat), auch Universitäten, jeder. Die Universität X zum Beispiel, die benutzen unsere Modelle auch, machen zum Teil hier Rechnungen (...) und werten zum Teil unsere Simulationen aus, weil das sind ja wirklich Riesen-Datenmengen, die da anfallen, im Terabyte-Bereich, und da sind wir froh, wenn andere das übernehmen. Also die Universitäten X und Y, das sind die Partner, die wir haben. Das klappt relativ gut, bei den anderen sieht es nicht so gut aus." (Gamma/Henning S.)

Die oben geschilderten ökonomisch bedingten Kooperationsbarrieren finden sich nicht nur in der Klimaforschung, sondern auch in anderen Forschungsbereichen, in denen die Ressourcenausstattung zwischen Universitäten und außeruniversitären Einrichtungen auseinander klafft. Diese Hürden können sich auch auf die symbolische Ebene übertragen und so Kooperationen zusätzlich erschweren. Dies zeigt etwa der Fall des Omega-Instituts, in dem die großen Unterschiede in der materiellen Ausstattung zur benachbarten Hochschule zu schwer wiegenden Kommunikations- und Verständigungsschwierigkeiten geführt haben.

Das Omega-Institut gehört zur MPG, ist entsprechend fast gänzlich grundfinanziert, wurde erst vor kurzem gegründet und besitzt eine hervorragende Infrastruktur. Die benachbarte Universität leidet dagegen unter akuter Finanznot. Bei der Omega-Gründung war geplant, die Institutsaktivitäten in Lehre und Forschung eng mit denen der Universität zu verschränken. Diese Absicht wurde auch vom Rektor der Universität vorbehaltlos unterstützt. Beide Seiten beabsichtigten, gemeinsame Tagungen und Kongresse zu organisieren. Die Universität wollte schließlich Honorarprofessuren an die beiden Omega-Direktoren vergeben, um deren Doktorandinnen und Doktoranden die Promotion an der Universität zu ermöglichen. Bis zum Befragungszeitpunkt war es dagegen weder zu gemeinsamen Forschungsprojekten noch zu gemeinsamen Berufungen gekommen, auch im Lehrbereich waren die Kooperationsaktivitäten minimal.

Die Kooperationspläne scheiterten unter anderem an den unterschiedlichen Interessenlagen von Universität und außeruniversitärer Einrichtung. Die Universität beabsichtigte, einen Teil der Lehre dauerhaft an das Omega-Institut zu delegieren, dieses wiederum hoffte, seine zahlreichen ausländischen Doktorandinnen und Doktoranden an der Universität promovieren zu können. Doch das Omega-Institut wollte sich als Max-Planck-Institut nicht darauf einlassen, universitäre Lehraufgaben dauerhaft zu übernehmen, nicht zuletzt wegen seiner meist befristeten Anstellungsverhältnisse und der damit wechselnden inhaltlichen Orientierung. Der Lehrstuhlinhaber an der Universität war im Gegenzug nicht geneigt, allen Omega-Kandidatinnen und -kandidaten die Promotion zu ermöglichen, weil im interdisziplinär orientierten Omega-Institut viele Promovierende einen fachfremden Ausbildungshintergrund besaßen.

Einzelne Befragte des Omega-Instituts betonen, dass auch andere Max-Planck-Institute mit ähnlichen Kooperationsblockaden konfrontiert seien. In den neuen Bundesländern beispielsweise hätten die großen Ressourcendifferenzen zwischen Max-Planck-Instituten und lokalen Universitäten mehrfach zu Ressentiments auf der symbolischen Ebene geführt.

> „Und da hab ich die Möglichkeit gehabt, mit Max-Planckern zu sprechen, die (...) in Ostdeutschland in neuen Instituten sitzen, wie das da läuft mit der Uni, da ist die Situation dieselbe. Die wurden alle neu hingeklotzt, im Osten, von der Uni bestehen relativ große Ressentiments, und das kleine Bisschen, was die Unis noch haben, das spielen sie dann aus. Man will eigentlich möglichst mit Max-Planck nix zu tun haben. (...) Und ich kann auch verstehen, dass die Uni sagt, denen geht's eh schon so gut, warum müssen die dann auch noch unbedingt bei uns in den Kommissionen sitzen, die Direktoren hier vom Institut, und darum bei uns mitbestimmen, die haben doch alles, das Bisschen, was wir haben, das bisschen Eigenverantwortung, das bisschen Freiheit, Sachen zu organisieren, das soll dann auch unseres bleiben." (Omega/Paul D.)

Die Auseinandersetzungen zwischen den beiden Partnern führten zu einer nachhaltigen Verstimmung, mit der Folge, dass die Kooperationspläne zu scheitern drohten. Zur Zeit der Befragung hatte sich die Atmosphäre allerdings wieder entspannt. Beide Parteien mussten mit der Zeit einsehen, dass ihnen die Kooperationsblockade eher schadet als nützt. Daraufhin wurden die ursprünglichen Kooperationsabsichten erneut bekräftigt und einzelne konkrete Schritte wie die Berufung der Omega-Direktoren zu Honorarprofessoren an der Universität in die Wege geleitet.

In den bisher angeführten Fallbeispielen waren die außeruniversitären Einrichtungen die finanziell starken, die Hochschulinstitute dagegen die schwachen Partner, was den Schluss nahe legt, dass das Ausmaß an Kooperationen primär unter den beschränkten Ressourcen der Hochschulen leiden würde. Dies trifft jedoch nicht für alle untersuchten Fallbeispiele zu. Zu unserem Sample gehören auch außeruniversitäre Institute, die sich nach eigenem Bekunden bemühen, den wissenschaftspolitischen Kooperationsforderungen nachzukommen. Zu diesen Instituten zählen zwei der drei untersuchten Einrichtungen der Leibniz-Gemeinschaft: das Beta- und das Lambda-Institut. Beide sind weitgehend grundfinanziert (zu 80 Prozent und mehr) und relativ klein (Lambda: 67 Mitarbeiter/innen; Beta: 40 Mitarbeiter/innen). Aus unterschiedlichen Gründen werben beide Institute nur wenig Drittmittel ein: das Lambda-Institut, weil es erst vor kurzem überhaupt begonnen hat, sich auf dem Drittmittelmarkt zu orientieren, das Institut Beta vor allem wegen seiner geringen Institutsgröße.

Der hohe Grundfinanzierungsgrad und die mangelnde Drittmittelorientierung führen in beiden Fällen dazu, dass offensichtlich die Kooperationsanreize fehlen und die Institute nur in schwachem Ausmaß mit Hochschulen zusammenarbeiten. Die Befragten selbst geben als Ursache dafür an, dass ihr Institut primär damit beschäftigt sei, den eigenen Aufgaben nachzukommen, während die Organisation von Kooperationen einen zusätzlichen Aufwand bedeute, der mit den beschränkten Mitteln des Instituts kaum zu leisten sei. Dieses Argument wirkt allerdings nicht überzeugend, weil beide Einrichtungen durch ihren hohen Grundfinanzierungsgrad vergleichsweise gut ausgestattet sind. Ein entscheidender Grund für die geringe Kooperationsintensität liegt vielmehr in der inhaltlichen Ausrichtung der Institute. In beiden Fällen ist die Fachrichtung, auf die sich die außeruniversitären Institute spezialisiert haben, an den Universitäten zumindest in Deutschland schlecht verankert. Hinzu kommt die fehlende Drittmittelorientierung beider Institute, die dazu geführt hat, dass dem Kooperationsanliegen institutsintern nicht diejenige Bedeutung zukommt, die es im wissenschaftspolitischen Diskurs hat. Die nächsten Abschnitte beschäftigen sich vor diesem Hintergrund eingehender mit dem Steuerungsinstrument Drittmittelfinanzierung.

3.2.3 Steuerungs- und Förderungsinstrumente: Drittmittelförderung und externe Auflagen

Durch welche Instrumente lassen sich Forschungskooperationen initiieren, fördern und steuern? Zu den wirkungsvollsten Förderinstrumenten zählt die bereits angesprochene Finanzierung gemeinsamer Projekte durch Drittmittel. Die Drittmittelförderung kann durchaus als Instrument zur Verstärkung von institutionellen Kooperationen verstanden werden. Schließlich honorieren verschiedene wichtige Fördereinrichtungen, etwa die Forschungsförderung der Europäischen Union oder das BMBF, solche Projekte, für deren Durchführung sich mehrere Institute zu Kooperationen oder Verbünden zusammenschließen. Diejenigen außeruniversitären Einrichtungen, die sich zu einem wesentlichen Teil durch Drittmittel finanzieren, etwa die Fraunhofer-Institute oder viele Einrichtungen der Leibniz-Gemeinschaft, haben also ein intrinsisches Interesse, Kooperationsbeziehungen mit universitären Partnerinstitutionen einzugehen.

Diese These bestätigt sich auch in unseren Fallbeispielen. Drei der vier außeruniversitären Institute, die erfolgreich mit Universitäten zusammenarbeiten, finanzieren ihre Forschung zu einem überdurchschnittlich hohen Anteil aus Drittmitteln (Delta, Alpha, Omikron). Das vierte Institut mit einem starken Kooperationsinteresse, das Epsilon-Institut, besitzt zwar mit zehn Prozent einen relativ geringen Anteil von Drittmitteln am Forschungshaushalt. Doch handelt es sich zugleich um das mit Abstand größte Institut unseres Samples, weshalb es in absoluten Zahlen dennoch zu den erfolgreichsten Drittmittel-Akquisiteuren der untersuchten Einrichtungen gehört.

Auch der Umkehrschluss scheint zuzutreffen. Zwei Max-Planck-Institute unseres Untersuchungssamples, die sich fast vollständig aus der staatlichen Grundförderung finanzieren (Omega, Rho), gehören zu den Einrichtungen mit schwachen Kooperationsbeziehungen zu Universitäten. Eine weitgehende Grundfinanzierung scheint also im Gegensatz zur stärkeren Drittmittelfinanzierung das Kooperationsinteresse außeruniversitärer Einrichtungen nicht sonderlich zu fördern. Diese Wirkung des Steuerungsinstruments Drittmittelförderung bestätigt außerdem, dass wissenschaftspolitische Kooperationsempfehlungen dann die größte Wirkung entfalten, wenn sie mit finanziellen Anreizen verbunden sind.

Ebenfalls zu den wirkungsvollen Instrumenten zur Förderung von Kooperationen zählen externe Auflagen, die wissenschaftspolitische Steuerungsgremien gegenüber außeruniversitären Einrichtungen aussprechen. Im Institut Gamma beispielsweise gehen die internen Bemühungen, die Kooperationen mit Universitäten zu verbessern, auf Evaluationsempfehlungen des Wissenschaftsrates zurück. Auch im Institut Omikron wird als Kooperationsmotiv genannt, dass die öffentliche Forschungsförderung die Zusammenarbeit mit Universitäten erwarte. In ähnlicher Weise wirken auch Gründungsaufträge, die von den Forschungsorganisationen formuliert wurden und hinter denen sich ein wissenschaftspolitisches Anliegen verbirgt. Die Institute Epsilon und Delta, die Anfang der 1990er Jahre entstanden, wurden bereits in ihrer Gründungsphase gezielt in der lokalen Universitätslandschaft verankert. Die Kooperation mit Universitäten wurde als Auftrag explizit in den Gründungsdokumenten festgehalten. Dazu werden bis heute die Leitungsstellen durch gemeinsame Berufungen mit Lehrstühlen an den umliegenden Universitäten verbunden. Außerdem sind in beiden Instituten formale Kooperationsverträge mit einer Reihe von Hochschulen geschlossen worden. Diese formalen Voraussetzungen haben mit der Zeit zu gut eingespielten und stabilen Kooperationsbeziehungen zwischen außeruniversitären und universitären Einrichtungen geführt. Das Kooperationsanliegen gehört im Gamma-Institut zur offiziellen Institutspolitik und wird vom Institutsleiter persönlich eingefordert:

> „Ich möchte eine direkte Vernetzung im Forschungsbereich mit den Universitäten, so wie wir's in den beiden Fällen X und Y haben. Da kann kein Projekt laufen, wenn nicht die Universität mitmacht, und die Universitäten können ihre (Forschung) nicht machen, weil sie die Leute nicht haben, die sitzen bei uns. Und gemeinsam könnten wir ein Programm aufbauen, das der Universität etwas bietet, was sie sonst nicht hat. (...) Ich halte es für dringend notwendig, dass diese Vernetzung erfolgt (...)." (Epsilon/Johann W.)

Es liegt auf der Hand, dass externe Auflagen wie Evaluationsempfehlungen oder Förderkriterien durch ihren Sanktionscharakter einen höheren Wirkungsgrad haben als weniger verpflichtende Maßnahmen wie etwa allgemein gehaltene Kooperationsverträge oder reine Absichtserklärungen („letters of intent"). Ganz wirkungslos sind auch solche deklamatorischen Kooperationsinstrumente nicht, doch dauert es meist eine gewisse Zeit, bis sie erfolgreich umgesetzt sind. Außerdem finden sie sich oft in Verbindung mit externen Auflagen, beispielsweise als Element der Umsetzung von Evaluationsempfehlungen, was ihre Effektivität selbstredend erhöht.

Die Wirkungsweise formaler Steuerungsinstrumente ist allerdings nicht einfach vorauszusehen, weil sie im Widerspruch mit anderen formalen Regelungen stehen können. Die Kooperationsempfehlungen des Wissenschaftsrates kollidieren beispielsweise mit einzelnen Förderrichtlinien auf der EU-Ebene. In EU-Förderprogrammen werden internationale Kooperationspartner vorgeschrieben oder zumindest höher bewertet als nationale Partner. Die Empfehlungen des Wissenschaftsrates zielen hingegen darauf, die institutionellen Kooperationen innerhalb Deutschlands zu fördern. Aus Sicht der außeruniversitären Institute sind diese Anforderungen inkongruent und widersprüchlich. Im Einzelfall werden internationale Kooperationspartner den nationalen vorgezogen. Dieses Dilemma ist besonders akut in der Klimaforschung, etwa für die Institute Gamma und Rho, die ohnehin stark auf internationale Förderprogramme ausgerichtet sind. Auch am Institut Omega ist die Präferenz für internationale Partnerschaften verbreitet. Die internationale Ausrichtung wird hier noch verstärkt, weil die Fachrichtung des Instituts an deutschen Universitäten schlecht verankert ist. Da das Institut eine konsequente Politik der Stellenbefristung betreibt, sehen sich die Mitarbeiter/innen auf dem internationalen Markt nach Kooperationspartnern und möglichen neuen Arbeitgebern um. Unter diesen Voraussetzungen bleibt die Absicht außeruniversitärer Einrichtungen, ihre Kooperationen mit deutschen Hochschulen zu intensivieren, oft ein Lippenbekenntnis.

3.3 Erfolgsbedingungen von Kooperationen in der Nachwuchsförderung und Lehre

3.3.1 Voraussetzungen und Kooperationsformen

Neben den Forschungskooperationen haben wir die Kooperationen in der Nachwuchsförderung und der Lehre untersucht. Auch in diesen Bereichen wird häufig ein Defizit diagnostiziert. Alle institutionellen Kooperationen in der Lehre und Nachwuchsförderung sind von einer strukturellen Asymmetrie zwischen den beiden Partnern, den außeruniversitären und den Hochschuleinrichtungen, bestimmt. Die Hochschulen besitzen in Deutschland das Qualifizierungsmonopol für akademische Abschlüsse. Jene Mitarbeiter/innen in außeruniversitären Einrichtungen, die im Rahmen eines Promotions- oder Habilitationsvorhabens einen akademischen Grad anstreben, sind deshalb gezwungen, selbst oder über ihr Institut die Zusammenarbeit mit einer Universität zu suchen, an der sie schließlich ihre Prüfung ablegen.

Die Ausgangslage für institutionelle Kooperationen im Ausbildungsbereich unterscheidet sich damit grundsätzlich von derjenigen im Forschungsbereich. Bei den Forschungskooperationen ist der außeruniversitäre Sektor eher der starke Partner, bei den Ausbildungskooperationen verfügen dagegen die Universitäten wegen ihres Qualifizierungsmonopols über ein Vorrecht, das ihnen in der Nachwuchsförderung eine „gate keeper"-Funktion verleiht. Im Forschungsbereich sind die Hochschulen oft auf die Kooperation mit den außeruniversitären Instituten angewiesen, in der Nachwuchsförderung ist dagegen der außeruniversitäre Sektor von den Hochschulen abhängig.

Diese Abhängigkeit ist ein neues Phänomen. Bis in die 1980er Jahre beschränkten sich die außeruniversitären Einrichtungen vor allem auf ihre Forschungsaufgaben und überließen die Ausbildung den Hochschulen. Spätestens seit den 1990er Jahren hat sich jedoch die klare Trennung zwischen forschungsorientiertem außeruniversitären Sektor und ausbildenden Hochschulen verwischt. Aus verschiedenen Gründen, auf die unten (Abschnitte 3.3.2 und 3.3.4) näher einzugehen ist, haben die außeruniversitären Einrichtungen ihr Engagement in der Nachwuchsförderung und Lehre stark ausgeweitet, obwohl der Studienabschluss weiterhin an den Hochschulen zu leisten ist. Die Doktorandenstellen an außeruniversitären Einrichtungen, die inzwischen geschaffen wurden, werden vom Wissenschaftsrat sogar als guter Promotionsweg eingestuft, weil hier die forschungsfernen Belastungen im Gegensatz zu den Hochschulstellen gering sind. Dieser Vorteil spiegelt sich auch in den kürzeren Promotionszeiten im außeruniversitären Sektor wider. Erst in der Postdoc-Phase sind die außeruniversitären Qualifikationsstellen in der Regel mit Nachteilen verbunden, weil auf dieser Stufe der Sprung zurück ins Hochschulsystem – auf einen Lehrstuhl – angestrebt wird und dies von einer außeruniversitären Einrichtung aus schwerer fällt als von einer Hochschule (Wissenschaftsrat 1997: 23f., 34f.). Das heute noch verbreitete Vorurteil, dass sich die außeruniversitären Einrichtungen kaum um Ausbildungsfragen kümmerten (beispielsweise Fritsch/Schwirten 2000: 4), trifft also nicht zu.

Weil die außeruniversitären Einrichtungen ihre eigene Nachwuchsförderung verstärkt haben, zugleich aber das Qualifizierungsmonopol der Hochschulen weiter besteht, ist es in den letzten Jahren zu einer Vielfalt neuer institutioneller Kooperationsbeziehungen in Lehre und Nachwuchsförderung gekommen. Außeruniversitäre Einrichtungen sind sogar dazu übergegangen, ein eigenes, umfassendes Angebot an Aus- und Weiterbildungsprogrammen zu entwickeln. Einzelne Institute verfügen etwa über differenzierte interne Förderprogramme, die sich vor allem an Promovierende richten. Diese außeruniversitäre „Ausbildungsoffensive" ist aus Sicht der Hochschulen nicht unbedenklich, weil sie zu einer verschärften Konkurrenz zwischen Hochschulen und außeruniversitärem Sektor um qualifizierte Nachwuchskräfte geführt hat. Teilweise sind die neu entstandenen institutionellen Kooperationen zur Lehre und Nachwuchsförderung bereits in offene Konfrontationen umgeschlagen. Diese aktuellen Trends und ihre wissenschaftspolitische Bewertung sind in den folgenden Abschnitten zu diskutieren.

Bei den Kooperationen in der Lehre und Nachwuchsförderung finden sich wie bei den Forschungskooperationen verschiedene Intensitätsgrade der Zusammenarbeit. Sie reichen von Kooperationen mit geringer Intensität (Beta und

Omega) über Kooperationen mittlerer Stärke (Alpha, Gamma, Lambda und Rho, die in der Nachwuchsförderung eng, in der Lehre dagegen kaum mit Universitäten zusammenarbeiten) bis zu engen, institutionalisierten Kooperationsbeziehungen (Delta, Epsilon und Omikron). Trotz dieser Unterschiede folgen alle Fallbeispiele einer Grundregel: Im Ausbildungsbereich sind die außeruniversitären Einrichtungen auf Hochschulkooperationen angewiesen, weil einerseits die Hochschulen das alleinige Qualifikationsrecht besitzen und andererseits die Hochschulprofessur für die meisten Wissenschaftler/innen weiterhin das Karriereziel bleibt. Die außeruniversitären Einrichtungen suchen die Hochschulkooperation in der Lehre und Nachwuchsförderung primär, um den Zugang zur Promotion und Habilitation sowie um Karriereoptionen sicherzustellen.

Allgemein gilt auch, dass die Lehrverpflichtungen an den Hochschulen unter den befragten Mitarbeiterinnen und Mitarbeitern wegen des hohen Vorbereitungsaufwands wenig beliebt sind. Zum Teil sind sie auch schwer vereinbar mit dem Aufgabenprofil außeruniversitärer Stellen, vor allem bei Inhaberinnen und Inhabern von Leitungspositionen, die ohnehin stark belastet sind und zusätzliche Lehrverpflichtungen ohne Reduktion der anderen Aufgaben kaum übernehmen können.

Die Kooperationsbereitschaft außeruniversitärer Einrichtungen in den Bereichen Lehre und Nachwuchsförderung ist also gespalten. Grundsätzlich besteht ein großes Interesse, doch behindern praktische Probleme oft die Umsetzung der Kooperationspläne. Dieser Widerspruch findet sich in zahlreichen Interviews. Fast alle Gesprächspartner/innen unterstützen die Forderung nach zusätzlichen Hochschulkooperationen. Geht es jedoch beispielsweise um die konkrete Frage, ob die Wissenschaftler/innen bereit sind, Lehrverpflichtungen an Hochschulen zu übernehmen, entscheiden sich die meisten Befragten dagegen.

> „Wenn man Studenten hierher (ins Institut) bekommen will, dann muss man in die Universitäten gehen. Obwohl ich selbst keine Lehre mache, find ich's gut, Lehre zu machen (lacht), weil, dadurch lernt man selber viel und insofern halte ich die Kooperation mit den Universitäten vor allem im Bereich der Lehre für sehr wichtig." (Delta/Dieter K.)

Drei Formen sind für die Kooperationen in der Lehre und Nachwuchsförderung typisch: gemeinsame Berufungen, Betreuungskooperationen und Lehrverpflichtungen. Gemeinsame Berufungen sehen vor, dass eine Leitungsstelle des außeruniversitären Instituts, entweder die Leitung einer Abteilung oder die Institutsdirektion, mit einer prüfungsberechtigten und lehrpflichtigen Universitätsprofessur institutionell und finanziell verknüpft wird. Diese Kooperationsform ist weit verbreitet. Innerhalb unseres Samples waren in sieben von neun Instituten zum Untersuchungszeitpunkt eine oder mehrere Leitungspersonen gleichzeitig

Lehrstuhlinhaber an einer Universität. In einem der beiden restlichen Fälle war vor einigen Jahren zwar eine solche Berufung erfolgt. Weil die universitären Lehrverpflichtungen jedoch nur geringfügig reduziert wurden, gab der Berufene die Institutsleitung schließlich auf und wechselte ganz auf den Lehrstuhl. Nur im Fall des Omega-Instituts waren die Inhaber/innen außeruniversitärer Leitungsstellen nicht zugleich auf Lehrstühle an der lokalen Universität berufen – immerhin war aber auch hier die Einrichtung von Honorarprofessuren geplant.

Gemeinsame Berufungen kommen in drei verschiedenen Varianten vor, die sich je nach Lehrverpflichtung und Finanzierungsmodus unterscheiden. Beim ersten, „bilateralen" Typ werden die Bedingungen der Berufung frei zwischen den Kooperationspartnern ausgehandelt. Oft bezahlt der eine Partner den Großteil des Gehalts, während der andere mit dem eingesparten Gehalt zusätzliche Stellen zur Unterstützung des Berufenen schafft. Üblich ist auch eine Reduktion der Lehrverpflichtung (Institute Beta und Lambda). Doch gibt es durchaus Fälle, in denen die Universität auf der vollen Lehrverpflichtung beharrt, die für die Betroffenen eine übermäßige Arbeitsbelastung mit sich bringen kann und oft nicht mit ihren Aufgaben am außeruniversitären Institut vereinbar ist. In einem Institut scheiterte gar eine geplante gemeinsame Berufung daran, dass die Universität bei ihrem Lehrstuhl-Angebot auf dem vollen Lehrdeputat beharrte. Der Abteilungsleiter lehnte den Ruf schließlich ab, weil er befürchtete, seine Aufgaben im Institut nicht angemessen wahrnehmen zu können.

Den zweiten und dritten Typ gemeinsamer Berufungen bilden zwei verbreitete Standardformen: das Jülicher und das Berliner Modell. Das Jülicher Modell sieht eine sequenzielle Stellenbesetzung vor. Die Universität und die außeruniversitäre Einrichtung schreiben je eine Stelle aus und verfassen eine gemeinsame Vorschlagsliste für beide Positionen. Die berufene Person tritt dann für eine bestimmte, mehrjährige Laufzeit die außeruniversitäre Stelle an, während sie auf der universitären Stelle ohne Bezüge unbefristet beurlaubt ist. In dieser Phase wird die berufene Person vollständig von der außeruniversitären Institution bezahlt. Nach Ablauf dieser Zeit wechselt die Person auf die Stelle an der Universität, die von diesem Moment an auch die Finanzierung übernimmt. Das Berliner Modell (auch als S-Professur bezeichnet) geht dagegen von einer Stellenteilung aus. Die außeruniversitäre Einrichtung trägt den Großteil der Kosten, nämlich 85 Prozent des Gehalts, die Universität bezahlt die restlichen 15 Prozent. Als Gegenleistung reduziert die Universität die Lehrverpflichtung auf zwei Semesterwochenstunden. Der Stelleninhaber erhält an der Universität die volle Prüfungsberechtigung. S-Professuren wurden in unserem Sample beispielsweise im Delta-Institut vergeben.

Auch Betreuungskooperationen, die zweite Kooperationsform in der Lehre und Nachwuchsförderung, sind weit verbreitet und betreffen in der Regel gemeinsam betreute Diplomarbeiten oder Promotionen.[5] Solche Diplom- und Dissertationsvorhaben werden im Rahmen der außeruniversitären Forschung durchgeführt und sind auch institutionell dort angesiedelt. Die Abschlussprüfung kann wegen des Qualifizierungsmonopols jedoch nur an einer Hochschule abgelegt werden. Die Forschungsarbeiten werden entweder von zwei Personen gemeinsam betreut, die das Hochschul- und das außeruniversitäre Institut vertreten, oder von einer Leitungsperson der außeruniversitären Einrichtung, die an der Hochschule prüfungsberechtigt ist – auch in diesem Fall lässt sich auf institutioneller Ebene von einer Betreuungskooperation sprechen. Die Anzahl von Diplom- und Promotionsvorhaben, die an den außeruniversitären Instituten vorzufinden sind, kann deshalb als Indikator für das Ausmaß an Betreuungskooperationen gelesen werden.

Auf der Stufe von Dissertationen haben Betreuungskooperationen bereits eine längere Tradition – vor allem in den Naturwissenschaften, wo die Forschung zu einem erheblichen Teil von Promovierenden geleistet wird. Daneben nehmen seit einigen Jahren auch die Kooperationen zur Betreuung von Diplomarbeiten zu. Hinter dem Trend, Diplomarbeiten für Hochschulstudiengänge an außeruniversitären Einrichtungen durchzuführen, steht nach Auskunft von Befragten primär das Interesse des außeruniversitären Instituts, frühzeitig talentierte Studentinnen und Studenten in die Institutsforschung einzubinden, um sie später für ein Promotionsvorhaben zu gewinnen. Diese Rekrutierungsstrategie setzt sogar schon vor Beginn der Diplomarbeit an. Verschiedene von uns untersuchte Institute werben gezielt Studierende als Hilfskräfte oder für Praktika an, um aus diesem Reservoir später Diplomandinnen und Diplomanden zu gewinnen (Alpha, Gamma, Rho, Delta). Diese Studentinnen und Studenten werden in der Klimaforschung beispielsweise für Hilfsarbeiten bei der Durchführung von Messkampagnen eingesetzt. Einzelne Einrichtungen wie etwa das Alpha-Institut bieten seit Jahren in regelmäßiger Form Praktika für Studierende verschiedener Hochschulen an. Die daraus hervorgehenden Diplomarbeiten werden später von Wissenschaftlerinnen und Wissenschaftlern der außeruniversitären Institute mitbetreut.

Besonders aktiv kümmern sich die außeruniversitären Einrichtungen um die Rekrutierung von Doktorandinnen und Doktoranden. Dies geschieht einerseits

---

5 Promotionsstellen werden meist als institutsinterne halbe Projektstellen (BAT IIa/2; in der MPG: 50 Prozent der Eingangsbesoldung der Besoldungsgruppe A 13) oder über Stipendien finanziert. Die Laufzeit beträgt in der Regel drei Jahre, oft sind befristete Verlängerungen möglich.

durch die Einrichtung von instituts- oder drittmittelfinanzierten Promotionsstellen, andererseits durch die Förderung von Betreuungskooperationen mit Universitäten. In unserem Sample verfügen die naturwissenschaftlichen Institute über die meisten Promotionsstellen; diese machen einen Anteil von 20 bis 30 Prozent des wissenschaftlichen Personals aus (Alpha, Delta, Epsilon, Rho, Omega) und die Promotionsvorhaben sind häufig in die Institutsprojekte eingebunden. In den sozialwissenschaftlichen Instituten ist der Anteil an Promotionsstellen geringer und schwankt zwischen zehn (Beta) und 15 (Lambda) Prozent. Auch hier werden die Stellen aus dem Institutshaushalt finanziert und in Kooperation mit Hochschulen betreut. Ein besonders interessantes Beispiel für eine institutionalisierte Betreuungskooperation ist das Omikron-Institut. Durch die bereits erwähnte enge, institutionalisierte Kooperationsbeziehung mit dem universitären Partnerinstitut Omikron-2 verfügt es über ein differenziertes und mit dem universitären Partner abgestimmtes Qualifikationssystem. Die Studierenden am Omikron-2-Institut werden bereits im Verlauf ihres Studiums als Hilfswissenschaftler/innen in Omikron-Projekten eingesetzt, wo sie erste Forschungserfahrungen sammeln. In einigen Fällen gewinnen die Studierenden aus diesen Projekten ihre Diplomthemen, manche arbeiten auch nach ihrem Studienabschluss in Omikron-Forschungsprojekten weiter. Die Betreuungskooperationen zwischen dem Omikron- und dem Omikron-2-Institut sind damit außerordentlich intensiv, auch wenn die Anzahl der Dissertationen insgesamt aus Gründen, die mit dem Forschungsfeld zusammenhängen, gering ist. Auf diese Gründe wird später genauer eingegangen (Abschnitt 3.3.2).

Die geschilderten Kooperationsbeziehungen zur Nachwuchsförderung lassen sich als Tauschverhältnis zwischen Hochschulen und außeruniversitären Einrichtungen verstehen. Beide Kooperationspartner profitieren von diesem Tauschverhältnis. Die außeruniversitäre Seite sichert sich den Zugang zu qualifizierten Nachwuchskräften, die Hochschulen können ihren Absolventinnen und Absolventen attraktive Diplom- und Promotionsvorhaben vermitteln, deren Finanzierung meist von den außeruniversitären Instituten sichergestellt wird. Die Tauschbeziehung bestehe, so ein Befragter zusammenfassend, darin, dass die außeruniversitären Einrichtungen den Hochschulen Geld für Projektstellen lieferten, während diese das Personal für die Projekte stellten. „So wäscht eine Hand die andere." (Gamma/Max K.) Diese Tauschbeziehung zwischen den Kooperationspartnern ist allerdings nicht ohne Konfliktpotenzial. Oft sind die Promotionsvorhaben primär in die Forschung an den außeruniversitären Instituten integriert, während die universitären Partnerinstitute wissenschaftlich nur indirekt profitieren. In diesen Fällen schlägt das Kooperations- mitunter in ein

Konkurrenzverhältnis um. Auch auf diese Problematik ist unten genauer einzugehen (Abschnitt 3.3.3).

Eine besondere Variante der Betreuungskooperationen bilden institutionalisierte Formen der Graduiertenausbildung, insbesondere die DFG-Graduiertenkollegien und die International Max-Planck Research Schools (IMPRS) der MPG, die ebenfalls ein- bis dreijährige Graduiertenprogramme anbieten. In diesen Graduiertenschulen werden Promotionsstipendien vergeben und die entsprechenden Projekte kollektiv betreut. In diesem kollektiven Rahmen kommt es häufig zu Kooperationen zwischen universitären und außeruniversitären Instituten. Wenn eine außeruniversitäre Einrichtung an einem Graduiertenkolleg beteiligt ist, werden die Stipendien der Teilnehmer/innen von der DFG bezahlt, einzelne Promotionsvorhaben aber am außeruniversitären Institut durchgeführt. Es überrascht deshalb kaum, dass in allen befragten Instituten das Interesse an verstärkten Kooperationen mit Graduiertenschulen hoch ist, obwohl zum Zeitpunkt der Befragung nicht alle Institute an einem Programm beteiligt waren – in unserem Sample lediglich sechs von neun Instituten. Einzelne Einrichtungen arbeiten mit DFG-finanzierten Graduiertenkollegien, die institutionell in der Regel an Universitäten angesiedelt sind, zusammen (Alpha, Beta, Gamma, Rho). Zwei der Max-Planck-Institute (Omega, Gamma) verfügen über je eine IMPRS, an der im Fall des Gamma-Instituts auch eine Partneruniversität beteiligt ist. Ein weiteres Institut (Delta) arbeitet mit einer externen IMPRS zusammen. Die Teilnahme an solchen Graduiertenschulen wird von den Befragten fast durchweg für sinnvoll und förderungswürdig gehalten. Auch eines der drei Institute ohne Anschluss an Graduiertenschulen (Epsilon) plante, Kooperationen mit DFG-geförderten Graduiertenkollegien in nächster Zeit aufzunehmen und zu institutionalisieren.

Bei der dritten Kooperationsform zur Nachwuchsförderung, den Lehrveranstaltungen, sind verschiedene Ebenen zu unterscheiden. Kooperationen im Lehrbereich können institutionalisierte oder individualisierte Formen annehmen, oft sind beide Formen nebeneinander in ein und demselben Institut anzutreffen. Institutionalisierte Kooperationen finden sich vor allem in Instituten mit gemeinsamen Berufungen, bei denen der Inhaber einer außeruniversitären Leitungsstelle auch eine Lehrveranstaltung an einer Hochschule übernimmt. Ebenso institutionalisiert sind Kooperationen, bei denen das außeruniversitäre Institut sich an der Entwicklung eines universitären Lehrgangs oder Studiengangs beteiligt. Solche Kooperationsformen sind in unserem Sample allerdings selten. Nur die Institute Delta und Omikron haben Studiengänge mitentwickelt, im Epsilon-Institut ist ein solches Vorhaben in Planung.

Die individualisierte Form der Lehrkooperation herrscht in jenen Fällen vor, in denen die Lehraktivitäten der außeruniversitären Institution wesentlich von der Initiative einzelner Mitarbeiter/innen ausgehen. Vor allem promovierte und habilitierte Wissenschaftler/innen sind aus karrierestrategischen Überlegungen daran interessiert, Lehrerfahrungen zu sammeln. Solche individualisierten Lehrkooperationen kommen in allen untersuchten Fallbeispielen vor, wenn auch in unterschiedlichem Ausmaß. Während etwa das Institut Omega erst punktuell mit der lokalen Universität zusammenarbeitet und die Lehrkooperationen entsprechend schwach ausgeprägt sind, bieten die promovierten oder habilitierten Wissenschaftler/innen im Epsilon-Institut zahlreiche Lehrveranstaltungen an. Auch im Bereich der Lehrkooperationen ist das Omikron-Institut ein besonders interessantes Beispiel. Neben dem Institutsdirektor sind auch die Projektleiter grundsätzlich verpflichtet, Lehrveranstaltungen abzuleisten, und selbst die übrigen Mitarbeiter/innen übernehmen häufig Lehraufgaben.

Das Fallbeispiel des Omikron-Instituts verweist jedoch auch auf die Grenzen der Lehrkooperationen. Hier wie in den meisten anderen Instituten auch klagen viele Mitarbeiter/innen über die Doppelbelastung, die sich durch parallele Forschungs- und Lehrtätigkeiten ergibt. Viele Befragte sehen sich deshalb nur begrenzt in der Lage, Forschung und Lehre unter einen Hut zu bringen. Lehrverpflichtungen werden von vielen als Zusatzaufwand angesehen, der sich negativ auf ihre Leistungen im Forschungsbereich auswirkt. Dies trifft vor allem für die Leitungsebene – die Abteilungsleiter oder Institutsdirektoren – zu, deren Kapazitäten für Nebenverpflichtungen ohnehin beschränkt sind (vgl. weiterführend Abschnitt 3.3.4).

3.3.2 Nachwuchsrekrutierung als Kooperationsanreiz

Das Qualifizierungsmonopol der Universitäten bringt es mit sich, dass die außeruniversitären Einrichtungen ein strukturelles Nachwuchsproblem haben. Sie müssen zwangsläufig einen Zusatzaufwand betreiben, um qualifizierten wissenschaftlichen Nachwuchs zu rekrutieren, während die Universitäten darauf achten müssen, ihren eigenen Nachwuchs nicht zu verlieren. Hinter den Nachwuchssorgen steht primär ein wissenschaftlich-inhaltliches Anliegen. Wie oben geschildert sind außeruniversitäre Einrichtungen, vor allem die hier ausgewählten interdisziplinären Forschungsinstitute, fachlich von den Universitäten abhängig, weil diese auf die kontinuierliche Aktualisierung und Vermittlung disziplinärer Forschungsergebnisse spezialisiert sind (vgl. Abschnitt 3.2.1). Unsere Fallbeispiele zeigen deutlich, dass das Kooperationsinteresse außeruniversitärer Einrichtungen unmittelbar mit dem Ausmaß des Problems, wissenschaftlichen Nachwuchs zu rekrutieren, korreliert. Die intensivsten Kooperationen finden sich in jenen Forschungsbereichen, in denen der akademische Stellenmarkt am härtesten umkämpft ist. Der Zustand des akademischen Arbeitsmarkts hängt von mehreren Faktoren ab, die die außeruniversitären Einrichtungen kaum beeinflussen können und die hier nicht weiter zu untersuchen sind. Dazu gehören etwa die allgemeine Wirtschaftslage, alternative Karriereoptionen in der Privatwirtschaft und die Konkurrenz ausländischer, vor allem angelsächsischer Forschungseinrichtungen (der viel zitierte „brain drain"). So wechselhaft die Situation auf dem Stellenmarkt, so heterogen ist auch die Kooperationsbereitschaft der außeruniversitären Einrichtungen. Besonders angespannt war zum Untersuchungszeitpunkt der wissenschaftliche Arbeitsmarkt in der Klimaforschung, auf dem deutsche Forschungsinstitute mit angelsächsischen Einrichtungen oder privaten Unternehmen um qualifizierte Nachwuchskräfte konkurrierten. Vergleichbare Verhältnisse herrschten auch in der naturwissenschaftlichen Umweltforschung. Die folgenden Fallbeispiele für den Wettbewerb um den wissenschaftlichen Nachwuchs stammen deshalb primär aus der Klima- und Umweltforschung.

Das Problem, qualifizierten Nachwuchs zu rekrutieren, gilt in allen Klimaforschungsinstituten als gravierend. Hinter dieser Problemlage stehen verschiedene Faktoren. Erstens ist in einigen zentralen Fächern der Klimaforschung wie etwa der Meteorologie die Absolventenzahl generell niedrig. Zweitens verzeichneten andere wichtige Studienbereiche wie etwa die Physik oder ingenieurwissenschaftliche Fächer in den letzten Jahren einen drastischen Einbruch der Studierendenzahlen. Drittens verschärft sich die Konkurrenz um die wenigen Nachwuchskräfte zusehends. Viele Wissenschaftler/innen wandern wegen höherer Gehälter oder besserer Arbeitsbedingungen in die Industrieforschung ab. Andere verlassen Deutschland und schließen sich ausländischen, insbesondere amerikanischen Forschungsinstituten und Universitäten an, wo sie bessere Karrieremöglichkeiten erwarten. In Deutschland, so der Tenor in den Interviews, gibt es nach der Promotion kaum noch Forschungsstellen mit langfristiger Perspektive.

> „Das heißt also, wir bilden zum sehr großen Teil für die USA aus und das wird uns natürlich über kurz oder lang sehr teuer zu stehen kommen. (...) Das macht dann auch den Standort immer weniger attraktiv. Wir müssen schon, denke ich, sehr intensiv uns der Frage der Ausbildung, der Nachhaltigkeit unseres eigenen Faches widmen." (Rho/Alfons P.)

Die Situation auf dem akademischen Stellenmarkt hat sich für die außeruniversitäre Klimaforschung erst in den letzten Jahren zu einer Krise ausgeweitet. Bis in die 1980er Jahre war es für die außeruniversitären Institute kein Problem, eine ausreichende Anzahl von Doktorandinnen und Doktoranden für die Forschung zu gewinnen. Eine aktive Nachwuchsförderung schien deshalb verzichtbar. Früher, meint ein Befragter, habe sich sein Institut Rho noch als „Max-Planck-Insel" verstanden, die sich nicht besonders um die Nachwuchsrekrutierung sorgen musste. In den 1990er Jahren versiegte jedoch der „Strom von jungen Wissenschaftlern". Die Max-Planck-Institute hätten deshalb, so der Befragte, auch aus „egoistischer Perspektive" eingesehen, dass die Anbindung an die Universitäten bereits auf der Ebene von Diplom- und Promotionsvorhaben gefördert werden müsse, um die institutsinterne Forschung nachhaltig zu sichern (Rho/Alfons P.). Seither hat sich das Problem der Nachwuchsrekrutierung zunehmend verschärft. Folglich haben sich die meisten außeruniversitären Klimaforschungsinstitute in jüngster Zeit das Kooperationsanliegen auf die Fahnen geschrieben. Im Delta-Institut gehört der Kooperationsgedanke beispielsweise explizit zur strategischen Ausrichtung der Forschung. Die Leitung versucht gezielt, das Institut mittels universitärer Kooperationsbeziehungen optimal in der Forschungslandschaft zu profilieren. Solche aktiven Kooperationsstrategien sind auch in anderen Einrichtungen, etwa dem Epsilon-Institut, anzutreffen. Da der Kooperationstrend auf dem außeruniversitären Sektor erst vor wenigen Jahren eingesetzt hat, stecken viele Institute noch in einer Testphase und verfügen lediglich über einen geringen Erfahrungsschatz.

Auch im ingenieurwissenschaftlichen Institut Omikron haben die verschärfte Konkurrenz auf dem Stellenmarkt und sinkende Studierendenzahlen dazu geführt, dass sich das Institut stärker um die Nachwuchsförderung kümmert. Vorteilhaft wirkt sich dabei die erwähnte Betriebsgemeinschaft mit dem universitären Partnerinstitut Omikron-2 aus. Diese Konstellation erlaubt es den Verantwortlichen des Omikron-Instituts, dem Nachwuchs ein ausgefeiltes Personalentwicklungsmodell anzubieten. Die Anwerbung von Nachwuchskräften geschieht bereits auf studentischer Ebene. Mindestens ein Drittel der Mitarbeiter/innen war zuvor als studentische Hilfskraft am Institut beschäftigt. Den neu eingestellten Mitarbeiterinnen und Mitarbeitern wird im ersten Jahr ein Mentor oder eine Mentorin als Betreuungsperson zur Seite gestellt. Außerdem verfügt das Institut über verbindliche Aus- und Weiterbildungsprogramme für alle neu Eingestellten, das Bildungsangebot umfasst unter anderem Themen wie Rhetorik und Projektmanagement.

Auch die Mitarbeit in Forschungsprojekten ist formalisiert. Anfänglich werden neu Eingestellte in öffentlich geförderten Drittmittel-Projekten beschäftigt, die wegen längerer Projektlaufzeiten unter einem vergleichsweise geringen Zeitdruck stehen. Erst nach einigen Jahren werden die Wissenschaftler/innen auch in Projekten der Industrieforschung eingesetzt. Bei Karrierebeginn besitzen die Omega-Mitarbeiter/innen meist befristete Verträge (BAT IIa). Nach höchstens drei Jahren wird die Vergütung angepasst (BAT Ib), später sind auch Entfristungen möglich. Weil am Omega-Institut eine vergleichsweise hohe Fluktuation herrscht – jährlich verlassen bis zu 25 Prozent der wissenschaftlichen Mitarbeiter/innen das Institut –, war die Vergabe von Dauerstellen bisher kein Problem.

Grundsätzlich kann also davon ausgegangen werden, dass außeruniversitäre Institutionen im Ausbildungsbereich ein Interesse an universitären Kooperationen haben. Trotzdem stehen diesem Anliegen in vielen Instituten gewichtige Hindernisse entgegen. Drei dieser Problembereiche sind hier zu diskutieren: die Konkurrenz mit Universitäten um den bestqualifizierten Nachwuchs, die Kooperationsalternativen außerhalb Deutschlands sowie das generell geringere Kooperationsinteresse sozial- und geisteswissenschaftlicher Einrichtungen (Abschnitte 3.3.3 bis 3.3.5).

3.3.3 Nachwuchsrekrutierung als Kooperationsproblem: von Kooperation zu Konkurrenz

Viele der geschilderten Kooperationen in der naturwissenschaftlichen Forschung sind mit dem Problem konfrontiert, dass das partnerschaftliche bisweilen in ein Konkurrenzverhältnis umschlägt. Schon Fritsch und Schwirten haben in ihrer Umfrage zum Kooperationsverhalten öffentlicher Forschungsinstitute aufgezeigt, dass einer der wichtigsten Gründe, weshalb Institute auf eine Kooperation verzichten, das Konkurrenzverhältnis zum potenziellen Kooperationspartner ist (Fritsch/Schwirten 2000: 6). Die gut ausgestatteten außeruniversitären Institute bieten dem akademischen Nachwuchs ein Arbeitsumfeld, das deutlich attraktiver ist als die universitären Stellen, weil die forschungsfernen Zusatzverpflichtungen der Hochschulstellen, etwa Unterstützung der Lehre oder Teilnahme an der universitären Selbstverwaltung, im außeruniversitären Bereich kaum ins Gewicht fallen (Wissenschaftsrat 1997: 23f.). Auch wenn Promotionen und Habilitationen schließlich an den Fakultäten abzulegen sind, gehen den Universitäten die besten Nachwuchskräfte zunehmend an die außeruniversitäre Konkurrenz verloren. Mit Blick auf die Max-Planck-Gesellschaft meint ein Befragter:

> „Ein Großteil der qualitativ besten Forschungen ist nun mal an den MPIs. Sie kriegen systematisch die besten Doktoranden, nicht? Die Franzosen haben ein ähnliches Problem mit ihren Grandes Écoles, die die besten Studenten kriegen." (Rho/Alfred B.)

Vor allem in den Naturwissenschaften hat sich das Konkurrenzverhältnis zwischen universitären und außeruniversitären Instituten in jüngster Zeit deutlich verschärft. Dies zeigt sich in unserem Sample vor allem an den Klimaforschungsinstituten. Außeruniversitäre Institute, so ein Befragter des Instituts Rho, würden von den Universitäten meist als „Raubritter" angesehen – „mit einer gewissen Berechtigung", wie er hinzufügt. Dahinter stehe das ungesunde und „manchmal schon peinliche Ungleichgewicht" zwischen gut ausgestatteten außeruniversitären Einrichtungen und den finanzschwachen Universitäten (Rho/Alfred B.). In einem Fall haben einzelne Fachbereiche der lokalen Universität als Gegenmaßnahme gegen den drohenden „brain drain" beschlossen, nur noch eine begrenzte Zahl von Diplom- und Promotionsvorhaben in Kooperation durchzuführen. Immerhin hat sich in jenen Fächern, in denen eine Doppelberufung vorliegt, das Verhältnis zwischen dem Institut und der Universität wieder so weit entspannt, dass Quotenregelungen fallen gelassen wurden. Akute Konkurrenzsituationen liegen auch in den Fällen des Gamma- und des Epsilon-Instituts vor. Ein Befragter des Epsilon-Instituts meint, die Universitäten, zu denen er Kontakt habe und die als Kooperationspartner in Frage kämen, betrachteten sein Institut als „Konkurrenz" und „Fremdkörper" (Epsilon/Johann W.). In einzelnen Fachbereichen sei faktisch keine Kooperation mehr möglich, weil die Universität befürchte, ihre besten Leute an das Epsilon-Institut zu verlieren. Ein Fachbereich habe dem Institut zu verstehen gegeben, dass die aktive Abwerbung von Diplomandinnen und Diplomanden sowie Promovierenden unerwünscht sei.

Zur Konkurrenzsituation beigetragen hat nicht zuletzt, dass viele außeruniversitäre Einrichtungen in den letzten Jahren ihre institutsinterne Nachwuchsbetreuung wesentlich verbessert haben. Teils als Antwort auf den Wettbewerb mit den Hochschulen, teils um die eigenen Defizite in der Nachwuchsförderung zu beheben, teils auch als Reaktion auf Forderungen, die der Wissenschaftsrat bereits Mitte der 1990er Jahre erhob (Wissenschaftsrat 1995), hat der außeruniversitäre Sektor seine eigenen Betreuungsstrukturen für Diplom- und Promotionsvorhaben formalisiert und ausgebaut. In vielen Instituten wurden Doktorandenkolloquien, -seminare oder vergleichbare Angebote etabliert (Alpha, Gamma, Epsilon; geplant im Delta). Einzelne Einrichtungen haben außerdem Ombudsmann-Stellen geschaffen, die den Nachwuchswissenschaftlerinnen und -wissenschaftlern als Anlaufstelle bei Betreuungsproblemen dienen (Delta, Epsilon). Der Ombudsmann im Epsilon-Institut ist sogar ausdrücklich für personalrechtliche Fragen auf der Stufe von Promotions- und Habilitationsprojekten zuständig. Vereinzelt wurden auch Mentoring-Programme institutionalisiert, die ebenfalls auf eine verbesserte Nachwuchsförderung zielen (Gamma; geplant im Delta).

Das Paradebeispiel für die außeruniversitäre „Betreuungsoffensive" ist zweifellos das Institut Epsilon. Mit seinen über 400 wissenschaftlichen Mitarbeiterinnen und Mitarbeitern verfügt es über die kritische Masse an Personal, das zum wissenschaftlichen Nachwuchs gehört und formalisierte Förderinstrumente lohnend macht. Ziel der Nachwuchsförderung am Epsilon-Institut ist, die Promovierenden bei der Gratwanderung zwischen interdisziplinärer Projektarbeit und disziplinär angelegten Promotionsvorhaben zu unterstützen. Zu diesem Zweck betreibt das Institut eine angebotsorientierte Nachwuchsförderung mit einer Vielzahl von Förderinstrumenten und Veranstaltungen. Dazu gehören unter anderem die Förderung von Auslandsaufenthalten, die (auch finanzielle) Unterstützung zweier „Nachwuchsnetzwerke" für jüngere Wissenschaftler/innen oder die Gründung von drei Nachwuchsgruppen, die von zwei Habilitandinnen und einem Habilitanden geleitet werden. Außerdem werden Nachwuchskräfte zur Übernahme von Lehrverpflichtungen ermutigt, nicht zuletzt um die Ergebnisse der Epsilon-Forschung besser in die disziplinäre Forschung an den Hochschulen rückzukoppeln. All diese Aktivitäten werden im Epsilon-Institut von der Institutsleitung aktiv unterstützt.

Diese aktive Nachwuchsförderung geht auch auf das Engagement des wissenschaftlichen Nachwuchses selbst zurück. Die Doktorandinnen und Doktoranden waren mit der Aus- und Weiterbildungssituation im Institut unzufrieden, auch die Habilitierenden engagierten sich primär aus Sorge um die eigenen Karrierechancen. Die beiden Nachwuchsnetzwerke waren zum Befragungszeitpunkt damit beschäftigt, eine umfangreiche interne Lehrveranstaltungs- und Weiterbildungsreihe aufzubauen. Diese besteht aus einem abteilungsübergreifenden Vorlesungszyklus und einer Graduiertenschule, die auch Auswärtigen offen steht. Geplant sind außerdem ein einwöchiger Theoriekurs und eine zweite Vorlesungsreihe. Ziel dieser von der Institutsleitung unterstützten Aktivitäten ist es, die theoretische Ausbildung des Mittelbaus zu verbessern. Verschiedene Befragte betonen, dass Nachwuchswissenschaftlerinnen und -wissenschaftlern die methodische und theoretische Auseinandersetzung mit interdisziplinären Forschungsansätzen fehle. Im Studium würden solche „interdisziplinäre Skills" nicht vermittelt, deshalb müsse das Epsilon-Institut die Lücke schließen, so eine Mitarbeiterin (Epsilon/Linda H.).

Das Epsilon-Institut ist, was die Nachwuchsförderung anbelangt, aufgrund seiner enormen Größe sicher ein Ausnahmefall. Trotzdem steht das Institut auch für einen generellen Trend in der außeruniversitären Forschung. Als Reaktion auf den Mangel an qualifiziertem Nachwuchs investieren die außeruniversitären

Einrichtungen heute vermehrt in die Nachwuchsförderung und konkurrieren so mit den Universitäten auf einem Feld, auf dem diese bis vor kurzem als die alleinigen Ausbildungsinstitutionen galten. Auch wenn keine andere Einrichtung unseres Sample so weit geht wie das Epsilon-Institut, haben doch die meisten außeruniversitären Einrichtungen begonnen, sich nicht mehr nur im Forschungs-, sondern auch im Ausbildungsbereich zu profilieren. Zwar erreicht die Doktorandenbetreuung nicht immer die vom Wissenschaftsrat (1995: 29) angestrebte Qualität. Der Trend aber deutet klar auf einen weiteren Ausbau der außeruniversitären Ausbildungs- und Betreuungsstrukturen hin.

3.3.4 Problem Internationalisierung: Alternativen zu nationalen Kooperationen

Das zweite Problem von Kooperationen in der Nachwuchsförderung besteht darin, dass aus Sicht der außeruniversitären Institute neben deutschen zunehmend auch ausländische Universitäten als Kooperationspartner in Frage kommen. Mit der Internationalisierung der Forschungsfinanzierung – gerade im europäischen Rahmen – zeichnet sich der Trend ab, dass außeruniversitäre Institute nicht nur im Forschungs-, sondern auch im Ausbildungsbereich vorzugsweise mit ausländischen Universitäten zusammenarbeiten. Zwar ist der Internationalisierungstrend im Moment noch schwach, doch dürfte er sich in Zukunft weiter verstärken. Unsere Fallbeispiele zeigen, dass die beiden wissenschaftspolitischen Anliegen – Förderung der institutionellen Kooperationen innerhalb des deutschen Wissenschaftssystems auf der einen und verstärkte internationale Ausrichtung der deutschen Forschung auf der anderen Seite – nicht ganz spannungsfrei auf einen Nenner zu bringen sind.

Erste Anzeichen für eine internationalisierte Nachwuchsförderung lassen sich beispielsweise in den Klimaforschungsinstituten beobachten. Am weitesten fortgeschritten ist der Trend jedoch in dem jüngsten der untersuchten Institute, dem Omega-Institut. Dafür gibt es eine Reihe von Gründen. Zunächst arbeiten im Institut überdurchschnittlich viele Promovierende. Knapp ein Drittel der wissenschaftlichen Mitarbeiter/innen verfolgt ein Promotionsvorhaben, die Hälfte davon stammt aus dem Ausland. Zugleich funktionierte zum Befragungszeitpunkt die Zusammenarbeit mit der lokalen Universität erst ansatzweise – aus Gründen, die bereits erläutert wurden (Abschnitt 3.2.1). Auch unter den anderen deutschen Hochschulen gibt es nur wenige, die als Kooperationspartner in Frage kommen. Außerdem hat das Omega-Institut in seiner Gründungs- und Aufbauphase einen Großteil seiner Beschäftigten auf dem internationalen Stellenmarkt rekrutiert. Alle diese Faktoren haben zu einer guten internationalen

Vernetzung des Instituts beigetragen. Die vielfältigen Kontakte zu ausländischen Universitäten spiegeln sich auch in der Nachwuchsbetreuung wider. Über die lokale Universität wurden seit der Gründung des Omega-Instituts vor knapp zehn Jahren erst zwei Promotionsverfahren von Mitarbeiterinnen und Mitarbeitern der neuen Einrichtung abgewickelt. Viele Doktorandinnen und Doktoranden des Instituts orientieren sich an ausländischen Universitäten, unter anderem weil sie in englischer Sprache promovieren, dies aber in der Promotionsordnung der lokalen Universität nicht vorgesehen und deshalb ausgeschlossen ist. Da beide Leitungsverantwortliche zugleich an ausländischen Universitäten prüfungsberechtigt sind, werden viele Dissertationen an den dortigen Fakultäten eingereicht. Dies liegt auch im Interesse der Promovierenden, die im Omega-Institut nur über befristete Arbeitsverträge verfügen. Vor allem die ausländischen Mitarbeiter/innen bewerben sich deshalb noch während ihrer Arbeit im Omega-Institut um Stellen in ihren jeweiligen Herkunftsländern.

Obwohl aus wissenschaftspolitischer Perspektive das Omega-Institut zu wenig mit deutschen Hochschulen kooperiert, scheint sich die internationale Orientierung für den Nachwuchs durchaus zu bewähren. Die Arbeitssituation der jüngeren Wissenschaftler/innen ist am Omega-Institut komfortabel. Die Doktorandinnen und Doktoranden erhalten in der Regel ein dreijähriges Stipendium aus MPG-Mitteln und können so ihren Forschungsvorhaben ohne forschungsferne Zusatzverpflichtungen nachgehen. Verlängerungen für ein halbes oder ganzes Jahr sind möglich und werden nach Bewilligung durch den Abteilungsdirektor aus dem Institutshaushalt finanziert. Zur Institutspolitik gehört, den Promovierenden eine Orientierungsphase von einem halben Jahr zu gewähren, damit sie Kurse besuchen und ihr Dissertationsthema konkretisieren können. Darüber hinaus organisiert das Institut wie erwähnt eine International Max-Planck Research School (IMPRS), die jährlich wiederkehrend stattfindet und zusammen mit ausländischen Partnerinstituten organisiert wird. Diese Graduiertenschule ist auf einen Zeitraum von sechs Monaten angelegt und damit kürzer als andere IMPRS; außerdem wird sie ganz ohne deutsche Hochschulpartner organisiert. Die IMPRS verfolgt nicht zuletzt das Anliegen, die Konkurrenzfähigkeit des Instituts gegenüber US-amerikanischen Graduiertenschulen zu erhöhen. Institutsintern gilt die Schule als Instrument, um wissenschaftlichen Nachwuchs zu rekrutieren und weiterzubilden. Fast alle „Senior Scientists" am Omega-Institut lehren an der IMPRS. Sämtliche am Institut tätigen Doktorandinnen und Doktoranden sind verpflichtet, während ihrer dreijährigen Anstellung an mindestens zwei IMPRS teilzunehmen.

Die Nachwuchspolitik des Omega-Instituts scheint trotz fehlender deutscher Kooperationspartner grundsätzlich erfolgreich zu sein. Ein Direktor betont, dass fast alle Nachwuchskräfte des Omega-Instituts nach Auslaufen ihrer befristeten Verträge ihre Karriere nahtlos an anderen Institutionen fortsetzen könnten. Die beiden geschilderten Hindernisse für Kooperationen in der Nachwuchsförderung, die Konkurrenz zwischen außeruniversitären Einrichtungen und Hochschulen sowie die Internationalisierung der wissenschaftlichen Karrieren, verdeutlichen die Grenzen der Kooperationsbereitschaft außeruniversitärer Einrichtungen. Obwohl der außeruniversitäre Sektor aufgrund des Qualifikationsmonopols der Universitäten auf Kooperationen mit den Hochschulen angewiesen ist, scheint die praktische Umsetzung des Kooperationsauftrags alles andere als selbstverständlich zu sein. Zwar sind die wissenschaftspolitischen Kooperationsforderungen von den außeruniversitären Einrichtungen aufgenommen worden und haben zu einer verstärkten Zusammenarbeit mit deutschen Hochschulen geführt. Doch nutzen die außeruniversitären Einrichtungen auch zunehmend neue Wege der Nachwuchsförderung. Die Fallbeispiele zeigen, dass sich die außeruniversitären Einrichtungen insbesondere durch Kooperationen mit ausländischen Partnern oder durch die Institutionalisierung einer eigenen Ausbildungsförderung Alternativen zur Zusammenarbeit mit deutschen Hochschulen schaffen. Kooperationen mit deutschen Universitäten sind heute nicht mehr der Königsweg zur erfolgreichen Ausbildung des wissenschaftlichen Nachwuchses. Der wissenschaftspolitische Ruf nach verstärkter Kooperation innerhalb des deutschen Wissenschaftssystems hat deshalb nichts an Aktualität eingebüsst.

3.3.5 Sonderfall Sozial- und Geisteswissenschaften

Es ist primär die naturwissenschaftliche Forschung, die in den letzten Jahren mit einem Mangel an wissenschaftlichen Nachwuchskräften zu kämpfen hatte. Die damit verbundenen Konkurrenz- und Kooperationsprobleme in der Nachwuchsförderung betreffen deshalb vor allem jene außeruniversitären Einrichtungen, die naturwissenschaftlich orientiert sind. In den Sozial- und Geisteswissenschaften (einschließlich der Wirtschaftswissenschaften) steigen dagegen die Absolventenzahlen weiter an – von einem Mangel an wissenschaftlichem Nachwuchs kann hier nicht die Rede sein. In den beiden sozial- und geisteswissenschaftlich orientierten Instituten unseres Samples herrschen somit deutlich bessere Ausgangsbedingungen für Ausbildungskooperationen. Die folgenden Ausführungen stützen sich auf zwei Fallbeispiele: das Lambda-Institut, das ausschließlich sozial- und geisteswissenschaftliche Forschung betreibt, und das Beta-Institut, in dem die Sozial- und Geisteswissenschaftler/innen die Mehrheit bilden. Aufgrund dieser beschränkten Datenbasis sind zwar Verallgemeinerungen über die Kooperationspraxis der Sozial- und Geisteswissenschaften schlechthin schwierig. Möglich ist aber die Analyse einiger spezifischer Kooperationspraktiken und Problemlagen in interdisziplinär orientierten, außeruniversitären Forschungseinrichtungen mit sozial- und geisteswissenschaftlichem Schwerpunkt.

Grundsätzlich haben die beiden Institute Lambda und Beta keine fundamentalen Probleme, qualifizierte Nachwuchswissenschaftler/innen für ihre interdisziplinären Forschungsprojekte zu gewinnen. Die Konkurrenz zwischen universitären und außeruniversitären Einrichtungen um die Rekrutierung wissenschaftlicher Nachwuchskräfte, die in der Klimaforschung so verbreitet ist, fehlt hier völlig. Hinzu kommt, dass die Qualifizierung des wissenschaftlichen Nachwuchses in den beiden Instituten einen geringeren Stellenwert besitzt als in den naturwissenschaftlichen Einrichtungen, zumindest gemessen an der Anzahl der Promotionsstellen: Im Lambda-Institut liegt der Anteil bei 15 Prozent, im Beta-Institut bei rund zehn Prozent der wissenschaftlichen Mitarbeiterstellen, wobei im Beta-Institut fast alle Promotionsstellen durch befristete Drittmittelprojekte finanziert werden.

Beiden Instituten fällt es unter diesen Voraussetzungen leicht, jüngere Wissenschaftler/innen zu rekrutieren. Im Lambda-Institut werden entsprechende Kontakte am häufigsten über die Vergabe von Praktika hergestellt. Obwohl diese nicht bezahlt werden, findet das Institut problemlos geeignete Interessentinnen und Interessenten. Das Lambda-Institut ist nach Ansicht seines Leiters für den wissenschaftlichen Nachwuchs deshalb attraktiv, weil es in der deutschen Wissenschaftslandschaft eine Fachrichtung vertritt, die an den Hochschulen kaum institutionalisiert ist. Das Beta-Institut bietet ebenfalls eine Reihe von Praktikumstellen an, nach denen eine große Nachfrage besteht. Wegen seiner abgelegenen geografischen Lage tut sich das Institut jedoch schwer, höher qualifizierte Mitarbeiter/innen zu gewinnen. Weil ohnehin nur wenige Promotionsstellen zur Verfügung stehen, werden die Nachwuchsprobleme institutsintern für wenig gravierend gehalten.

Die Nachwuchsförderung wird in den beiden Instituten mit unterschiedlichen Mitteln betrieben. Im Lambda-Institut ist die Arbeitssituation für die Promovierenden gut. Zwar fehlen formale Regelungen zur Nachwuchsbetreuung; auch eine institutsintern verantwortliche Person für die Nachwuchsförderung, etwa eine Ombudsperson, ist nicht vorhanden. Das Institut ist auch an keinem Graduiertenkolleg beteiligt. Doch sind die Promotionsvorhaben finanziell gut abgesichert; alle Doktorandinnen und Doktoranden arbeiten auf vollen Stellen. Weil zudem die Dissertationen meist als Einzelprojekte durchgeführt werden – ohne Einbindung in einen übergeordneten Projektzusammenhang –, können sich die Promovierenden vollständig auf ihre Arbeit konzentrieren. Der Institutsdirektor betont, dass 70 Prozent der Promotionsvorhaben innerhalb von drei Jahren abgeschlossen würden. Das Beta-Institut verfügt dagegen zur Betreuung der wenigen Dissertationsprojekte nur über geringe Fördermittel. Die Promotionsvorhaben sind deshalb meist in Drittmittelprojekte eingebunden, was für die Promovierenden eine stark erhöhte Arbeitsbelastung jenseits ihrer Dissertation bedeutet. Diese Situation hat dazu geführt, dass in den letzten Jahren kein einziges Promotionsvorhaben abgeschlossen werden konnte. Im Beta-Institut existieren zwar formale Regelungen zur Förderung des wissenschaftlichen Nachwuchses, unter anderem eine „Doktorandenordnung" und eine institutionalisierte Ombudsstelle für jüngere Wissenschaftler/innen, doch haben diese Maßnahmen die Promotionsbedingungen bis zum Untersuchungszeitpunkt kaum verbessert.

Die beiden sozial- und geisteswissenschaftlichen Fallbeispiele illustrieren eine nicht zu unterschätzende Rahmenbedingung für institutionelle Kooperationen zur Nachwuchsförderung. In den Sozial- und vor allem den Geisteswissenschaften scheint die Tradition der autonom angelegten Dissertationen, die nicht in kollektive Forschungsprojekte und -programme integriert sind, stärker verbreitet zu sein als in den Naturwissenschaften. Weil an kollektiven Forschungsprojekten ohnehin mehrere Institutionen beteiligt sind, kommt es bei jenen Promotionsvorhaben, die in Projekte oder Programme eingebunden sind, automatisch zu interinstitutionellen Kooperationen. Bei autonom angelegten Dissertationen hingegen ist ein Zusatzaufwand nötig, um Betreuungskooperationen zwischen außeruniversitären Einrichtungen und Hochschulen einzurichten. Solche Kooperationen scheinen aber, wie das Beispiel des Omega-Instituts zeigt, für den Erfolg autonom durchgeführter Promotionsvorhaben nicht zwingend erforderlich zu sein.

3.3.6 Erfolgsbedingungen und Problemlagen von Lehrkooperationen

Dieses Kapitel hat sich bisher vor allem mit institutionellen Kooperationen in den Bereichen Forschung und Nachwuchsförderung beschäftigt. Die Kooperationen in der Lehre zeichnen sich dagegen durch verschiedene Eigenheiten aus und sollen deshalb gesondert diskutiert werden. Dass außeruniversitäre Einrichtungen gezielt die Lehrtätigkeit ihrer Mitarbeiter/innen fördern, ist eine neuere Entwicklung. Bis in die 1980er Jahre wurden Lehrverpflichtungen meist auf individueller Basis durchgeführt. Einzelne Nachwuchswissenschaftler/innen in außeruniversitären Instituten, die sich im Rahmen ihrer Berufslaufbahn Lehrerfahrungen aneignen wollten oder Lehrverpflichtungen zu übernehmen hatten, kooperierten individuell mit Hochschulen. Auch die Institution der gemeinsamen Berufung, aus der oft enge Lehrkooperationen hervorgehen, war vor den 1980er Jahren kaum verbreitet. In den letzten Jahren hat dagegen der Druck auf die außeruniversitären Einrichtungen, aber auch deren Interesse, sich an der universitären Lehre zu beteiligen, deutlich zugenommen. Entscheidend für dieses Umdenken waren nicht zuletzt die verschärften Nachwuchssorgen, mit denen die außeruniversitären Institute in den letzten Jahren konfrontiert waren. So bemüht man sich heute zunehmend aus eigenem Interesse, mit Hochschulen im Lehrbereich zusammenzuarbeiten. Dahinter steht das Anliegen, den Nachwuchskräften möglichst optimale Voraussetzungen für ihre Karrierepläne zu bieten, aber auch der Einfluss entsprechender Evaluationsempfehlungen.

Die Erfahrungen mit institutionellen Kooperationen im Lehrbereich stehen jedoch noch am Anfang und sind von vielfältigen strukturellen Problemlagen geprägt. Die Vorbehalte der befragten Wissenschaftler/innen gegenüber dem Trend zu vermehrten Lehrverpflichtungen sind entsprechend groß. Sie lassen sich in drei Kritikpunkten zusammenfassen. Erstens wird bemängelt, dass Lehrverpflichtungen die Arbeitsbelastung über das erträgliche Maß hinaus steigern. Diese Klage wird von fast allen Befragten formuliert. Während bei gemeinsamen Berufungen die Lehrverpflichtungen für die Stelleninhaber häufig reduziert oder zusätzliche Mitarbeiterstellen zur Unterstützung der Leitungspersonen geschaffen werden, stehen promovierten und habilitierten Mitarbeiterinnen und Mitarbeitern keine solchen Entlastungsmöglichkeiten zur Verfügung. Viele Befragte auf Mittelbaustufe sehen sich deshalb nicht in der Lage, im gewünschten oder geforderten Umfang Lehrveranstaltungen durchzuführen. Im Institut Alpha beispielsweise übernehmen Vertreter/innen des Mittelbaus lediglich sporadisch Lehraufträge, zu regelmäßigen Lehrverpflichtungen kommt es nur in Ausnahmefällen. Die gleiche Zurückhaltung findet sich auch in den Instituten Beta, Gamma, Lambda, Omikron oder Rho.

Die befragten Nachwuchswissenschaftler/innen kritisieren außerdem, dass die inhaltliche Ausrichtung der Lehrverpflichtungen nicht zu ihren Forschungsinhalten passt. Während sich ihre Forschung am außeruniversitären Institut mit interdisziplinären Fragestellungen beschäftigt, sind die Lehrveranstaltungen an den Universitäten meist in ein disziplinäres Curriculum eingebunden. Diese inhaltliche Inkongruenz zwischen Forschung und Lehre erscheint vielen Befragten wenig sinnvoll und arbeitsaufwändig (Lambda, Beta, Gamma). Einige Gesprächspartner, etwa aus dem Gamma-Institut, beschreiben diese Spannung auch mit dem Gegensatz zwischen grundlagenorientierter universitärer und anwendungsorientierter außeruniversitärer Forschung.

„Es ist immer schwer, wenn man mit einer Uni arbeitet, in der Universität einen Kurs über Chemie der Atmosphäre anzubieten. Die (universitären) Chemiker sagen, das ist doch nichts Besonderes, wir studieren Chemie, das (die außeruniversitäre Chemie) ist nur eine angewandte Sache. Die (außeruniversitäre) Chemie der Atmosphäre ist eine Stufe runter und wir (universitären Chemiker) wollen dafür kein Geld geben, wir machen die richtige Chemie hier." (Gamma/Berthold G.)

In einzelnen außeruniversitären Einrichtungen, etwa in den Instituten Rho, Delta, Omikron und Epsilon, scheinen neuerdings die kritischen Vorbehalte gegenüber Lehrkooperationen einer positiveren Haltung zu weichen. Dies lässt sich zunächst auf die verstärkte internationale Konkurrenz in der Spitzenforschung zurückführen. Ein Mitarbeiter eines Klimaforschungsinstituts weist darauf hin, dass ein wichtiger Wettbewerbsvorteil amerikanischer Forschungsuniversitäten gegenüber deutschen Forschungseinrichtungen darin bestehe, dass den Promovierenden an demselben Institut Forschung und Lehre angeboten werde. Das amerikanische Promotionsstudium sei nicht nur fundierter als die in Deutschland existierenden Graduiertenschulen, die Promovierenden würden auch in den Lehrbetrieb eingebunden. An deutschen außeruniversitären Instituten dagegen, etwa an seinem Max-Planck-Institut, könnten Promovierende keine Lehrveranstaltungen besuchen, was sich negativ auf die Qualität der Dissertationen auswirke.

„Das ist eine Konstruktionsschwäche der MPG, dass sie eben im Grunde so wenig eingebunden ist in die Lehre (...). Da haben die amerikanischen Universitäten einen erheblichen Strukturvorteil, weil der Doktorand dort erst mal mindestens ein ganzes Jahr vorwiegend mit Vorlesungsbetrieb zubringt, um wirklich tiefer in das Fachgebiet einzusteigen." (Rho/Alfred B.)

Das wachsende Interesse außeruniversitärer Einrichtungen an Lehrkooperationen ist außerdem eine Reaktion auf die angespannte Lage bei der Nachwuchsrekrutierung. Es sind genau jene Institute mit den größten Nachwuchsproblemen – etwa die Klimaforschungsinstitute –, die in den letzten Jahren ihre Beteiligung an der universitären Lehre aktiv ausgebaut haben. Dahinter steckt die Absicht, die Universitätsabsolventinnen und -absolventen möglichst frühzeitig mit den interdisziplinären Forschungsfeldern der außeruniversitären Institute vertraut zu machen, um einen möglichst reibungslosen Wechsel auf außeruniversitäre Arbeitsplätze zu gewährleisten. Die Politik, interdisziplinäre Themen stärker an den Universitäten zu verankern, wird von diesen teilweise unterstützt.

„Es ist ja auch so, dass die Universitäten profitieren, und die haben ja Bedarf, die holen uns regelrecht her und sagen, könnt ihr uns nicht mal den Kurs halten? (...) Wenn man sich in so einen Bereich hineinbegibt, dann möchte man schon gerne, dass diese Fachrichtung, also interdisziplinäre Richtung sich weiterentwickelt. Es geht dann auch eben um Nachwuchs, es gibt also eigene Interessen, die dabei auch befriedigt werden, das ist also ein Geben und Nehmen." (Epsilon/Martin G.)

Die aktive Beteiligung an der universitären Lehre kann so weit gehen, dass die außeruniversitären Einrichtungen auch an der Gestaltung des universitären Lehrangebots mitwirken, wie beispielsweise das Delta-Institut. Geplant ist ferner, zusammen mit der Universität einen internationalen Master-Studiengang in einem Forschungsbereich des Delta-Instituts aufzubauen. Dieses Projekt, das zum Untersuchungszeitpunkt erst als Konzept vorlag, ist inzwischen verwirklicht worden. Schon vor längerem hat das Omikron-Institut einen universitären Studiengang am Partnerinstitut Omikron-2 mitentwickelt, der auf die Omikron-Forschungsschwerpunkte zugeschnitten ist. Die Institutsleitung unterstützt die Lehrtätigkeit von Omikron-Mitarbeiterinnen und -Mitarbeitern aktiv, weil die Einsicht vorherrscht, dass der institutsnahe Studiengang von entscheidender Bedeutung für die Nachwuchsrekrutierung ist.

Besonders aktiv engagiert sich das Epsilon-Institut in der Lehre. Abgesehen davon, dass viele Mitarbeiter/innen aufgrund individueller Motivationen Lehrveranstaltungen anbieten, versucht die Institutsleitung, die Lehrkooperationen durch strukturelle Maßnahmen zu fördern. Sie plant beispielsweise, einige BAT- in C3-Stellen mit Lehrverpflichtung umzuwandeln, um eine stärkere Vernetzung mit Universitäten zu erreichen. Die Umwandlung war zum Befragungszeitpunkt wegen einiger Vorbehalte des Finanzministeriums allerdings noch nicht umgesetzt. Außerdem hat das Epsilon-Institut der Partneruniversität vorgeschlagen, gemeinsame, vom Institut finanzierte Juniorprofessuren an der Universität einzurichten. Die Schaffung dieser Stellen war jedoch zum Befragungszeitpunkt ebenfalls blockiert, weil sich das Epsilon-Institut und die Universität nicht über die Kompetenzverteilung in den Berufungsverfahren einigen konnten.

Zusammenfassend belegen die Fallbeispiele, dass die Haltung von außeruniversitären Instituten gegenüber Lehrkooperationen ambivalent ist. Aufgrund des zusätzlichen Arbeitsaufwands, den Lehrverpflichtungen mit sich bringen, investiert die eine Hälfte der untersuchten Institute kaum in die Lehre. Die andere Hälfte dagegen ist in jüngster Zeit verstärkt auf die Universitäten zugegangen, um Lehraufträge zu übernehmen oder sich gar aktiv an der Gestaltung und Durchführung universitärer Ausbildungsgänge zu beteiligen. Hinter diesem Umdenken steht die Einsicht, dass die außeruniversitären Einrichtungen mittel- und langfristig darauf angewiesen sind, auf die universitären Ausbildungsinhalte und damit auf die Qualifikationen der kommenden Nachwuchsgenerationen Einfluss zu nehmen, um als Arbeitsplatz für Nachwuchswissenschaftler/innen attraktiv zu bleiben. Ein wichtiger Grund für die divergierende Haltung in dieser Frage liegt in der Größe der jeweiligen außeruniversitären Institute. Die Vorbehalte gegenüber Lehrkooperationen waren in kleinen Instituten am ausgeprägtesten, während sämtliche kooperationsfreudigen Institute zu den großen Einrichtungen gehören. Daran zeigt sich, dass die Kooperationsbereitschaft wesentlich von einer kritischen Masse an personellen und finanziellen Ressourcen abhängt. Erst eine gewisse Institutsgröße und die damit verbundene Mittelausstattung erlauben es, den Mehraufwand, den Lehraufgaben mit sich bringen, erfolgreich zu leisten.

3.4 Kooperationen zwischen Hochschulen und außeruniversitären Einrichtungen: Kooperationspraktiken und Steuerungspotenziale

Obwohl der Wissenschaftsrat noch 1999 festhielt, dass Kooperationen zwischen außeruniversitärem und universitärem Sektor nur punktuell existierten, sind wir in den neun untersuchten außeruniversitären Instituten auf vielfältige Kooperationspraktiken gestoßen, sowohl in der Forschung als auch in der Lehre und der Nachwuchsförderung. Trotz aller Mängel, unter denen die Kooperationen leiden und von denen wir die wichtigsten in diesem Kapitel diskutiert haben, zeigt sich, dass die Kooperationstätigkeit in den letzten Jahren tendenziell zugenommen hat. In der Forschung arbeiten universitäre und außeruniversitäre Partner schon seit Jahrzehnten eng zusammen, in der Nachwuchsförderung sind Kooperationsbeziehungen zwar erst in den 1980er Jahren entstanden, wurden aber in den letzten Jahren deutlich intensiviert. Selbst im Bereich der Lehre, für den sich die außeruniversitären Institute bis vor wenigen Jahren kaum interessiert haben, ist die Tendenz zur Kooperation steigend.

Welche Zwischenbilanz kann man aus den bisherigen Kooperationserfahrungen ziehen? Welche Bedingungen sind für den Erfolg von Kooperationen verantwortlich und wo liegen die Grenzen der Zusammenarbeit? Durch welche Förder- und Steuerungsmöglichkeiten lassen sich Kooperationen verbessern? Diese Fragen sollen im Folgenden skizzenhaft erörtert werden.

(1) Kooperationen als komplementäres Tauschgeschäft

In Anlehnung an das steuerungstheoretische Modell des akteurzentrierten Institutionalismus (Mayntz/Scharpf 1995a) ging unsere Untersuchung von der Prämisse aus, dass eine ausschließlich system- und organisationstheoretische Perspektive für die Analyse von Kooperationsbeziehungen nicht ausreicht, sondern auch die Perspektive der Akteure angemessen berücksichtigt werden muss. Diese Betrachtungsweise hat sich als fruchtbar erwiesen, weil sie das Handeln und die Motivationen der Kooperationspartner detailliert aufzuzeigen vermochte. Unsere Analyse macht deutlich, dass die beiden Akteure – die außeruniversitären Institute und die Hochschuleinrichtungen – ihre je spezifischen Interessen im Rahmen von Aushandlungsprozessen miteinander abgleichen müssen, damit mittel- oder längerfristig stabile Kooperationsbeziehungen möglich sind. Eine erfolgreiche Kooperation beinhaltet letztlich ein Tauschgeschäft, das beide Partner zufrieden stellt.

Zu den Grundregeln dieses Tauschgeschäfts gehört, dass die Zusammenarbeit nicht von altruistischen, sondern von egoistischen und von interessengeleiteten Motiven ausgeht. Diese Einsicht mag banal erscheinen, doch wird in den wissenschaftspolitischen Debatten oft übersehen, dass die Appelle zu verstärkter Kooperationstätigkeit nur dann eine Wirkung entfalten, wenn die Zusammenarbeit beiden Partnern einen inhaltlichen Nutzen verspricht. Mit anderen Worten: Das Tauschgeschäft ist in jenen Fällen erfolgreich, in denen die Kooperationsbeziehung zwischen Partnern mit komplementären Interessen zustande kommt. Die Komplementarität der Interessen, auf deren Inhalt im nächsten Punkt genauer einzugehen ist, hat sich als entscheidende Voraussetzung für die untersuchten Kooperationen herausgestellt. Eine weitere Bedingung für eine erfolgreiche Zusammenarbeit sind stabile Interessenlagen der beiden Kooperationspartner. Vor allem die Hochschulen haben in den letzten Jahren wegen der angespannten Finanzlage ihre mittel- und langfristigen Entwicklungsziele wiederholt revidieren müssen. An unseren Fallbeispielen zeigt sich deutlich, dass mittel- und langfristig angelegte Kooperationsvereinbarungen unter den Mittelkürzungen und Sparrunden der Hochschulen leiden, nicht zuletzt auf der Ebene des gegenseitigen Vertrauens.

(2) Interessenlagen im Tauschgeschäft „Kooperation"

Das Hauptinteresse der außeruniversitären Partner an Kooperationen mit Hochschuleinrichtungen ist wissenschaftlicher Art. Die Inhalte der bearbeiteten Forschungsfelder sind für die Bildung von Kooperationsverhältnissen zentral, dies verdeutlichen beispielhaft die engen Kooperationen in der Klimaforschung, die von einem interdisziplinär strukturierten Gegenstand, dem Klimawandel, und einer interdisziplinären Methode, der Modellierung, ausgehen. In unserem Sample sind die Kooperationsbeziehungen in jenen Fällen am engsten, in denen die inhaltlichen Interessen der beiden Partner komplementär angelegt sind. Die außeruniversitären, auf interdisziplinäre Forschungsbereiche spezialisierten Institute suchen die Zusammenarbeit mit solchen Hochschulpartnern, die auf die Ausbildung von hoch qualifiziertem disziplinären Fachwissen spezialisiert sind. Aus eigener Kraft können sich die außeruniversitären Einrichtungen nicht auf dem disziplinären Forschungsstand halten – deshalb der Bedarf an Fachqualifikationen und entsprechenden Hochschulkooperationen. Diese komplementäre Interessenstruktur, interdisziplinäre außeruniversitäre Einrichtungen auf der einen und disziplinär spezialisierte Hochschulen auf der anderen Seite, ist grundlegend für die Institutionalisierung erfolgreicher Kooperationsbeziehungen (vgl. auch Tabelle 1).

Tabelle 1: Kooperationsinteressen von außeruniversitären Einrichtungen und Hochschule

	Interessen der außeruniversitären Einrichtungen	**Interessen der Hochschulen**
Forschungs-kooperationen	- Bedarf an Spezialwissen (disziplinäre, methodische, theoretische Kenntnisse) - Bedarf an qualifizierten Fachleuten - Aufbau von Netzwerken für die Einwerbung von Drittmitteln - Forschungskooperationen als Evaluationskriterium	- Karrieremöglichkeiten für Hochschulabsolventinnen und -absolventen - Bedarf an materiellen Ressourcen und technischer Infrastruktur - Aufbau von Netzwerken für die Einwerbung von Drittmitteln - Forschungskooperationen als Evaluationskriterium
Kooperationen in der Nachwuchsförderung	- Rekrutierung von wissenschaftlichem Nachwuchs - Zugang zum Qualifizierungsmonopol der Hochschulen - Nachwuchsförderung als Evaluationskriterium	- Rekrutierung von wissenschaftlichem Nachwuchs - Qualifizierung des Nachwuchses (interdisziplinäre Kenntnisse) - Nachwuchsförderung als Evaluationskriterium
Kooperationen in der Lehre	- Frühzeitige Einbindung institutsspezifischer Themen in die universitäre Ausbildung - Rekrutierung von wissenschaftlichem Nachwuchs - Lehrbeteiligung als Evaluationskriterium	- Entlastung in der Lehre und Erweiterung des Lehrangebots

Fachliche Interessen sind zwar eine notwendige, aber noch keine hinreichende Bedingung für Kooperationen. Die Tauschbeziehung zwischen den kooperierenden Akteuren hängt auch von einer Reihe praktischer und organisatorischer

Kooperationsanreize ab, etwa dem Interesse der Hochschulen an finanzieller Unterstützung für kostspielige Infrastrukturen oder dem beiderseitigen Interesse an Verbundpartnern zur Einwerbung von Drittmittelprojekten. Wichtig für den Erfolg von Kooperationen ist, dass die außeruniversitären Einrichtungen ihre inhaltlichen, organisatorischen und finanziellen Kooperationsinteressen auf der Ebene einer strategisch ausgerichteten Institutspolitik integrieren. Dazu gehört auch eine vorausschauende Personalpolitik, die auf den Erfahrungen und dem Kontaktnetz der Wissenschaftler/innen aufbaut und dadurch die Kontinuität von Kooperationen sichert. Wie stellt sich der Kooperationsnutzen aus Hochschulsicht dar? Trotz der Zunahme der Kooperationsbeziehungen zwischen außeruniversitärem und universitärem Sektor haben sich in den letzten Jahren die Kräfteverhältnisse im Wissenschaftssystem weiter zu Ungunsten der Hochschulen verschoben. Im Forschungsbereich waren die außeruniversitären Einrichtungen ohnehin die traditionell stärkeren Partner, daran hat sich nicht viel geändert. Neu ist hingegen, dass die außeruniversitären Institute begonnen haben, in der Nachwuchsförderung und in der Lehre Defizite gegenüber den Universitäten wettzumachen. Die Fördermöglichkeiten für Promovierende und Habilitierende sind in den außeruniversitären Instituten deutlich verbessert worden. Auch das außeruniversitäre Interesse an Graduiertenschulen – sei es in Form der universitären Graduiertenkollegien, sei es in Form der Max-Planck-Graduiertenschulen – illustriert das steigende Engagement im Ausbildungsbereich.

Mit dieser Ausbildungsoffensive haben die außeruniversitären Einrichtungen nicht zuletzt auf entsprechende Forderungen des Wissenschaftsrates (1995) reagiert. Zwar profitieren die Universitäten nach wie vor von ihrem Qualifizierungsmonopol, doch erscheinen die außeruniversitären Forschungsbedingungen für Diplom-, Promotions- und Habilitationsprojekte oft attraktiver als die universitären. In außeruniversitären Instituten ist der Stellenwert der Forschung hoch, die Belastung der Beschäftigten mit forschungsfernen Aufgaben dagegen gering. Die Kluft zwischen universitären und außeruniversitären Arbeitsbedingungen besteht trotz Kooperationen weiter. Mehr noch: Die wissenschaftspolitische Strategie des Wissenschaftsrates, die Universitäten durch engere Kooperationen mit außeruniversitären Einrichtungen zu stärken, bringt die beiden Partner auch in eine gegenseitige Wettbewerbssituation. Ein gutes Beispiel für diese nichtintendierten Folgen sind die Kooperationen in der Nachwuchsförderung. Vielfach beruht die Zusammenarbeit auf einem Tauschverhältnis, bei dem – vereinfacht ausgedrückt – die Hochschulen ihre personellen Ressourcen anbieten und dafür an den Forschungs- und Infrastrukturressourcen der außeruniversitären Institutionen teilhaben. Solche Kooperationen erreichen jedoch selten das wissenschaftspolitisch angestrebte Ziel, die strukturschwachen Universitäten zu stärken. Den Hochschulen gehen dabei oft die besten Nachwuchswissenschaftler/innen vorübergehend verloren, während die außeruniversitären Institutionen ihre ohnehin starke Stellung im Forschungsbereich weiter ausbauen. Zudem haben die außeruniversitären Institute auf dem Feld der Nachwuchsförderung begonnen, sich selbst als Ausbildungsstätten zu profilieren. Diese aktivere Nachwuchsförderung der außeruniversitären Einrichtungen hat die Stellung der Hochschulen im Wettbewerb um qualifizierte Nachwuchswissenschaftler/innen weiter geschwächt.[6]

Insgesamt zeigt sich, dass die Kooperationen auf dem Gebiet der Nachwuchsförderung die Ungleichgewichte im Wissenschaftssystem auch zementieren können. In Tabelle 1 geben wir einen Überblick über die Kooperationsanreize, die für die Tauschbeziehungen der beiden Akteure von Bedeutung sind.

(3) Möglichkeiten und Grenzen externer Steuerung

Gefördert und gesteuert werden Kooperationsbeziehungen vor allem über jene Formen der Drittmittelvergabe, die mit Kooperationsauflagen verbunden sind, sowie mit Hilfe externer Instrumente wie etwa Evaluationen und Empfehlungen wissenschaftspolitischer Steuerungsgremien. Letztlich beruhen die Instrumente auf finanziellen Anreizen oder Sanktionen, die auf den ersten Blick durchaus effektiv erscheinen. So zeigt sich an den Fallbeispielen unseres Samples, dass die Institute mit hohem Drittmittelanteil auf die Kooperationsauflagen der Geldgeber reagiert haben und eine überdurchschnittlich hohe Kooperationsbereitschaft an den Tag legen.

Bei genauerem Hinsehen stellt sich jedoch heraus, dass ökonomische Steuerungsversuche den Interessen der Kooperationspartner auch zuwiderlaufen können und ein Täuschungs- oder Umgehungsverhalten provozieren. Dies kann so weit gehen, dass die jeweiligen Kooperationen einen weitgehend instrumentellen oder oberflächlichen Charakter aufweisen. In solchen Scheinkooperationen ist der inhaltliche Mehrwert für die Partnerinstitutionen gering. Absichtserklärungen, Lippenbekenntnisse oder minimalistische Verhaltensweisen sind in der Kooperationspraxis keine Seltenheit. Auf die allgemeine Frage zum Stellenwert von Kooperationen antworteten die Befragten unisono, dass die Zusammenarbeit mit Universitäten wichtig sei. Der Forschungsalltag dagegen zeichnet ein anderes Bild. In der Klimaforschung beispielsweise, die zu einem großen Teil

---

6   Mit der Einführung der Juniorprofessur wurde allerdings die Attraktivität der Universität auf Postdoc-Stufe wieder gestärkt. Ob das Instrument der Juniorprofessur das Kräfteverhältnis zwischen universitären und außeruniversitären Institutionen auch nachhaltig verändern kann, lässt sich mangels Erfahrungen noch nicht abschließend beurteilen.

aus Drittmitteln finanziert wird, sind rein instrumentelle Kooperationen häufig. Auch die EU-Forschungsförderung kämpft mit dem Problem von Scheinkooperationen, die allein aufgrund monetärer Anreize ohne inhaltliche Anliegen zustande kommen (Fritsch/Schwirten 2000: 11-14). Erfolgreiche Kooperationen beruhen oft darauf, dass externe Auflagen auf die Interessen und Motivlagen der Beteiligten Rücksicht nehmen und dadurch den Anreiz für Scheinkooperationen mindern.

Auch andere externe Steuerungsmittel sind nur beschränkt effektiv. Das Instrument der gemeinsamen Berufung etwa ist für sich genommen noch kein Garant für institutionelle Kooperationen. In einem der untersuchten Fallbeispiele (Beta) ist die Universitätsprofessur in einem Fachgebiet angesiedelt, das nicht den Präferenzen des Instituts entspricht. Entsprechend gedämpft war das Kooperationsinteresse des Lehrstuhlinhabers. Auch Kooperationsverträge zwischen Universitäten und außeruniversitären Einrichtungen sind primär programmatische Dokumente. In verschiedenen untersuchten Fallbeispielen werden solche Verträge häufig als Reaktion auf Evaluationsempfehlungen geschlossen, während die Umsetzung der formulierten Absichten auf einem anderen Papier steht. Generell ist in den untersuchten Instituten die Qualität und Intensität der Kooperationsbeziehungen weitgehend unabhängig von formalen Kooperationsvereinbarungen.

(4) Zwischen Kooperation und Konkurrenz

Ein zentrales Problem von institutionellen Kooperationen liegt darin begründet, dass Kooperation und Konkurrenz oft nahe beieinander liegen, teilweise gar eng miteinander verbunden sind. Diese Ambivalenz hat sich in den letzten Jahren mit dem Trend zu vermehrter Drittmittel- und Programmförderung der Forschung noch verstärkt. Einerseits zielt diese darauf ab, dass Forschungsinstitutionen lernen, sich in gegenseitiger Konkurrenz um Fördermittel zu bewerben. Andererseits ist die Drittmittel- und Programmförderung häufig mit der Auflage verbunden, dass Projekte von mehreren Institutionen in Forschungsverbünden durchgeführt werden. Die institutionellen Kooperationspraktiken im Wissenschaftssystem sind deshalb untereinander widersprüchlich. In einem Forschungsprojekt arbeiten zwei Institute partnerschaftlich zusammen, bei der nächsten Ausschreibung sind sie Konkurrenten. Mit diesem Spannungsverhältnis werden sich die wissenschaftspolitischen Akteure auch weiterhin beschäftigen müssen. Im privatwirtschaftlichen Kontext sind solche Ambivalenzen an der Tagesordnung, in der Wissenschaft dagegen neu. Die wissenschaftlichen Akteure stehen damit zunehmend vor der Herausforderung, Kooperation und

Konkurrenz nicht als Gegensatz, sondern als konstruktives Spannungsfeld zu begreifen, etwa im Sinne des betriebswirtschaftlichen Konzepts der „Co-opetition", bei dem „Competition" und „Cooperation" ineinander greifen, ohne unlösbare Konflikte zu provozieren (Jansen 2000).

(5) Inhaltliche Grenzen von Kooperationen

Schließlich ist zu fragen, ob verstärkte Kooperationen für jede Forschungsrichtung gleichermaßen sinnvoll sind. Zur Beantwortung dieser Frage liefert unsere Untersuchung einige aufschlussreiche Hinweise. Insbesondere im Bereich der Nachwuchsförderung zeigt sich, dass die Qualität von Promotionsprojekten nicht direkt vom Ausmaß institutioneller Kooperationen abhängen muss. Eines der untersuchten Institute bietet trotz wenig entwickelter Kooperationsbeziehungen ein gutes Umfeld für seine Promovierenden, die ihre Dissertationen meist innerhalb von drei Jahren erfolgreich abschließen (Lambda). Ein anderes Institut kooperiert ebenfalls kaum mit deutschen, dafür umso intensiver mit ausländischen Universitäten, was sich ebenfalls nicht nachteilig auf die Promotionsbedingungen und Karriereoptionen der Institutsmitarbeiter/innen auszuwirken scheint (Omega). Insbesondere in den Sozial- und Geisteswissenschaften herrscht nach wie vor ein Dissertationstyp vor, bei dem die Forschung im Rahmen autonomer Einzelprojekte, ohne Einbindung in übergeordnete Forschungsprojekte, stattfindet. Auf inhaltlicher Ebene macht es für diese Einzelprojekte keinen Unterschied, ob die Forschungsinstitution, an der die Vorhaben durchgeführt werden, eng mit einer Partnerinstitution kooperiert oder nicht. Dagegen sind für die Regelung der Betreuungsverhältnisse von Diplom- und Promotionsvorhaben institutionalisierte Kooperationsbeziehungen vorteilhaft.

4 Organisierte Kooperation? Optionen und Grenzen der Organisation und Steuerung kooperativer Forschung

Ausgangspunkt dieser Studie waren zwei zentrale aktuelle wissenschaftspolitische Forderungen. Das eine Postulat verlangt eine verstärkte *interdisziplinäre Zusammenarbeit* in der Forschung beziehungsweise eine Verbesserung der Rahmenbedingungen interdisziplinärer Projekte, das andere vermehrte *institutionelle Kooperationen* zwischen außeruniversitären Forschungseinrichtungen und Hochschulen. Ziel der Forderungen ist die Stärkung der Leistungsfähigkeit des deutschen Wissenschaftssystems. Das Hauptanliegen dieser Arbeit war, die Umsetzung dieser wissenschaftspolitischen Forderungen in außeruniversitären Forschungseinrichtungen zu analysieren. Dazu haben wir uns in die „Niederungen" der Forschungspraxis ausgewählter Institute begeben. Im Mittelpunkt standen kooperative Forschungspraktiken in außeruniversitären Einrichtungen, wie sie aus der Binnenperspektive der an den Instituten beschäftigten Wissenschaftler/innen wahrgenommen werden, insbesondere ihre institutionellen Voraussetzungen und spezifischen Problemlagen. Besondere Aufmerksamkeit galt außerdem den Steuerungsinstrumenten, internen wie externen, die hinsichtlich ihrer Wirkungen und Wirksamkeit zu überprüfen waren, um auf diese Weise Anregungen zu einer verbesserten Förderung interdisziplinärer Zusammenarbeit und institutioneller Kooperationen zu geben.

Die angesprochenen wissenschaftspolitischen Forderungen sind Bestandteil einer in den letzten Jahren zunehmend intensiveren Debatte, die sich um eine zeitgemäße Innovationsstrategie und dafür angemessene Strukturen des deutschen Wissenschaftssystems dreht. Um im internationalen Konkurrenzkampf um Wissensvorsprünge mithalten zu können, bedarf es einiger Reformanstrengungen des Wissenschaftssystems, vor allem im Hinblick auf die institutionelle Verfassung. Das in diesem Zusammenhang immer wieder aufgestellte Postulat nach verstärkten institutionellen Kooperationen erklärt sich vor dem Hintergrund der ausgeprägten Segmentierung der Forschungseinrichtungen. Der außeruniversitäre Sektor gliedert sich in vier tragende Organisationen (die MPG, FhG, HGF und WGL) mit zumindest rhetorisch klaren Abgrenzungen der Ziele und Aufgaben. Vermehrte institutionelle Kooperationen sollen dagegen helfen, Themenschwerpunkte und Forschungsprogramme koordiniert zu generieren und dadurch das Innovationspotenzial des Wissenschaftssystems zu erhöhen (Wissenschaftsrat 2003).

4.1 Interdisziplinäre Kooperationen

Für die Analyse der interdisziplinären Forschungspraktiken wurden die untersuchten Einrichtungen vier Institutstypen zugeordnet. Die Typenbildung beruht auf einer kognitiven und einer organisationalen Variablen, die beide auf die Forschungspraxis einwirken: einerseits auf dem Grad der *kognitiven Kopplung*, definiert als Spannbreite und Integrationsmodus der am Forschungsprozess beteiligten Disziplinen, andererseits auf dem *Organisationsgrad* der untersuchten Institute und Projekte. Der Begriff der kognitiven Kopplung lehnt sich, wie in Abschnitt 2.1.3 ausgeführt, an Richard Whitleys Typologie wissenschaftlicher Felder an. Whitleys Begriff der kognitiven Kopplung unterscheidet zwei Dimensionen: einerseits die gegenseitige Abhängigkeit („mutual dependence"), andererseits die Aufgabenunsicherheit („task uncertainty"). Für die Analyse war vor allem das Maß an gegenseitiger Abhängigkeit bedeutsam, verstanden als die Interdependenz der Forschungsaktivitäten und die Integration von theoretischen Ansätzen, Methoden und Forschungsergebnissen (Whitley 1984: 158). Eine auf kognitiver Ebene „lose gekoppelte" Forschung zeichnet sich etwa dadurch aus, dass das Forschungsfeld ständig in Bewegung ist und sich ohne nennenswerte Steuerung entwickelt. Es fehlt ein Konsens über die Forschungsprioritäten ebenso wie ein einheitliches Paradigma. Dagegen ist eine kognitiv eng gekoppelte Forschung durch eine hohe Integration des Forschungsfelds und der Forschungsansätze gekennzeichnet. Es werden koordinierte Forschungsstrategien verfolgt sowie die theoretischen und methodischen Standards fortschreitend verbessert. Der Forschungsprozess produziert im Idealfall kontinuierlich intellektuelle Innovationen (Hohn 1998: 57f.). Für die Bestimmung des Organisationsgrads wurden folgende Institutsmerkmale berücksichtigt: Zentralisierung beziehungsweise Dezentralisierung, Formalisierung der Steuerung einschließlich externer und interner Steuerungsinstrumente auf Instituts- und Projektebene, Hierarchisierung der Institutsorganisation sowie das Vorhandensein organisationaler Querschnittselemente als eine spezifische Organisationsform zum Anreiz von interdisziplinärem Austausch.

Gestützt auf dieses Raster lassen sich vier Institutstypen identifizieren, denen in der Empirie vier je spezifische Interdisziplinaritätsstile entsprechen:

–   Institute mit enger kognitiver Kopplung und hohem Organisationsgrad: *methodischer* Interdisziplinaritätsstil;
–   Institute mit enger kognitiver Kopplung und niedrigem Organisationsgrad: *charismatischer* Interdisziplinaritätsstil;
–   Institute mit loser kognitiver Kopplung und hohem Organisationsgrad: *heuristischer* Interdisziplinaritätsstil;
–   Institute mit loser kognitiver Kopplung und niedrigem Organisationsgrad: *forschungspraktischer* Interdisziplinaritätsstil.

Wodurch zeichnen sich die vier Interdisziplinaritätsstile empirisch aus? Der *methodische* Interdisziplinaritätsstil findet sich vor allem in den Instituten der Klima- und Umweltforschung. Die interdisziplinäre Zusammenarbeit ist primär von einem gemeinsamen Interesse an disziplinenübergreifend angelegten Forschungsproblemen geleitet. Von zentraler Bedeutung ist die gemeinsame methodische und theoretische Orientierung, die sich in der Klimaforschung in dem verbreiteten Ansatz der Modellierung manifestiert. Diese enge kognitive Kopplung wird durch eine formal strukturierte Forschungsorganisation auf Instituts- und insbesondere auf Projektebene unterstützt. Forschungsprojekte werden in der Regel in größeren Teams oder Verbünden mit einer entwickelten Organisationsform realisiert. Bemerkenswert ist die Vielzahl organisationaler Instrumente zur Förderung interdisziplinärer Forschungspraktiken, von abteilungsübergreifenden Querschnittsgremien bis zu Anreizstrukturen für interdisziplinäre Interaktionen. Viele dieser Organisationsformen wurden von den beteiligten Wissenschaftlerinnen und Wissenschaftlern mitgestaltet und stoßen entsprechend institutintern auf hohe Akzeptanz.

Auch der zweite beobachtete Interdisziplinaritätsstil zeichnet sich durch eine enge kognitive Kopplung aus; eine große Spannbreite von Disziplinen wird methodisch und theoretisch integriert. In der Regel lässt sich jedoch eine mehr additiv multidisziplinäre denn eine im engeren Sinne interdisziplinäre Zusammenarbeit in den Projekten beobachten. Der Organisationsgrad, das heißt die institutsinternen Regelsysteme und Steuerungsinstrumente, ist im Vergleich zum methodischen Interdisziplinaritätsstil niedrig. An die Stelle organisationaler Instrumente tritt die „Steuerung" durch informelle, personenbezogene Elemente, wobei die „charismatische" Autorität der Institutsleitung eine erstaunliche Wirkungsweise entwickeln kann. Die Forschungsorganisation ist entsprechend heterogen und partikularistisch. Diese kognitiv eng gekoppelte, organisatorisch jedoch wenig stabile Form interdisziplinärer Forschungspraktiken lässt sich auch als *charismatischer* Interdisziplinaritätsstil bezeichnen. Der charismatische Stil muss im Forschungsalltag nicht, wie zunächst zu vermuten wäre, zu Blockaden, Spannungen und grundsätzlichen Hindernissen in der kooperativen

Forschung führen. Weil aber die Kooperationspraxis wesentlich von einer Person und deren charismatischer Autorität abhängt, führt eine vorübergehend verringerte oder fehlende Präsenz der Leitungsperson zu Problemlagen und Instabilitäten. Dieser Interdisziplinaritätsstil lässt sich in einem Klimaforschungsinstitut und einer sozialwissenschaftlich orientierten Einrichtung nachweisen.

Eine schwache Integration auf kognitiver Ebene verbunden mit einem hohen Organisationsgrad kennzeichnet den dritten Institutstyp. Der Forschungsalltag lässt sich als *heuristischer* Interdisziplinaritätsstil beschreiben. Die interdisziplinäre Forschung findet in Forschungs- und Beratungsprojekten statt, die sich stark am Kundenbedarf orientieren und die zudem in relativ kurzer Zeit zu bearbeiten sind. Die Forschung weist eine ausgeprägte Marktorientierung auf; infolgedessen kommt dem Projektmanagement mit etablierten formalisierten Strukturen für die erfolgreiche Bearbeitung der Forschungsaufgaben eine hohe Bedeutung zu. Im Vordergrund des heuristischen Interdisziplinaritätsstils steht die zu bearbeitende Problemstellung, methodische und theoretische Anliegen sind von sekundärem Interesse. Die sich daraus ergebende pragmatische Herangehensweise vernachlässigt notwendigerweise den wechselseitigen interdisziplinären Austausch. Auch die internen, vorwiegend dezentralen Steuerungsinstrumente, die auf den Wettbewerb zwischen Forschungseinheiten orientiert sind, tragen zu diesem „vermarktlichten" Forschungstypus bei.

Das Beispiel des heuristischen Interdisziplinaritätsstils zeigt also, dass die Umstände der Auftragsforschung – mit ihrer unmittelbaren Marktabhängigkeit und starken Kundenorientierung – den interdisziplinären Diskurs und eine gemeinsame Methodenentwicklung zumindest in forschungspraktischer Hinsicht deutlich erschweren. Insofern ist auch die „Mode 2"-These, nach der sich interdisziplinäre Forschungsansätze gerade in anwendungsorientierten Forschungsfeldern konstituieren, zu relativieren (Gibbons et al. 1994; Nowotny et al. 2001). Auch das verbreitete Urteil über die innovative Qualität der transdisziplinären Forschung in der positiven Selbsteinschätzung der anwendungsorientierten sozialökologischen Forschung mit ihrer wertenden Abgrenzung gegenüber der disziplinär organisierten, naturwissenschaftlich dominierten Umweltforschung lässt sich in dieser Weise nicht bestätigen (Jaeger/Scheringer 1998).

Der vierte Interdisziplinaritätsstil ist bestimmt durch eine lose kognitive Kopplung und einen schwach ausgeprägten Organisationsgrad. Ersteres hängt weniger mit dem Forschungsfeld als mit der Vielzahl an methodischen und theoretischen Ansätzen in den Instituten zusammen. Darüber hinaus fehlen Instrumente zur interdisziplinären Projektkooperation – mit der Folge, dass die Abteilungen ein ausgeprägtes Eigenleben entwickeln und sich gegenüber Querschnittsprojekten eher verschlossen zeigen. Die Forschung wird teilweise in

„Ein-Personen-Projekten", teilweise in monodisziplinären Kooperationsprojekten betrieben. Damit korrespondieren ein schwach entwickelter Steuerungsanspruch sowie eine kaum formalisierte Steuerungspraxis. Dieser kognitiv und organisational heterogene Interdisziplinaritätsstil, der auch als *forschungspraktischer* Interdisziplinaritätsstil bezeichnet werden kann, ist in zwei überwiegend sozial- und geisteswissenschaftlich zusammengesetzten Instituten mit hoher Abteilungsautonomie anzutreffen.

Kognitive Kopplung und Organisationsgrad der Forschung – was lässt sich aus den unterschiedlichen Kopplungs- und Organisationspraktiken lernen? Zunächst zeigt sich in allen Interdisziplinaritätsstilen die grundlegende Bedeutung der kognitiven Voraussetzungen des Forschungsfelds und der Forschungsansätze für die Ausgestaltung der kooperativen Forschungspraxis. Insbesondere das Ausmaß der disziplinären Differenzierung – je nachdem ob verschiedene naturwissenschaftliche oder natur- und sozialwissenschaftliche Disziplinen kooperieren – übt einen entscheidenden Einfluss aus.

Bedeutet dies, dass die Interdisziplinaritätsstile durch kognitive Pfadabhängigkeiten der Disziplinen und Forschungsfelder zu erklären sind, mit der Konsequenz, dass Interdisziplinarität nicht „organisierbar" ist? Die Studie zeigt, dass ein solcher Schluss falsch wäre. Die organisationalen Merkmale von Instituten und Projekten, vor allem das Institutsalter und die Institutsgröße sowie institutsinterne Steuerungsinstrumente und -praktiken, können über den Erfolg oder Misserfolg von interdisziplinären Forschungsvorhaben mitentscheiden. Ihr Einfluss auf die Praxis der interdisziplinären Forschung darf nicht übersehen werden.

Die *Projektebene* hat sich im Vergleich zur Institutsebene als mindestens ebenso bedeutsam für den Erfolg interdisziplinärer Forschungsvorhaben herausgestellt. Gerade die Projektorganisation stellt einen entscheidenden Faktor und Ansatzpunkt für Steuerungsmöglichkeiten in der interdisziplinären Forschung dar. Auch in der Literatur über transdisziplinäre Forschung wird neben der „Umsetzungsorientierung die Bedeutung der Durchführung in der Form eines Gruppenprojekts als Charakteristikum transdisziplinärer Forschung" hervorgehoben (Jaeger/Scheringer 1998: 15), was gleichermaßen für interdisziplinäre Arbeiten gelte. Zu Recht wird außerdem darauf hingewiesen, dass die Gestaltung interdisziplinärer Projekte organisatorische und institutionelle Innovationen erfordere (ebd.: 23).

Die Betonung der Projektebene darf jedoch nicht zu dem Schluss verleiten, dass die Institutsorganisation bedeutungslos für Kooperationen und ihre erfolgreiche Implementierung wäre. Gerade große Forschungseinrichtungen kommen nicht ohne ausgeprägte vertikale und horizontale Differenzierungen in ihrer

Struktur aus. Für die interdisziplinäre Forschung nachteilig ist etwa, dass Abteilungen dazu neigen, ein Eigenleben zu entwickeln und sich gegenüber anderen Abteilungen abzuschotten. Berechtigterweise wird deshalb in vielen Stellungnahmen des Wissenschaftsrates, etwa zur Weiterentwicklung der „Blaue Liste"-Einrichtungen, der Abbau der Abteilungsdifferenzierung und der Einbau von Querschnittselementen empfohlen, auch um disziplinäre Grenzziehungen zu lockern. Entscheidend für den Erfolg solcher Empfehlungen ist jedoch, dass ihre Umsetzung auf das Forschungs- und Aufgabenprofil der jeweiligen Institute Rücksicht nimmt. Vorteilhaft ist insbesondere, wenn die Institute über ein internes Forschungsmanagement verfügen, das Forschungsaufgaben in Abteilungen und Beteiligungen an abteilungsübergreifenden Projekten „organisiert" und aufeinander abstimmt. Vor allem die Frage der Zeitbudgets der beteiligten Wissenschaftler/innen spielt hier eine entscheidende Rolle. Die Einrichtung von Anreizsystemen in den wissenschaftlichen Einrichtungen kann eine unterstützende Wirkung entfalten. Andernfalls besteht die Gefahr, dass Aufgabenunsicherheiten bestehen bleiben, alte Strukturen perpetuiert werden und ambitionierte interdisziplinäre Vorhaben, die abteilungsübergreifend angelegt sind, ins Leere laufen.

Bei den institutsinternen Steuerungspraktiken kann grundsätzlich zwischen formal organisierten und informellen, „weichen" Formen unterschieden werden. Zu den formal organisierten Steuerungsmöglichkeiten gehören finanzielle oder statusorientierte Anreiz- und Sanktionssysteme, die auf Qualitätsbeurteilungen oder quantitativen Indikatoren (etwa Zahl und Umfang akquirierter Drittmittel) aufbauen. Formal organisierte Verfahren sind in Instituten mit insgesamt hohem Organisationsgrad und einem hohen Drittmittelanteil anzutreffen. „Weiche" Steuerungen, vor allem durch Leitungspersönlichkeiten (charismatischer Führungsstil), finden sich in allen Einrichtungen, vorzugsweise aber in denjenigen mit niedrigem Organisationsgrad und einem hohen Anteil an Drittmittelforschung. Diese Unterscheidung verläuft parallel zur Differenzierung zwischen großen und kleinen Instituten: Schlanke Organisationsformen und weiche Steuerungsinstrumente sind in kleinen Instituten effektiver als in großen.

Gezeigt wurde außerdem, dass Reformen der Institutsorganisation wenig bewirken, wenn sie nicht auf den unmittelbaren Bedarf der Forschung reagieren und hierfür adäquate Instrumente zur Verfügung stellen. Der Fall des Instituts Beta illustriert, dass die Aufnahme von Querschnittselementen in die Institutsstruktur, die in erster Linie wissenschaftspolitischen Empfehlungen und weniger den Bedürfnissen der Forschenden folgt, disziplinäre Mauern nur begrenzt aufbrechen kann. Im kontrastierenden Fall des Instituts Delta ist die Matrix-

Organisation mit den abteilungsübergreifenden Themenfeldern besser an die wechselnden Forschungsaufgaben angepasst. In vielen Gesprächen mit Institutsmitarbeiterinnen und -mitarbeitern war eine deutliche Skepsis gegenüber einer starken Formalisierung von Institutsstrukturen und Prozessabläufen zu spüren. Selbst unter der Voraussetzung, dass interdisziplinäre Forschung einen höheren Organisations- und Koordinationsaufwand erfordert als disziplinäre, wird den informellen Interaktions- und Kommunikationsmöglichkeiten und -räumen der Vorzug gegeben. Entsprechend wird der Kompetenz der Projektleitung und der personellen Zusammensetzung der Forschungsteams eine entscheidende Rolle eingeräumt. „Die Chemie muss stimmen", war immer wieder von Projektmitarbeiterinnen und -mitarbeitern zu hören. Selbst wenn man konzidiert, dass das Argument gegen starke Formalisierungen auch als Vorwand gegen ungeliebte Institutsreformen gebraucht wird, sollte die Ebene der informellen, personenbezogenen Kooperation nicht unterschätzt werden.

Eine erfolgversprechende personelle Zusammensetzung interdisziplinärer Forschungsvorhaben hängt nicht nur von der disziplinären Exzellenz der einzelnen Wissenschaftler/innen ab, sondern auch von ihrer Bereitschaft und ihren Fähigkeiten zur interdisziplinären Zusammenarbeit und damit von ihrer *sozialen Kompetenz*. Den Rekrutierungspraktiken, vor allem den Auswahlverfahren und ihren Eignungskriterien, kommt also eine entscheidende Bedeutung zu. In den untersuchten Forschungseinrichtungen sind zumeist traditionelle Verfahren verbreitet. Hier soll nicht unbedingt den Assessment Centern und ähnlichen Einrichtungen, die große Unternehmen zur Rekrutierung von Leitungspersonal auf der unteren bis mittleren Managementebene einsetzen, das Wort geredet werden. Trotzdem wären Überlegungen zu angemessenen und erfolgversprechenden *Rekrutierungsverfahren* in der Forschung anzustellen, die sicherlich einen höheren Aufwand erfordern als die bislang praktizierten. Neben der Personalrekrutierung sollte schließlich der *Personalentwicklung* mehr Aufmerksamkeit gewidmet werden, um Defizite im Projektmanagement und in anderen Leitungsbereichen auszutarieren. Ebenso notwendig erscheint die Entwicklung *forschungsadäquater Controlling-Instrumente*, die gerade dann ihre Wirkung entfalten können, wenn sich Notwendigkeiten zur Umsteuerung – auch in personeller Hinsicht – ergeben.

Zu den weit verbreiteten Steuerungsinstrumenten in der Personalpolitik gehört die Befristung von Stellen für das wissenschaftliche Personal. Zunächst ergeben sich solche Befristungen durch die Einwerbung von Drittmitteln auf „natürliche Weise", darüber hinaus sind sie auch wissenschaftspolitisch gewollt und vorgegeben. Den „Blaue Liste"-Instituten wurde beispielsweise vom Wissenschaftsrat eine Befristungsrate von 30 bis 50 Prozent empfohlen. Die Nicht-beachtung der Befristungsvorgaben wird in Evaluationen durchaus sanktioniert (vgl. Wissenschaftsrat 1993). Allgemein gelten Forschungseinrichtungen mit einem hohen Anteil an entfristeten Wissenschaftlerinnen und Wissenschaftlern als wenig innovativ. Unsere Analyse zeigt, dass sich starre Befristungsregelun-gen auch nachteilig auf die interdisziplinäre Forschung auswirken, vor allem weil mit dem Ausscheiden erfahrener Mitarbeiter/innen zugleich deren implizi-tes Wissen („tacit knowledge") verloren geht. Solche nichtintendierten Effekte von restriktiven Befristungsregeln konnten nur ansatzweise analysiert werden; sie wären auf jeden Fall eine eigene Untersuchung wert.

Ein letztes verbreitetes Steuerungsinstrument ist die Ausrichtung auf Dritt-mittelförderung. Diese Drittmittelpolitik liegt allerdings nicht primär in der Hand der Institutsakteure, denn in den meisten Instituten gilt ein hoher Anteil an Drittmitteln im Institutshaushalt als Qualitäts- und Leistungsnachweis und wird wissenschaftspolitisch entsprechend wahrgenommen. Reputationsfördernd sind insbesondere Drittmittel der DFG. Deren Rahmenbedingungen mit in der Regel relativ kurzen Laufzeiten und spezifischen Adressatenkreisen in Wissen-schaft, Politik oder Unternehmen sind nicht in jedem Falle förderlich für inter-disziplinäre Kooperationen. Interessanterweise haben einzelne Institute begon-nen, ihre Einstellung gegenüber Drittmitteleinnahmen und ihrer stetigen Steige-rung als Qualitätsmerkmal zu relativieren. Ein bemerkenswertes Beispiel dafür ist das Institut Delta, das in einer bestimmten Phase seiner Entwicklung auf die Begrenzung eines durchaus realisierbaren Institutswachstums gesetzt hat, um die Bedingungen für die Durchführung interdisziplinärer Forschungsarbeiten nicht zu verschlechtern.

4.2 Kooperationen zwischen außeruniversitären Instituten und Hochschulen

Der zweite Schwerpunkt dieser Arbeit lag in der Analyse der Kooperationen außeruniversitärer Institute mit Einrichtungen der Hochschulen. Die Untersu-chung konzentrierte sich auf die zentralen Kooperationsbereiche Forschung so-wie Nachwuchsförderung und Lehre, zwischen denen zahlreiche Interdepen-denzen festzustellen sind. Die Kooperationsforderung wird mittlerweile als för-derpolitisches Steuerungsinstrument eingesetzt; Art und Zahl der Kooperatio-nen bilden ein relevantes Evaluationskriterium für die außeruniversitäre For-schung. Zunächst kann gezeigt werden, dass die wissenschaftspolitischen Ko-operationsempfehlungen in den außeruniversitären Instituten grundsätzlich auf offene Ohren stoßen. Sie werden aufgenommen, weil sie in diesem Fall tatsächlichen Bedürfnissen der außeruniversitären Institute entsprechen, insbesondere dem Bedarf an qualifiziertem wissenschaftlichen Nachwuchs. Die Umsetzung und Ausgestaltung der Kooperationsbeziehungen hängt allerdings von den konkreten Problem- und Interessenlagen der außeruniversitären Institute und komplementär der Hochschulen ab, vor allem von den einzubringenden beziehungsweise zu erwartenden Ressourcen.

Welche Kooperationsformen finden Verwendung? In der Nachwuchsförderung umfassen sie hauptsächlich Kooperationsverträge, gemeinsame Berufungen, die Beteiligung an der Lehre, die Einflussnahme auf und Mitgestaltung der Studiengangentwicklung, die Betreuung von Studienabschlussarbeiten, Dissertationen und Habilitationen sowie die Beteiligung an Graduiertenkollegien bis hin zum Aufbau „eigener" Qualifizierungsstrukturen wie etwa der International Max-Planck Research Schools durch die MPG. Institutsintern geht es vor allem um die Ausgestaltung von Dissertationsstellen und Maßnahmen zur Strukturierung des Promotionsprozesses, beispielsweise in Form von Richtlinien und Empfehlungen. Bei Kooperationen in der Forschung spielt die Ausgestaltung gemeinsamer Forschungsprojekte in den Natur- und Ingenieurwissenschaften und die gemeinsame Nutzung von Großgeräten eine wichtige Rolle.

Welche Interessen veranlassen die außeruniversitären Akteure, Kooperationsbeziehungen einzugehen? Im Vordergrund steht heute der Konkurrenzkampf zwischen außeruniversitären Instituten und Hochschuleinrichtungen um den wissenschaftlichen Nachwuchs, der gegenwärtig primär die Naturwissenschaften betrifft. Vergleichbare Wettbewerbsverhältnisse deuten sich allerdings auch in sozial- und geisteswissenschaftlichen Disziplinen an. Auch hier sind Abwerbungsstrategien vermehrt zu beobachten. Die Probleme außeruniversitärer Einrichtungen, qualifizierten wissenschaftlichen Nachwuchs zu rekrutieren, und die Schwierigkeiten, diesen auch mittelfristig zu binden, werden sich durch die Einführung der universitären Juniorprofessuren, die Optionen für „tenure tracks" und die neuen Befristungsregeln im Hochschulrahmengesetz noch verschärfen. Die außeruniversitären Forschungsinstitute werden sich zunehmend gezwungen sehen, Nachwuchswissenschaftler/innen berufliche Entwicklungsmöglichkeiten und längerfristige Karriereoptionen zu offerieren. Sie können sich mit anderen Worten immer weniger mit der Funktion eines „Durchlauferhitzers" begnügen. Personalentwicklungskonzepte, die Schaffung von Aufstiegsoptionen auch für Postdocs und Konzepte für den Umgang mit Befristungsregeln stehen somit auf der Tagesordnung. Die Schaffung von internen beruflichen Entwicklungsmöglichkeiten in außeruniversitären Forschungseinrichtungen ist eine Option; eine weitere Möglichkeit sind Karrieremuster, die

Universitäten und den außeruniversitären Bereich einschließen und die mit Blick auf Kooperationen zwischen beiden Partnern von Interesse sind. Einen hemmungslosen „Wettkampf" gerade um den wissenschaftlichen Nachwuchs können sich beide Kooperationspartner schlicht nicht leisten.

Im Forschungsbereich formulieren die außeruniversitären Institute je nach ihren Disziplinen und Forschungsfeldern ein dezidiertes Interesse am „Zukauf" disziplinärer Kompetenzen von den Hochschulen. Hinter dieser Strategie steckt das Anliegen, den Anschluss an die neuere Theorie- und Methodenentwicklung in den jeweiligen Feldern nicht zu verpassen. Disziplinäre Fachkompetenzen sind oft eine notwendige Voraussetzung für die erfolgreiche Bearbeitung interdisziplinärer Forschungsfragen, die in vielen Fällen von den außeruniversitären Einrichtungen selbst nicht wie an den Universitäten ausgebildet werden können. Das disziplinäre Wissen ist und bleibt oft die Domäne der Hochschulen.

Darüber hinaus sollte die Bedeutung der Ressourcenfrage mit Blick auf die Kooperationsinteressen nicht vernachlässigt werden. Gerade unter finanziellen Aspekten besteht häufig ein beiderseitiges Interesse an der gemeinsamen Nutzung der technischen Infrastruktur, insbesondere von teuren Großgeräten in den Natur- und Ingenieurwissenschaften.

Die Kooperationen zwischen außeruniversitären Instituten und Hochschulen sind dann am erfolgreichsten, wenn die beiden Partner komplementäre Interessen verfolgen. Dafür ist der Forschungsbereich ein signifikantes Beispiel: Der Bedarf außeruniversitärer Partner an disziplinär spezialisiertem, theoretisch-konzeptionellem Wissen verbindet sich mit dem Interesse der Hochschulen daran, dass ihre Absolventinnen und Absolventen in außeruniversitären Forschungseinrichtungen Erfahrungen mit interdisziplinären Forschungsprojekten sammeln.

Mit Blick auf die Steuerungsoptionen ist die oft postulierte fördernde Wirkung formalisierter Kooperationsabkommen zu relativieren. In Kooperationen zur Nachwuchsförderung etwa pflegt die Mehrzahl der befragten Institute primär informelle Kontakte mit den Universitäten. Formale Kooperationsvereinbarungen haben sich für eine Einbindung von außeruniversitären Wissenschaftlerinnen und Wissenschaftlern in universitäre Lehr- und Betreuungsaufgaben zwar als nicht entscheidend, doch immerhin als unterstützend erwiesen. Auch die zumeist in Kooperationsvereinbarungen verabredeten gemeinsamen Berufungen reduzieren Unsicherheiten bei Betreuungskooperationen und fördern darüber hinaus die Verankerung von Forschungsinhalten in der Lehre. Gemeinsame Berufungen sind dann erfolgreich, wenn sie mit einer deutlichen Reduzierung des Lehrdeputats verbunden sind wie etwa im Berliner Modell der S-Professur. Andernfalls werden sie von Institutsdirektorinnen und -direktoren und den Abteilungsleitungen primär als zusätzliche Belastung wahrgenommen. Um Kooperationsvereinbarungen „mit Leben zu füllen", sind bereits praktizierte, informelle Formen der Zusammenarbeit auf Fakultäts- oder Fachbereichsebene eine gute Ausgangsbasis.

4.3 Ausblick

Insgesamt offenbart sich eine Vielfalt von Interdisziplinaritätsstilen und institutionellen Kooperationsformen. Auch die Unterschiede in den Organisationspraktiken und Steuerungsinstrumenten der untersuchten außeruniversitären Institute sind eklatant. Zudem befindet sich der Umgang mit Steuerungsinstrumenten häufig noch in einem Experimentierstadium. Reflektierte Erfahrungen mit Blick auf die Verbesserung interdisziplinärer und institutioneller Kooperationen mit den Hochschulen sind selten. Die Institute kooperieren meist nach dem „trial and error"-Verfahren.

Die erworbenen praktischen Erfahrungen mit interdisziplinärer Forschung haben in den seit mehreren Jahrzehnten anhaltenden Theoriediskurs über Fragen der Interdisziplinarität bislang kaum Eingang gefunden. Dazu will diese Studie einen Beitrag leisten, indem interdisziplinäre und institutionelle Kooperationen nicht als abstrakte Größen, sondern als konkrete Handlungen verstanden werden, die voraussetzungsvoll, steuerbar und damit auch organisierbar sind. Die Institutspraktiken sind vor dem Hintergrund der Diagnose, dass interdisziplinäre Forschung einen höheren zeitlichen und finanziellen Aufwand als disziplinäre erfordert und zudem meist mit einem hohen Unsicherheitspotenzial verbunden ist, zu überdenken und verbesserungsfähig. Insbesondere hat sich das wissenschaftspolitisch hoch gelobte Instrument der Stellenbefristung für interdisziplinäre Forschungskooperationen und für die Zusammenarbeit zwischen außeruniversitären Instituten und Hochschulen in verschiedenen Bereichen als problematisch erwiesen. Schwierig ist es vor allem, den Verlust des „tacit knowledge" von erfahrenen Wissenschaftlerinnen und Wissenschaftlern, die den Befristungsregelungen unterliegen, zu kompensieren.

Die Analyse des „Inter-Disziplinierens" verdeutlicht darüber hinaus, dass es keinen Königsweg für erfolgreiche Forschungskooperationen gibt, sondern vielmehr eine Reihe verschiedener, jeweils pfadabhängiger Kooperationsstile. Diese Pfadabhängigkeit wird insbesondere durch die Größe und das Alter der Institute beeinflusst. Das Phänomen der Pfadabhängigkeit lässt sich auch in den institutionellen Kooperationen beobachten. Die Formalisierung der Zusammenarbeit durch Kooperationsverträge beispielsweise entfaltet ihre Wirkungskraft meist nur dann, wenn diese Verträge der institutionellen Absicherung einer bereits existierenden Zusammenarbeit auf der Mikroebene dienen und nicht den Ausgangspunkt für Kooperationen darstellen.

Wo besteht weiterer Forschungsbedarf? Bislang werden in der spärlichen empirisch orientierten Literatur die inter- und transdisziplinären Forschungspraktiken sowie die institutionellen Forschungskooperationen zumeist unter Aspekten ihrer Evaluierung beziehungsweise angemessener Beurteilungskriterien diskutiert. Dabei stehen personale und soziale Einflussgrößen, organisatorische Merkmale, Kooperationsvariablen und Erfolgskriterien im Vordergrund (vgl. Antoni/Scheffer 2002: 33ff.). Auch wird die Bedeutung neuer Formen des inter- oder transdisziplinären Wissensmanagements im Vergleich zur vorwiegend disziplinär orientierten Forschung an den Universitäten betont (Loibl 2001: 39). Dabei dienen die Evaluationskriterien nicht nur der Ergebnisbeurteilung, sondern auch der Einschätzung von Forschungsprozessen (vgl. Bergmann 2003). Ausgehend von Evaluationsfragen bei interdisziplinären Forschungen schließen diese Untersuchungen indirekt auf die Probleme der interdisziplinären Projekte selbst – und zäumen damit das Pferd quasi von hinten auf. Dies ist durchaus legitim, wenn Qualitätsbewertungen im Vordergrund des wissenschaftlichen Interesses stehen. Für die unmittelbare Untersuchung konkreter interdisziplinärer Forschungs- und institutioneller Kooperationspraktiken kann die Evaluationsforschung dagegen nur wenige Anknüpfungspunkte bieten. Einen erfolgversprechenden Ausgangspunkt für weitergehende Untersuchungen bilden vielmehr jene wissenschaftssoziologischen Studien, die sich empirisch mit der Qualität innovativer Forschungsbereiche beschäftigen (z.B. Guggenheim 2004; Simon et al. 2003). Solche Studien helfen, die wissenschaftspolitische Rhetorik, die in Kooperationen mitunter das Allheilmittel gegen die unzureichende Innovationskraft des deutschen Wissenschaftssystems sieht, auf den Boden einer kritischen empirischen Analyse zu stellen.

Literatur

In der folgenden Literaturliste fehlt ein Großteil der „grauen Literatur", beispielsweise die Jahresberichte und andere Selbstdarstellungen der untersuchten Institute, die Jahrbücher und Jahresberichte der Trägerschaften (MPG, WGL, FhG, HGF) sowie die institutsbezogenen Publikationen des Wissenschaftsrates (diverse veröffentlichte und unveröffentlichte Empfehlungen und Stellungnahmen). Diese Dokumente wurden zwar ausgewertet, doch mussten zur Wahrung der Anonymität entsprechende Quellenvermerke sowohl im Text als auch in der Literaturliste unterbleiben.

Antoni, Conny; Scheffler, Dirk (2002): Formative Evaluation interdisziplinärer Forschungskooperation – Konzept und Umsetzung im DFB-Sonderforschungsbereich 522 „Umwelt und Region". In: Müller, Paul; Rumpf, Stefan; Monheim, Heiner (Hg.): Umwelt und Region – aus der Werkstatt des Sonderforschungsbereich 522. Universität Trier. Trier: Selbstverlag, S. 29-51.

Balsiger, Philipp W.; Defila, Rico; Di Giulio, Antonietta (Hg.) (1996): Ökologie und Interdisziplinarität – eine Beziehung mit Zukunft? Wissenschaftsforschung zur Verbesserung der fachübergreifenden Zusammenarbeit. Basel: Birkhäuser.

Bechmann, Gotthard (1996): Sozialwissenschaftliche Konzepte einer interdisziplinären Klimawirkungsforschung. Wissenschaftliche Berichte FZKA 5715. Karlsruhe: Forschungzentrum Karlsruhe.

Bergmann, Matthias (2003): Indikatoren für eine „diskursive" Evaluation transdisziplinärer Forschung. In: Technikfolgenabschätzung. Theorie und Praxis, Nr. 1, März 2003, S. 65-75.

Bergmann, Matthias; Jahn, Thomas (1999): „Learning not only by doing" – Erfahrungen eines interdisziplinären Forschungsverbundes am Beispiel von „CITY: mobil". In: Friedrichs, Jürgen; Hollaender, Kirsten (Hg.): Stadtökologische Forschung: Theorien und Anwendungen. Reihe „Stadtökologie, Bd. 6. Berlin: Analytica, S. 251-275.

Blaschke, Dieter (unter Mitarbeit von Ingrid Lukatis (1976): Probleme interdisziplinärer Forschung. Organisations- und forschungssoziologische Untersuchung der Erfahrungen mit interdisziplinärer Zusammenarbeit im SFB 16 unter besonderer Betonung des Dhanbad-Projektes. Beiträge zur Südasien-Forschung, Bd. 18. Wiesbaden: Steiner Verlag.

BLK (Bund-Länder-Kommission für Bildungsplanung und Forschungsförderung) (Hg.) (1998): Beschluß der Regierungschefs „Sicherung der Qualität der Forschung". Materialien zur Bildungsplanung und zur Forschungsförderung, Heft 61. Bonn.

BMBF (Bundesministerium für Bildung und Forschung) (Hg.) (1996): Bundesbericht Forschung. Bonn: BMBF.

BMBF (Bundesministerium für Bildung und Forschung) (Hg.) (2002): Bundesbericht Forschung. Bonn: BMBF.

Boehmer-Christiansen, Sonja (2003): Science, Equity, and the War against Carbon. In: Science, Technology & Human Values, Jg. 28, Heft 1, S. 69-92.

Brand, Karl-Werner (Hg.) (2000): Nachhaltige Entwicklung und Transdisziplinarität. Besonderheiten, Probleme und Erfordernisse der Nachhaltigkeitsforschung. Berlin: Analytica.

Braun, Dietmar (1997): Die politische Steuerung der Wissenschaft. Ein Beitrag zum „Kooperativen Staat". Frankfurt a.M.: Campus.

Braun, Dietmar (2001): Regulierungsmodelle und Machtstrukturen an Universitäten. In: Stölting, Erhard; Schimank, Uwe (Hg.): Die Krise der Universitäten. Leviathan, Sonderheft 20/2001, S. 243-262.

Braun, Dietmar; Guston, David H. (2003): Principal Agent Theory and Research Policy: An Introduction. In: Science and Public Policy, Vol. 30, No. 5, S. 302-308.

Brinckmann, Hans (1998): Die neue Freiheit der Universität. Operative Autonomie für Lehre und Forschung an Hochschulen. Berlin.

Brocke, Bernhard vom (1991): Vorwort. In: Brocke, Bernhard vom (Hg.) (1991): Wissenschaftsgeschichte und Wissenschaftspolitik im Industriezeitalter. Das „System Althoff" in historischer Perspektive. Hildesheim: Lax, S. 1-4.

Brocke, Bernhard vom; Laitko, Hubert (Hg.) (1996): Die Kaiser-Wilhelm-/Max-Planck-Gesellschaft und ihre Institute. Studien zu ihrer Geschichte: Das Harnack-Prinzip. Berlin/ New York: de Gruyter.

Burchardt, Lothar (1975): Wissenschaftspolitik im Wilhelminischen Deutschland. Göttingen: Vandenhoeck & Ruprecht.

Collins, Harry M. (2001): Tacit Knowledge, Trust, and the Q of Sapphire. In: Social Studies of Science, Jg. 31, Heft 1, S. 71-85.

Daschkeit, Achim (1998): Umweltforschung interdisziplinär – notwendig, aber unmöglich? In: Daschkeit, Armin; Schröder, Winfried (Hg.): Umweltforschung quergedacht. Perspektiven integrativer Umweltforschung und -lehre. Berlin: Springer, S. 51-73.

Defila, Rico; Di Giulio, Antonietta (1999): Evaluationskriterien für interdisziplinäre und transdisziplinäre Forschung. Interfakultäre Koordinationsstelle für Allgemeine Ökologie (IKAÖ), Panorama SI 1/99. Universität Bern, Schweiz.

Deppert, Wolfgang; Theobald, Werner (1998): Eine Wissenschaftstheorie der Interdisziplinarität. Zur Grundlegung integrativer Umweltforschung und -bewertung. In: Daschkeit, Armin; Schröder, Winfried (Hg.): Umweltforschung quergedacht. Perspektiven integrativer Umweltforschung und -lehre. Berlin: Springer, S. 75-106.

Deutsche Forschungsgemeinschaft (2003): Internet: www.dfg.de (Stand: September 2003).

Eisenstadt, Shmuel N. (1968). Introduction. In: Weber, Max: On Charisma and Institution Building. Chicago: University of Chicago Press, S. IX-LVI.

Fleck, Ludwik (1999 [1935]): Entstehung und Entwicklung einer wissenschaftlichen Tatsache. Einführung in die Lehre vom Denkstil und Denkkollektiv. Frankfurt a.M: Suhrkamp.

Fritsch, Michael; Schwirten, Christian (2000): R&D Cooperation between Public Research Institutions – Magnitude, Motives and Spatial Dimension. Arbeitspapiere 2000/11, Technische Universität Bergakademie Freiberg. Freiberg.

Fujimura, Joan H. (1992): Crafting Science: Standardized Packages, Boundary Objects, and Translation. In: Pickering, Andrew (Ed.): Science as Practice and Culture. Chicago: University of Chicago Press, S. 168-214.

Gebhardt, Winfried (1993a): Einleitung: Grundlinien der Entwicklung des Charismakonzeptes in den Sozialwissenschaften. In: Gebhardt, Winfried; Zingerle, Arnold; Ebertz, Michael N. (Hg.): Charisma. Theorie, Religion, Politik. Berlin/New York: de Gruyter, S. 1-12.

Gebhardt, Winfried (1993b): Charisma und Ordnung: Formen des institutionalisierten Charisma – Überlegungen im Anschluss an Max Weber. In: Gebhardt, Winfried; Zingerle, Arnold; Ebertz, Michael N. (Hg.): Charisma. Theorie, Religion, Politik. Berlin/New York: de Gruyter, S. 47-68.

Gerwin, Robert (1996): Im Windschatten der 68er ein Stück Demokratisierung. Die Satzungsreform von 1972 und das Harnack-Prinzip. In: vom Brocke/Laitko 1996, S. 211-224.

Gibbons, Michael; Limoges, Camille; Nowotny, Helga; Schwartzmann, Simon; Scott, Peter; Trow, Martin (1994): The New Production of Knowledge. The Dynamics of Science and Research in Contemporary Societies. London: Sage.

Gibbons, Michael; Nowotny, Helga (2001): The Potential of Transdisciplinarity. In: Klein et al. 2001, S. 67-80.

Gigerenzer, Gerd; Todd, Peter M. (1999): Fast and Frugal Heuristics: The Adaptive Toolbox. In: Gigerenzer, Gerd; Todd, Peter M. (Eds.): Simple Heuristics That Make Us Smart. Oxford: Oxford University Press, S. 3-34.

Gläser, Jochen; Meske, Werner (1996): Anwendungsorientierung von Grundlagenforschung? Erfahrungen der Akademie der Wissenschaften der DDR. Schriften des Max-Planck-Instituts für Gesellschaftsforschung, Nr. 25. Frankfurt a.M.: Campus.

Gramelsberger, Gabriele (2002): Computersimulationen – neue Instrumente der Wissensproduktion. Transdisziplinarität und Heterogenität der Computational Science. Expertise im Rahmen des Themenfelds „Politik, Wissenschaft und Gesellschaft" (Manuskript). Berlin: BMBF.

Grunwald, Armin (1999): Transdisziplinäre Umweltforschung: Methodische Probleme der Qualitätssicherung. In: TA-Datenbank-Nachrichten, Jg. 8, Heft 3/4, S. 32-39.

GSF-Forschungszentrum für Umwelt und Gesundheit GmbH (1993): 10 Jahre deutsche Klimaforschung. Eine Bestandsaufnahme 1982-1992. Siegburg: GSF.

Guggenheim, Michael (2004): Organisierte Umwelt. Intersystemische Wissensproduktion in Umweltdienstleistungsfirmen. Eine Ethnographie. Universität Zürich: Dissertationsmanuskript.

Gukenbiehl, Hermann L. (1995): Institution und Organisation. In: Korte, Hermann; Schäfers, Bernhard (Hg.): Einführung in die Hauptbegriffe der Soziologie, 3., verbesserte Aufl. Opladen: Leske + Budrich, S. 95-110.

Guston, David H. (2001). Boundary Organizations in Environmental Policy and Science: Introduction. In: Science, Technology & Human Values, Jg. 26, Heft 4, S. 399-408.

Häberli, Rudolf; Bill, Alain; Grossenbacher-Mansuy, Walter; Scholz, Roland W.; Welti, Myrtha (2001): Synthesis. In: Klein et al. 2001, S. 6-22.

Hasse, Raimund (1996): Organisierte Forschung. Arbeitsteilung, Wettbewerb und Networking in Wissenschaft und Technik. Berlin: edition sigma.

Hasse, Raimund; Krücken, Georg (1999): Neo-Institutionalismus. Bielefeld: transcript.

Heckhausen, Heinz (1987): „Interdisziplinäre Forschung" zwischen Intra-, Multi- und Chimären-Disziplinarität. In: Kocka 1987, S. 129-145.

Heintz, Bettina (1998): Die soziale Welt der Wissenschaft. Entwicklungen, Ansätze und Ergebnisse der Wissenschaftsforschung. In: Heintz, Bettina; Nievergelt, Bernhard (Hg.): Wissenschafts- und Technikforschung in der Schweiz. Sondierungen einer neuen Disziplin. Zürich: Seismo, S. 55-94.

Heintz, Bettina (2000): Die Innenwelt der Mathematik: Zur Kultur und Praxis einer beweisenden Disziplin. Wien: Springer-Verlag.

Heintz, Bettina; Merz, Martin; Schumacher, Christina (2004): Wissenschaft, die Grenzen schafft. Geschlechterkonstellationen im disziplinären Vergleich. Bielefeld: transcript.

HGF (Helmholtz-Gemeinschaft Deutscher Forschungszentren) (2003): Helmholtz-Gemeinschaft 2003. Programme – Zahlen – Fakten. Bonn: HGF.

HRK (Hochschulrektorenkonferenz) (2003): Pressemitteilung vom 27.05.03.

Hohn, Hans-Willy (1998): Kognitive Strukturen und Organisationsprobleme der Forschung. Frankfurt a.M./New York: Campus.

Hohn, Hans-Willy; Schimank, Uwe (1990): Konflikt und Gleichgewichte im Forschungssystem. Akteurkonstellationen und Entwicklungspfade in der staatlich finanzierten außeruniversitären Forschung. Frankfurt a.M./New York: Campus.

Hollingsworth, J. Rogers (2002): Research Organisations and Major Discoveries in Twentieth-Century Science: A Case Study of Excellence in Biomedical Research. WZB-Discussion paper P 02-003, Wissenschaftszentrum Berlin für Sozialforschung. Berlin.

Internationale Kommission zur Systemevaluation der Deutschen Forschungsgemeinschaft und der Max-Planck-Gesellschaft (1999): Forschungsförderung in Deutschland. Hannover.

Jaeger, Jochen; Scheringer, Martin (1998): Transdisziplinarität: Problemorientierung ohne Methodenzwang. In: GAIA, Jg. 7, Heft 1, S. 10-25.

Jansen, Stephan A. (Hg.) (2000): Konkurrenz und Kooperation: interdisziplinäre Zugänge zur Theorie der Co-opetition. Marburg: Metropolis-Verlag.

Joos, Hans (1987): Interdisziplinarität und die Entstehung neuer Disziplinen. In: Kocka 1987, S. 146-151.

Klein, Julie Thompson (1990): Interdisciplinarity. History, Theory, and Practice. Detroit: Wayne State University Press.

Klein, Julie Thompson (1996): Crossing Boundaries: Knowledge, Disciplinarities, and Interdisciplinarities. Charlottesville, VA: University Press of Virginia.

Klein, Julie Thompson (2000): A Conceptual Vocabulary of Interdisciplinary Science. In: Weingart, Peter; Stehr, Nico (Eds.): Practicing Interdisciplinarity. Toronto: University of Toronto Press, S. 3-24.

Klein, Julie Thompson (2001): The Discourse of Transdisciplinarity. An Expanding Global Field. In: Klein et al. 2001, S. 35-44.

Klein, Julie Thompson; Grossenbacher-Mansuy, Walter; Häberli, Rudolf; Bill, Alain; Scholz, Roland W.; Welti, Myrtha (Eds.) (2001): Transdisciplinarity. Joint Problem Solving among Science, Technology, and Society: an Effective Way for Managing Complexity. Basel: Birkhäuser.

Knorr Cetina, Karin (1979): Tinkering toward Success: Prelude to a Theory of Scientific Practice. In: Theory and Society, Jg. 8, Heft 3, S. 347-376.

Knorr Cetina, Karin (1995): Laboratory Studies. The Cultural Approach in the Study of Science. In: Jasanoff, Sheila; Markle, Gerald E.; Peterson, James C.; Pinch, Trevor (Eds.): Handbook of Science and Technology Studies. Thousand Oaks: Sage, S. 140-166.

Kocka, Jürgen (Hg.) (1987): Interdisziplinarität. Praxis – Herausforderung – Ideologie. Frankfurt a.M.: Suhrkamp.

Krücken, Georg (2001): Wissenschaft im Wandel? Gegenwart und Zukunft der Forschung an deutschen Hochschulen. In: Stölting, Erhard; Schimank, Uwe (Hg.): Die Krise der Universitäten. Leviathan Sonderheft 20/2001. Wiesbaden, S. 326-345.

Krüger, Lorenz (1987): Einheit der Welt – Vielheit der Wissenschaft. In: Kocka 1987, S. 106-125.

Laudel, Grit (1999): Interdisziplinäre Forschungskooperation. Erfolgsbedingungen der Institution „Sonderforschungsbereich". Berlin: edition sigma.

Loibl, Marie Céline (2001): Arbeitserfahrungen interdisziplinärer und transdisziplinärer Forschungsteams. Schlüsselpassagen und Schlussfolgerungen aus 60 Interviews mit Projektleiter(inne)n der Österreichischen Kulturlandschaftsforschung. Manuskript im Rahmen der Konflikt- und Kommunikationsforschung im Auftrag des Österreichischen Bundesministeriums für Bildung, Wissenschaft und Kultur, Wien.

Lomborg, Bjørn (2001): The Sceptical Environmentalist: Measuring the Real State of the World. Cambridge: Cambridge University Press.

Lundgreen, Peter; Horn, Bernd; Krohn, Wolfgang; Küppers, Günter; Paslack, Rainer (1986): Staatliche Forschung in Deutschland 1870-1980. Frankfurt a.M./New York: Campus.

Maasen, Sabine (2000): Inducing Interdisciplinarity: Irresistible Infliction? The Example of a Research Group at the Center for Interdisziplinary Research (ZiF), Bielefeld, Germany. In: Weingart, Peter; Stehr, Nico (Eds.): Practicing Interdisciplinarity. Toronto: University of Toronto Press, S. 173-193.

Matthies, Hildegard; Kuhlmann, Ellen; Oppen, Maria; Simon, Dagmar (2001): Karrieren und Barrieren im Wissenschaftsbetrieb. Geschlechterdifferente Teilhabechancen in außeruniversitären Forschungseinrichtungen. Berlin: edition sigma.

Matthies, Hildegard; Kuhlmann, Ellen; Oppen, Maria; Simon, Dagmar (Hg.) (2003): Gleichstellung in der Forschung. Organisationspraktiken und politische Strategien. Berlin: edition sigma.

MPG (Max-Planck-Gesellschaft) (Hg.) (2000): Jahrbuch 2000. München: MPG.

MPG (Max-Planck-Gesellschaft) (2003): Internet: http://www.mpg.de (Stand: September 2003).

Mayer, Jörg M. (1994): „Wann sind Paketlösungen machbar?". Eine konstruktive Kritik an F. W. Scharpfs Konzept. In: Politische Vierteljahresschrift, Jg. 35, Heft 3, S. 448-471.

Mayntz, Renate (1985): Forschungsmanagement. Steuerungsversuche zwischen Scylla und Charybdis. Probleme der Organisation und Leitung von hochschulfreien, öffentlich finanzierten Forschungsinstituten. Opladen: Westdeutscher Verlag.

Mayntz, Renate (1994): Policy-Netzwerke und die Logik von Verhandlungssystemen. In: Héritier, Adrienne (Hg.): Policy-Analyse. Kritik und Neuorientierung. PVS-Sonderheft 24. Opladen: Westdeutscher Verlag, S. 39-56.

Mayntz, Renate; Scharpf, Fritz W. (Hg.) (1995a): Gesellschaftliche Selbstregelung und politische Steuerung. Frankfurt a.M./New York: Campus.

Mayntz, Renate; Scharpf, Fritz W. (1995b): Steuerung und Selbstorganisation in staatsnahen Sektoren. In: Mayntz/Scharpf 1995a, S. 9-38.

Mayntz, Renate; Scharpf, Fritz W. (1995c): Der Ansatz des akteurzentrierten Institutionalismus. In: Mayntz/Scharpf 1995a, S. 39-67.

Merz, Martina (1999): Multiplex and Unfolding: Computer Simulation in Particle Physics. In: Science in Context, Jg. 12, Heft 2, S. 293-316.

Merz, Martina (2002): Kontrolle – Widerstand – Ermächtigung. Wie Simulationssoftware Physiker konfiguriert. In: Rammert, Werner; Schulz-Schaeffer, Ingo (Hg.): Können Maschinen handeln? Soziologische Beiträge zum Verhältnis von Mensch und Technik. Frankfurt a.M./New York: Campus, S. 267-290.

Mittelstraß, Jürgen (1987): Die Stunde der Interdisziplinarität? In: Kocka 1987, S. 152-158.

Mittelstraß, Jürgen (1998): Interdisziplinarität oder Transdisziplinarität? In: Mittelstraß, Jürgen (Hg.): Die Häuser des Wissens. Frankfurt a.M.: Suhrkamp, S. 29-48.

Morrison, Margaret; Morgan, Mary S. (1999): Introduction. In: Morgan, Mary S.; Morrison, Margaret (Eds.): Models as Mediators. Perspectives on Natural and Social Science. Cambridge: Cambridge University Press, S. 1-9.

Nowotny, Helga (1993): Die „Zwei Kulturen" und die Veränderungen innerhalb der wissensförmigen Gesellschaft. In: Huber, Josef; Thurn, Georg (Hg.): Wissenschaftsmilieus. Wissenschaftskontroversen und soziokulturelle Konflikte. Berlin: edition sigma, S. 237-248.

Nowotny, Helga (1997): Die Dynamik der Innovation. Über die Multiplizität des Neuen. In: Rammert, Werner (Hg.): Innovation – Prozesse, Produkte, Politik. Jahrbuch für Technik und Gesellschaft, Bd. 9, Frankfurt a.M./New York: Campus, S. 33-54.

Nowotny, Helga; Scott, Peter; Gibbons, Michael (2001): Re-Thinking Science, Knowledge, and the Public in an Age of Uncertainty. Cambridge: Polity Press.

Nowotny, Helga; Scott, Peter; Gibbons, Michael (2003): „Mode 2" Revisited: The New Production of Knowledge. In: Minerva, Vol. 41, S. 179-194.

OECD (Organisation for Economic Co-operation and Development) (1972): Interdisciplinarity: Problems of Teaching and Research in Universities. Paris: OECD/CERI (Centre for Educational Research and Innovation).

Perrow, Charles (1970): Organizational Analysis. A Sociological View. London: Brooks/Cole.

Pestre, Domonique (2003): Regimes of Knowledge Production in Society: Towards a more Political and Social Reading. In: Minerva, Vol. 41, S. 245-261.

Petschel-Held, Gerhard; Reusswig, Fritz (2000): Syndrome des Globalen Wandels: Ergebnisse und Strukturen einer transdisziplinären Erfolgsgeschichte. In: Brand, Karl-Werner (Hg.): Nachhaltige Entwicklung und Transdisziplinarität. Berlin: Analytica, S. 127-144.

Pickering, Andrew (1992): From Science as Knowledge to Science as Practice. In: Pickering, Andrew (Ed.): Science as Practice and Culture. Chicago: Chicago University Press, S. 1-26.

Reusswig, Fritz; Schellnhuber, Hans-Joachim (1998): Die globale Umwelt als Wille und Vorstellung. Zur transdisziplinären Erforschung des Globalen Wandels. In: Daschkeit, Armin; Schröder, Winfried (Hg.): Umweltforschung quergedacht. Perspektiven integrativer Umweltforschung und -lehre. Berlin: Springer, S. 259-307.

Röbbecke, Martina (1997): Mitbestimmung und Forschungsorganisation. Baden-Baden: Nomos.

Röbbecke, Martina; Simon, Dagmar (2001): Reflexive Evaluation. Ziele, Verfahren und Instrumente der Bewertung von Forschungsinstituten. Berlin: edition sigma.

Scharpf, Fritz W. (2000): Interaktionsformen. Akteurzentrierter Institutionalismus in der Politikforschung. Opladen: Leske + Budrich.

Schimank, Uwe (1995a): Hochschulforschung im Schatten der Lehre. Frankfurt a.M./New York: Campus.

Schimank, Uwe (1995b): Politische Steuerung und Selbstregulation des Systems organisierter Forschung. In: Mayntz/Scharpf 1995a, S. 101-139.

Schimank, Uwe (1996): Universities and Extra-university Research Institutes: Tensions within Stable Institutional Structures. In: Krull, Wilhelm; Meyer-Krahmer, Frieder (Eds.): Science and Technology in Germany. London: Cartermill Publishing, S. 111-123.

Schimank, Uwe (2001): Teilsysteminterdependenzen und Inklusionsverhältnisse. Ein differenzierungstheoretisches Forschungsprogramm zur System- und Sozialintegration der modernen Gesellschaft. In: Barlösius, Eva; Müller, Hans-Peter; Sigmund, Steffen (Hg.): Gesellschaftsbilder im Umbruch. Soziologische Perspektiven in Deutschland. Opladen: Leske + Budrich, S. 109-130.

Schimank, Uwe; Stucke, Andreas (Eds.) (1995): Coping with Trouble. Frankfurt a.M./New York: Campus.

Schröder, Meinhard (2002): Klimavorhersage und Klimavorsorge. Reihe „Wissenschaftsethik und Technikfolgenbeurteilung", Bd. 16. Berlin: Springer.

Schülein, Johann August (1987): Theorie der Institution. Eine dogmengeschichtliche und konzeptionelle Analyse. Opladen: Westdeutscher Verlag.

Schulze, Winfried (2000): Was sollen wir erforschen? – Gedanken zur Begründung von Schwerpunktsetzungen im Forschungsprozess. Vortrag auf der Jahrestagung 2000 der Helmholtz-Gemeinschaft. Internet: www.helmholtz.de/de/Aktuelles/Reden/Festvortrag_bei_Jahrestagung_2000.html (Stand: April 2004).

Shapin, Steven (2001): Proverbial Economies: How an Understanding of Some Linguistic and Social Features of Common Sense Can Throw Light on More Prestigious Bodies of Knowledge, Science for Example. In: Social Studies of Science, Jg. 31, Heft 5, S. 731-769.

Shils, Edward (1982): Charisma, Order, and Status. In: Shils, Edward (Ed.): The Constitution of Society. Chicago: University of Chicago Press, S. 119-142.

Shinn, Terry (2002): The Triple Helix and New Production of Knowledge. Prepackaged Thinking on Science and Technology. In: Social Studies of Science, Jg. 32, Heft 5, S. 599-614.

Simon, Dagmar; Truffer, Bernhard; Knie, Andreas (2003): Reise durchs Grenzland: Ausgründungen als Cross-Over der Wissensproduktion. In: Franz, Hans-Werner; Howaldt, Jürgen; Jacobsen, Heike; Kopp, Ralf (Hg.): Forschung – lernen – beraten. Der Wandel von Wissensproduktion und -transfer in den Sozialwissenschaften. Berlin: edition sigma, S. 339-356.

Sismondo, Sergio (1999): Models, Simulations, and Their Objects. In: Science in Context, Jg. 12, Heft 2, S. 247-260.

Star, Susan Leigh; Griesemer, James R. (1989): Institutional Ecology, „Transactions", and Boundary Objects: Amateurs and Professionals in Berkeley's Museum of Vertebrate Zoology, 1907-1939. In: Social Studies of Science, Jg. 19, Heft 3, S. 387-420.

Stebut, Nina von (2002): Eine Frage der Zeit? Zur Integration von Frauen in die Wissenschaft. Eine empirische Untersuchung der Max-Planck-Gesellschaft. Studien zur Wissenschafts- und Organisationssoziologie, Bd. 3. Opladen: Leske + Budrich.

Stichweh, Rudolf (1984): Zur Entstehung des modernen Systems wissenschaftlicher Disziplinen: Physik in Deutschland; 1740-1890. Frankfurt a.m.: Suhrkamp.

Stichweh, Rudolf (1994): Differenzierung der Wissenschaft. In: Stichweh, Rudolf (Hg.): Wissenschaft, Universität, Professionen. Soziologische Analysen. Frankfurt a.M.: Suhrkamp, S. 15-51.

Stölting, Erhard; Schimank, Uwe (Hg.) (2001): Die Krise der Universitäten. Leviathan-Sonderheft 20. Wiesbaden: Westdeutscher Verlag.

Szöllösi-Janze, Margit (1990): Geschichte der Arbeitsgemeinschaft der Großforschungseinrichtungen 1958-1980. Frankfurt a.m./New York: Campus.

The Danish Institute for Studies in Research and Research Policy (2002): The Design and Delivery of Inter- and Pluridisciplinary Research, Proceeding from MUSCIPOLI Workshop Two. Aarhus.

Vierhaus, Rudolf (1996): Bemerkungen zum sogenannten Harnack-Prinzip. Mythos und Realität. In: vom Brocke/Laitko 1996, S. 129-138.

Weingart, Peter (1987): Interdisziplinarität als List der Institution. In: Kocka 1987, S. 159-166.

Weingart, Peter (1997): Interdisziplinarität – der paradoxe Diskurs. In: Ethik und Sozialwissenschaften, Jg. 8, Heft 4, S. 521-529.

Weingart, Peter (1999): Neue Formen der Wissensproduktion: Fakt, Fiktion und Mode. In: TA-Datenbank-Nachrichten, Jg. 8, Heft 3/4, S. 48-57.

Weingart, Peter (2000): Interdisciplinarity: The Paradoxical Discourse. In: Weingart Peter; Stehr, Nico (Eds.): Practicing Interdisciplinarity. Toronto: University of Toronto Press, S. 25-41.

Weingart, Peter (2001): Die Stunde der Wahrheit? Weilerswist: Velbrück.

Weingart, Peter (2003): Wissenschaftssoziologie. Bielefeld: transcript.

Weingart, Peter; Stehr, Nico (2000): Introduction. In: Weingart, Peter; Stehr, Nico (Eds.): Practicing Interdisciplinarity. Toronto: University of Toronto Press. S. XI-XVI.

Whitley, Richard (1984): The Intellectual and Social Organization of the Sciences. Oxford: Clarendon Press.

Wimbauer, Christine (1999): Organisation, Geschlecht, Karriere. Fallstudien aus einem Forschungsinstitut. Studien zur Wissenschafts- und Organisationssoziologie, Bd. 1. Opladen: Leske + Budrich.

Wissenschaftsrat (1991): Empfehlungen zur Zusammenarbeit von Großforschungseinrichtungen und Hochschulen. Köln.

Wissenschaftsrat (1993): Empfehlungen zur Neuordnung der Blauen Liste. Drucksache 2814/97. Köln.

Wissenschaftsrat (1995): Empfehlungen zur Neustrukturierung der Doktorandenausbildung und -förderung. Drucksache 2040/95. Köln.

Wissenschaftsrat (1997): Thesen zur Forschung in den Hochschulen. In: Wissenschaftsrat: Empfehlungen und Stellungnahmen 1996, Bd. I. Köln: Wissenschaftsrat, S. 7-54.

Wissenschaftsrat (2000): Thesen zur künftigen Entwicklung des Wissenschaftssystems in Deutschland. Drucksache 4594/00. Köln.

Wissenschaftsrat (2001a): Systemevaluation der Blauen Liste – Stellungnahme des Wissenschaftsrates zum Abschluss der Bewertung der Einrichtungen der Blauen Liste. Drucksache 4703/00. Köln.

Wissenschaftsrat (2001b): Systemevaluation der HGF – Stellungnahme des Wissenschaftsrates zur Hermann von Helmholtz-Gemeinschaft Deutscher Forschungszentren. Drucksache 4755/01. Köln.

Wissenschaftsrat (2003): Strategische Forschungsförderung. Empfehlungen zu Kommunikation, Kooperation und Wettbewerb im Wissenschaftssystem. Drucksache 5654/03. Köln.

Anhang: Kurzporträts der Institute

Im Folgenden werden die neun untersuchten Forschungseinrichtungen unter Wahrung ihrer Anonymität kurz vorgestellt. Zur Anonymisierung wurden die Institutsnamen durch Buchstaben des griechischen Alphabets ersetzt. Die Präsentation beschränkt sich auf die wichtigsten Kenndaten und dient vor allem der Orientierung. Weiterführende Informationen zu den Instituten finden sich in den Kapiteln 2 und 3.

Alle Institute betreiben in der einen oder anderen Form interdisziplinäre Forschung, unterscheiden sich jedoch in ihrer Institutsorganisation und ihren Forschungsfeldern. Bei der Auswahl der Institute haben wir darauf geachtet, einen möglichst *aussagekräftigen Querschnitt durch die außeruniversitäre Forschungslandschaft* zusammenzustellen. Für die Auswahl der Forschungseinrichtungen wurden folgende fünf Kerndimensionen berücksichtigt:

(1) *Trägerschaft:* Im Sample sind alle vier Säulen der außeruniversitären Forschungslandschaft vertreten: die Max-Planck-Gesellschaft (MPG; drei Institute), die Wissenschaftsgemeinschaft Gottfried Wilhelm Leibniz (WGL; drei Institute), die Fraunhofer-Gesellschaft (FhG; zwei Institute) und die Helmholtz-Gemeinschaft Deutscher Forschungszentren (HGF; ein Institut).

(2) *Institutsgröße:* Die Institutsgröße definiert sich über die Zahl der wissenschaftlichen und administrativen Mitarbeiter/innen (einschließlich der Gastwissenschaftler/innen). Das Untersuchungssample besteht aus zwei kleinen Instituten mit weniger als 100 Beschäftigten, sechs mittelgroßen Einrichtungen mit 100 bis 250 Beschäftigten sowie einem großen Institut mit über 500 Beschäftigten.

(3) *Forschungsprofil der Institute:* Unterschieden wurde zwischen Grundlagenforschung und anwendungsorientierter Forschung. Ein weiteres Kriterium war die Aufteilung in problemorientierte Forschung, wie im Fall der Klimaforschung, und in Institute, die Service- oder Beratungsleistungen erbringen. Zwei der neun Institute arbeiten im Bereich der anwendungsorientierten Forschung, beide mit einem hohen Anteil an Serviceleistungen. Die anderen sieben Institute sind auch in der Grundlagenforschung tätig. Bei drei dieser sieben Institute wird die Grundlagenforschung durch eine starke Problemorientierung ergänzt, drei weitere Einrichtungen betreiben

225

zugleich grundlagen- und anwendungsorientierte Forschung, ein Institut ist ausschließlich grundlagenorientiert.

(4) *Disziplinen:* Alle Institute beschäftigen Mitarbeiter/innen aus unterschiedlichen Disziplinen. Im Sample sind mit Ausnahme der Medizin alle Wissenschaftskulturen vertreten. Fünf Institute sind überwiegend naturwissenschaftlich, drei sozialwissenschaftlich und eines ingenieurwissenschaftlich orientiert. Unterschieden wurde zudem zwischen monokulturellen Instituten (entweder rein natur-/ingenieurwissenschaftlich oder rein sozial-/geistes-/wirtschaftswissenschaftlich ausgerichtet) und hybriden Einrichtungen, die sowohl einen naturwissenschaftlich-technischen als auch einen sozial-, geistes- oder wirtschaftswissenschaftlichen Bereich umfassen.

(5) *Finanzierungsstruktur:* Hier interessierte uns vor allem das Verhältnis zwischen fest zugesicherter staatlicher Grundfinanzierung und Einnahmen aus Drittmittelprojekten. Zur besseren Charakterisierung der Institutsforschung wurde auch nach der Drittmittelquelle differenziert: insbesondere nach öffentlichen Geldgebern (Bund, Länder, DFG, EU etc.) und privatwirtschaftlichen Auftraggebern (Auftragsforschung). Im Sample vertreten sind weitgehend grundfinanzierte Institute, deren Drittmittelanteil unter 25 Prozent liegt (fünf Institute), Institute mit einer Mischfinanzierung und einem Drittmittelanteil zwischen 25 und 50 Prozent (zwei Institute) sowie weitgehend drittmittelfinanzierte Institute mit einem Drittmittelanteil von über 50 Prozent (zwei Institute).

Das Sample umfasst im Einzelnen folgende Institute:

Alpha: das naturwissenschaftliche Fraunhofer-Institut

Das Alpha-Institut ist eine vergleichsweise kleine Forschungseinrichtung der FhG (2001: 65 Beschäftigte). Es arbeitet im Bereich der problemorientierten Grundlagenforschung und finanziert sich überdurchschnittlich stark über öffentliche Drittmittel. Der Anteil der industrieorientierten Auftragsforschung ist dagegen kleiner als bei anderen Fraunhofer-Einrichtungen. Das Alpha-Institut ist in Abteilungen gegliedert. Die disziplinäre Zusammensetzung ist mit derjenigen des Rho- und des Gamma-Instituts vergleichbar und umfasst nahezu ausschließlich naturwissenschaftliche Fächer.

Beta: das hybride WGL-Institut mit sozialwissenschaftlichem Schwerpunkt

Das Beta-Institut gehört mit 65 Beschäftigten (1998) ebenfalls zu den kleinen Instituten unseres Samples. Es zählt zu den raumwissenschaftlichen Einrichtungen der WGL und ist hybrid zusammengesetzt. Ein Drittel des wissenschaftlichen Personals stammt aus den Sozialwissenschaften, ein weiteres Drittel aus den Ingenieurwissenschaften. Hinzu kommen kleinere geistes-, wirtschafts- und naturwissenschaftliche Gruppen. Das Institut ist weitgehend grundfinanziert. Seine Aufbauorganisation entspricht einer durch Matrix-Elemente ergänzten Abteilungsstruktur, wobei die Abteilungen ein je spezifisches Forschungsprofil aufweisen. Zwei Abteilungen betreiben grundlagenorientierte, die dritte anwendungsorientierte Forschung.

Gamma: das drittmittelorientierte Max-Planck-Institut

Das Gamma-Institut zählt zu den mittelgroßen Einrichtungen (2000: 145 Beschäftigte) und ist auf dem Gebiet der Klimaforschung tätig. Es beschäftigt ausschließlich natur- und ingenieurwissenschaftliche Mitarbeiter/innen und ist wie die meisten Max-Planck-Institute (MPI) in Abteilungen gegliedert. Der Drittmittelanteil ist für MPI ungewöhnlich hoch. Fast die Hälfte des Institutshaushalts stammt aus Drittmitteln, vor allem von öffentlichen Geldgebern wie dem BMBF.

Delta: das hybride WGL-Institut mit naturwissenschaftlichem Schwerpunkt

Das Delta-Institut gehört wie das Institut Beta zu den hybrid zusammengesetzten Einrichtungen der WGL, ist jedoch stärker naturwissenschaftlich ausgerichtet. Drei Viertel des Personals stammen aus den Naturwissenschaften, ein Viertel aus den Sozial- und Wirtschaftswissenschaften. Der Forschungsschwerpunkt liegt wie beim Gamma-Institut im Bereich der Klimaforschung. Das Delta-Institut ist von mittlerer Größe (2001: 156 Beschäftigte). Seine Finanzierung beruht zu zwei Dritteln auf staatlicher Grundfinanzierung, zu einem Drittel auf Drittmitteln. Das Institut ist vergleichsweise jung und besitzt seit seiner Gründung eine Matrix-Struktur.

Epsilon: das hybride Großforschungszentrum

Das Epsilon-Institut ist eine HGF-Einrichtung und arbeitet im Bereich der Umweltforschung. Es ist mit Abstand das größte der untersuchten Institute (2000: 628 Beschäftigte), ist weitgehend staatlich grundfinanziert und betreibt sowohl anwendungsorientierte als auch Grundlagenforschung. Sein Forschungsprofil ist hybrid. Zwei Drittel der wissenschaftlichen Mitarbeiter/innen stammen aus den Naturwissenschaften, das letzte Drittel entfällt auf die Sozial-, die Ingenieur- und die Geisteswissenschaften. Das Epsilon-Institut besitzt wie das Delta-Institut seit seiner Gründung eine Matrix-Struktur.

Lambda: das sozialwissenschaftliche WGL-Institut

Das Lambda-Institut ist mit 122 Beschäftigten (2001) eine kleinere Einrichtung, die der WGL angehört. Etwas mehr als die Hälfte der Beschäftigten stammt aus den Sozialwissenschaften. Die andere Hälfte setzt sich aus geistes- und wirtschaftswissenschaftlichen (einschließlich verwaltungswissenschaftlichen) Fachleuten zusammen. Das Institut ist weitgehend grundfinanziert, der Anteil von Drittmitteleinnahmen liegt unter einem Viertel des Institutshaushalts. Ein Teil der Drittmittel stammt aus Service- und Beratungsleistungen, die das Institut für öffentliche Verwaltungen erbringt. Das Forschungsprofil umfasst vor allem anwendungsorientierte, zu einem geringen Teil auch grundlagenorientierte Forschungsprojekte. Organisatorisch ist das Institut stark dezentralisiert. Die Abteilungen sind rechtlich selbstständig und genießen eine hohe Forschungsautonomie.

Omikron: das hybride Fraunhofer-Institut

Das Omikron-Institut ist eine mittelgroße Einrichtung der FhG (2002: 135 Beschäftigte). Wissenschaftlich ist das Institut hybrid zusammengesetzt. Die Mehrheit der Beschäftigten stammt, wie für die Fraunhofer-Gesellschaft typisch, aus technischen Disziplinen, ein Drittel des wissenschaftlichen Personals kommt aus den Wirtschafts- und Sozialwissenschaften. Das Forschungsprofil ist stark anwendungsorientiert und weist einen hohen Anteil an Service- und Beratungsaufträgen auf. Die Finanzierungsstruktur entspricht dem Fraunhofer-Modell: Zehn Prozent des Haushalts werden durch staatliche Grundfinanzierung, 40 Prozent durch privatwirtschaftliche Auftragsforschung und die restlichen 50 Prozent durch öffentliche Drittmittelgeber abgedeckt. Organisatorisch ist das Institut in gewinnorientierte Profit-Centers gegliedert.

Rho: das naturwissenschaftliche Max-Planck-Institut

Das Rho-Institut ist ein typisches Max-Planck-Institut. Sein Forschungsschwerpunkt liegt im Bereich der Klimaforschung. Es ist ausschließlich naturwissenschaftlich orientiert, Sozial- und Geisteswissenschaften sind nicht vertreten. Es betreibt weitgehend Grundlagen-, teilweise auch anwendungsorientierte Forschung. Die Einrichtung ist von mittlerer Größe (2002: 246 Beschäftigte) und stützt sich fast ausschließlich auf die Grundfinanzierung der MPG. Ihre Aufbauorganisation entspricht wie bei anderen Max-Planck-Instituten einer klassischen Abteilungsstruktur.

Omega: das hybride Max-Planck-Institut

Das Omega-Institut ist ein mittelgroßes MPI (2000: 114 Beschäftigte), das vor wenigen Jahren gegründet wurde und zum Befragungszeitpunkt den Aufbauprozess noch nicht vollständig abgeschlossen hatte. Finanzierungsmodus und Aufbauorganisation entsprechen dem MPG-Modell: Das Omega-Institut ist weitgehend staatlich grundfinanziert und verfügt über eine Abteilungsstruktur. Da es ein sozialwissenschaftliches Forschungsfeld bearbeitet, das in methodischer und theoretischer Hinsicht auch naturwissenschaftliche Bezüge aufweist, ist es stark interdisziplinär ausgerichtet. Das Institut beschäftigt zwar mehrheitlich Sozialwissenschaftler/innen, doch stammt immerhin ein Drittel der Mitarbeiter/innen aus den Natur- und Ingenieurwissenschaften. Wirtschaftswissenschaftler/innen bilden eine weitere größere Gruppe. Es besitzt dadurch ein außergewöhnlich hybrides Forschungsprofil.

Ebenfalls bei edition sigma – eine Auswahl

Martina Röbbecke, Dagmar Simon
Reflexive Evaluation
Ziele, Verfahren und Instrumente der Bewertung von Forschungsinstituten
2001   141 S.   ISBN 3-89404-210-9   € 12,90

Hildegard Matthies, Ellen Kuhlmann, Maria Oppen, Dagmar Simon (Hg.)
Gleichstellung in der Forschung
Organisationspraktiken und politische Strategien
2003   272 S.   ISBN 3-89404-232-X   € 18,90

Hildegard Matthies, Ellen Kuhlmann, Maria Oppen, Dagmar Simon
Karrieren und Barrieren im Wissenschaftsbetrieb
Geschlechterdifferente Teilhabe in außeruniversitären Forschungseinrichtungen
2001   233 S.   ISBN 3-89404-220-6   € 16,90

Gotthard Bechmann, Imre Hronszky (eds.)
Expertise and Its Interface
The Tense Relationship of Science and Politics
Gesellschaft – Technik – Umwelt, Neue Folge, Bd. 4
2003   295 S.   ISBN 3-89404-934-0   € 19,90

Ariane Berthoin Antal, Camilla Krebsbach-Gnath (Hg.)
Wo wären wir ohne die Verrückten?
Zur Rolle von Außenseitern in Wissenschaft, Politik und Wirtschaft
Meinolf Dierkes zum 60. Geburtstag
2001   303 S.   ISBN 3-89404-489-6   € 18,90

Hans Brinckmann
Die neue Freiheit der Universität
Operative Autonomie für Lehre und Forschung an Hochschulen
Modernisierung des öffentlichen Sektors, Sonderband 10
1998   208 S.   ISBN 3-89404-760-7   € 14,90

Hans-Jürgen Fischbeck, Jan C. Schmidt (Hg.)
Wertorientierte Wissenschaft
Perspektiven für eine Erneuerung der Aufklärung
2002   186 S.   ISBN 3-89404-498-5   € 15,90

– bitte beachten Sie auch die folgende Seite –

Ebenfalls bei edition sigma – eine Auswahl